"十二五"职业教育国家规划教材
经全国职业教育教材审定委员会审定

商品养护
(第三版)

新世纪高等职业教育教材编审委员会 组编
主　编　金　鑫　王秀繁
副主编　侯慧敏　宋兰旗　刘秋红

大连理工大学出版社

图书在版编目(CIP)数据

商品养护 / 金鑫,王秀繁主编. －－3 版. －－大连：大连理工大学出版社,2021.7(2024.12 重印)
新世纪高职高专物流管理专业系列规划教材
ISBN 978-7-5685-2895-5

Ⅰ.①商… Ⅱ.①金…②王… Ⅲ.①商品养护－高等职业教育－教材 Ⅳ.①F760.4

中国版本图书馆 CIP 数据核字(2021)第 000196 号

大连理工大学出版社出版

地址:大连市软件园路 80 号　邮政编码:116023
发行:0411-84708842　邮购:0411-84708943　传真:0411-84701466
E-mail:dutp@dutp.cn　URL:https://www.dutp.cn
大连日升彩色印刷有限公司印刷　　大连理工大学出版社发行

幅面尺寸:185mm×260mm　　印张:11　　字数:250 千字
2012 年 1 月第 1 版　　　　　　　　　　2021 年 7 月第 3 版
2024 年 12 月第 3 次印刷

责任编辑:刘丹丹　　　　　　　　　　责任校对:夏圆圆
　　　　　　　　　封面设计:对岸书影

ISBN 978-7-5685-2895-5　　　　　　　　定　价:35.00 元

本书如有印装质量问题,请与我社发行部联系更换。

前言

《商品养护》(第三版)是"十二五"职业教育国家规划教材,也是新世纪高等职业教育教材编审委员会组编的现代物流管理专业系列规划教材之一。

物流产业是国民经济中的一个重要组成部分,它涉及交通运输、仓储管理、配送、信息等多个社会经济活动领域,是一个综合性产业。在激烈的市场竞争中,企业对从业人员质和量两个方面的要求越来越高,因此从业人员在商品保管的过程中不仅需要通晓商品学的基本知识,了解货物在保管过程中的质量变化,掌握基本的商品养护方法,还要熟练掌握商品在保管中的防护措施。为了适应物流业的发展和高校教学的需要,编写一本系统阐述物流过程中商品养护方面的教材是十分必要的。为此,我们精心遴选了在教学和实践领域均有丰富经验的优秀教师组成编写团队,共同编写了本教材。

本次修订在广泛听取各高职院校教师反馈意见的基础上,按照编委会教材建设的创新理念,对《商品养护》(第二版)教材进行了全面、系统的改进。修订后的教材共分为八个模块,具体包括:商品质量基础知识、运输过程中的商品养护、仓储过程中的商品养护、普通件杂货的商品养护、特殊货物的商品养护、集装箱货物的商品养护、液体货物的商品养护、三大散装货物的商品养护。

与同类教材相比,本教材具有以下特色:

1. 案例新颖、真实、典型。教材紧紧围绕实用性、科学性、先进性及知识必需、够用的指导原则,理论联系实际,用真实案例来解析基础知识。所选案例均为物流企业在商品养护中的真实事例,典型性强。通过这些案例的学习,学生既能够掌握运用商品养护的基础知识解决问题的思路,又能熟悉物流企业在商品保管过程中存在的实际问题。

2. 内容与行业企业紧密结合，具有一定的实践指导性。为了更好地体现教材的实用性、先进性，反映生产过程中的实际技术水平，本次修订邀请了企业人员加盟，他们丰富的一线实践经验和提供的鲜活案例，保证了教材理论与生产实际的深度结合，使教材具有更强的实践指导性。

3. 结构合理，内容广泛，重点突出，注重学生实践应用能力的培养。结合行业的发展动态，通过分析案例必备的基础知识，体现新知识、新技术、新方法，提高教材的先进性；结合相关知识的实际应用，围绕物流类企业的岗位要求增加学生实训项目，为学生设定实训情境，设计实训任务，体现本教材"学中做""做中学""学做一体化"的编写理念。

本教材可作为高职院校、应用型高等院校现代物流管理专业的基础课教材，也可作为物流行业从业人员了解商品养护基础知识的学习用书，对进行商品养护研究的人员也有一定的参考价值。

本教材由天津滨海职业学院金鑫、吉林交通职业技术学院王秀繁任主编，天津滨海职业学院侯慧敏、长春大学宋兰旗、天津滨海职业学院刘秋红任副主编，天津飞环运通国际货运代理有限公司经理唐儒欣、天津天联国际货运代理有限公司总经理赵富胜也参与了教材的编写工作。具体编写分工如下：模块一、模块四、模块七由金鑫编写；模块二、模块六由宋兰旗、刘秋红编写；模块三由王秀繁、金鑫编写；模块五、模块八由侯慧敏编写。金鑫、刘秋红负责编写修订大纲，唐儒欣、赵富胜负责提供案例资料并对全书修改提出相关意见，宋兰旗、王秀繁、侯慧敏负责全书的统稿、修改、定稿。

在编写本教材的过程中，我们参考、引用和改编了国内外出版物中的相关资料以及网络资源，在此对这些资料的作者表示深深的谢意！请相关著作权人看到本教材后与出版社联系，出版社将按照相关法律的规定支付稿酬。

限于编者水平和时间，书中仍可能存在疏漏和不足之处，恳请广大师生和读者批评指正。

编　者

2021 年 7 月

所有意见和建议请发往：dutpgz@163.com
欢迎访问职教数字化服务平台：https://www.dutp.cn/sve/
联系电话：0411-84706671　84707492

目 录

模块一　商品质量基础知识 ··· 1
　案例引入 ·· 1
　必备的知识点 ·· 1
　　一、商品质量的基本知识 ·· 1
　　二、影响商品质量的因素 ·· 2
　　三、商品标准及其标准化 ·· 5
　　四、商品质量认证 ·· 7
　相关知识的实际应用 ·· 9
　　一、PDCA 循环法 ·· 9
　　二、统计质量控制的常用方法 ·· 13
　学生实训项目 ·· 14

模块二　运输过程中的商品养护 ··· 16
　案例引入 ·· 16
　必备的知识点 ·· 16
　　一、运输过程中商品的质量变化形式及原因 ······································ 16
　　二、安排运输时的商品包装技术及商品养护技术 ······························ 22
　　三、运输过程中商品养护的基本方法 ·· 25
　相关知识的实际应用 ·· 32
　　一、海运途中商品质量变化的原因 ·· 32
　　二、海运途中商品的质量养护方法 ·· 33
　学生实训项目 ·· 35

模块三　仓储过程中的商品养护 ··· 37
　案例引入 ·· 37
　必备的知识点 ·· 37
　　一、仓储商品质量变化的影响因素 ·· 37
　　二、储存期间的商品质量变化形式 ·· 38
　　三、空气温度、湿度的变化对商品质量的影响 ·································· 40
　　四、仓储商品霉腐及其防治 ·· 42
　　五、仓库害虫的基本知识 ·· 43

相关知识的实际应用 …………………………………………………………… 44
　　　一、控制库房温、湿度的方法 …………………………………………………… 44
　　　二、常见的商品防霉腐方法 ……………………………………………………… 50
　　　三、仓储期间防治害虫的方法 …………………………………………………… 51
　　学生实训项目 …………………………………………………………………… 53

模块四　普通件杂货的商品养护 …………………………………………… 55
　　案例引入 ………………………………………………………………………… 55
　　必备的知识点 …………………………………………………………………… 55
　　　一、食品的种类与品质特征 ……………………………………………………… 55
　　　二、服装类商品的种类与品质特征 ……………………………………………… 58
　　　三、家用电器的种类、特点与质量要求 ………………………………………… 60
　　　四、日用工业品的种类及品质特征 ……………………………………………… 66
　　相关知识的实际应用 …………………………………………………………… 71
　　　一、服装的养护 …………………………………………………………………… 72
　　　二、食品的贮藏与养护 …………………………………………………………… 73
　　　三、家用电器的使用和保管 ……………………………………………………… 76
　　　四、日用工业品的储存养护技术 ………………………………………………… 77
　　学生实训项目 …………………………………………………………………… 80

模块五　特殊货物的商品养护 ………………………………………………… 82
　　案例引入 ………………………………………………………………………… 82
　　必备的知识点 …………………………………………………………………… 82
　　　一、危险化学品的种类及特性 …………………………………………………… 83
　　　二、高分子化合物的种类及特性 ………………………………………………… 87
　　　三、冷藏货物的种类及特性 ……………………………………………………… 88
　　相关知识的实际应用 …………………………………………………………… 90
　　　一、橡胶制品的保管与养护 ……………………………………………………… 90
　　　二、危险化学品的安全储存 ……………………………………………………… 91
　　　三、冷藏货物的冷藏条件及装载要求 …………………………………………… 95
　　学生实训项目 …………………………………………………………………… 98

模块六　集装箱货物的商品养护 ……………………………………………… 101
　　案例引入 ………………………………………………………………………… 101
　　必备的知识点 …………………………………………………………………… 102
　　　一、集装箱的种类及集装箱货物的类型 ………………………………………… 102
　　　二、集装箱货物易发生的质量变化形式 ………………………………………… 105

相关知识的实际应用 ·· 107
　　　　一、按货物种类选择集装箱 ··· 107
　　　　二、集装箱货物积载不良现象及装载要求 ································ 108
　　　　三、集装箱货物汗湿的防治措施及处理 ···································· 114
　　学生实训项目 ··· 116

模块七　液体货物的商品养护　118
　　案例引入 ··· 118
　　必备的知识点 ·· 118
　　　　一、原油及油品的基本知识 ·· 118
　　　　二、散装液体化学品 ·· 124
　　　　三、液化气体的种类及特性 ·· 128
　　相关知识的实际应用 ·· 131
　　　　一、原油和油品的养护 ··· 131
　　　　二、液化气体的养护 ·· 137
　　学生实训项目 ··· 140

模块八　三大散装货物的商品养护　142
　　案例引入 ··· 142
　　必备的知识点 ·· 143
　　　　一、三大散装货物的种类及基本特征 ······································· 143
　　　　二、三大散装货物的质量变化与保管 ······································· 151
　　相关知识的实际应用 ·· 157
　　　　一、港口装卸煤炭时的商品养护 ··· 157
　　　　二、运输过程中粮谷的商品养护 ··· 160
　　　　三、装运过程中散装精选矿粉的商品养护 ································ 163
　　学生实训项目 ··· 163

参考文献　166

模块一

商品质量基础知识

案例引入

A 轮胎有限公司是全球著名轮胎企业之一，为众多汽车厂家提供配套轮胎，是中国国内配套轮胎市场占有率较高的轮胎品牌。然而在某年央视3·15晚会上A轮胎有限公司被揭露在轮胎制造过程中存在违规生产的严重问题。为了保证轮胎品质，A 轮胎有限公司制定了严格的作业标准，然而在制造过程中，却大量添加返炼胶，标准规定的是一套，而实际操作的却是另一套，致使车辆行驶几百公里或购车不到一年轮胎就会出现"开裂""鼓包"，甚至"爆胎"。在晚会报道过后，越来越多的消费者反映 A 轮胎有限公司的轮胎质量存在安全隐患。至此，A 轮胎有限公司事件引起了社会的广泛关注。A 轮胎有限公司的问题并非央视的"突然发现"。在中国质量协会官方汽车投诉平台"车人网"过去几年的投诉报告中，A 轮胎有限公司一直榜上有名。

请用商品质量管理方面的知识分析一下上述案例。

必备的知识点

一、商品质量的基本知识

(一) 相关概念

2016 年 12 月发布、2017 年 7 月实施的 GB/T 19000 族国家标准在规范我国当前质量管理中的基本概念具有很强的通用性，适用于不同类型、不同规模和提供不同产品的组织，尤其是对服务业适用性更强。GB/T 19000—2016/ISO 9000:2015《质量管理体系 基础和术语》为质量管理体系的其他标准奠定了基础。

1.质量

一个关注质量的组织倡导一种通过满足顾客和其他有关相关方面的需求和期望来实现其价值的文化,这种文化将反映在其行为、态度、活动和过程中。组织的产品和服务质量取决于顾客的能力,以及对有关方面的有意无意的影响。产品和服务的质量不仅包括其预期的功能和性能,还涉及顾客对价值和收益的感知。

2.商品质量

商品质量有广义和狭义之分,狭义的商品质量是评价商品使用价值优劣程度的各种自然属性的总和,即商品的自然质量。广义的商品质量是评价商品是否满足使用和消费需要程度的各种自然、社会、经济属性的总和。

(二)商品质量的特性

商品质量的特性是指为了满足人们的某种需求该商品所具备的各种属性。不同的消费者购买的目的是不同的,对商品质量的要求也不一样。为了适应不同的消费者,商品的质量特性也会不同,一般可概括为适用性、安全卫生性、审美性、寿命和可靠性、经济性、信息性六个方面。

二、影响商品质量的因素

商品质量即产品质量,是商品生产、流通和消费全过程中诸多因素共同影响的产物,为了能够对商品质量实施控制并得到预想的结果,就要分析和掌握这些影响商品质量的因素。影响商品质量的因素主要有以下几种:

(一)生产过程中影响商品质量的因素

1.产品的开发设计

开发设计是形成商品质量的前提,是影响商品质量的一个重要因素。开发设计质量的好坏直接决定商品质量的高低。如果商品设计的结构不合理,不仅会影响商品的外观,而且会降低商品的有用性和适用性,甚至会失去使用价值。例如,某公司在刚开始设计录像带时将其播放时间定为1个小时,虽然技术高超,但是播放时间较短,不能满足消费者需求,销量极差。因此,在商品进行生产之前,一定要做好商品的设计开发工作。

2.原材料的质量

原材料是构成商品的物质基础,是用于生产商品的主要材料和辅助材料,主要表现在对商品成分、结构、性质方面所引起的差别。原材料质量水平的高低,直接决定商品的等级,决定商品是否能够满足顾客的需要。

原材料质量不同,生产的商品的质量也不同。如用不同长度的棉纤维纺出的纱线,其外观和强度都有明显的区别;用含蛋白质较多的大麦制造的啤酒,稳定性就不好。

原材料的产地不同对商品质量的影响也不同。原材料的品质特性与其产地有直接的关系。自然环境、气候条件对动植物的生长、发育影响很大。由于动植物生存的自然条件和生活环境不同,导致其品质、特性有很大差异,特别是动植物在不适宜生存的自然条件和生活环境下，其固有的品质、特性会发生变化，甚至其结构、成分含量等都会发生很大变化，从而对商品质量产生很大影响。例如，咖啡在世界很多国家和地区均有种植，但咖啡的生长受阳光、雨量、气温、土壤等因素的影响较大，因此咖啡中的极品产量并不多。

3.生产工艺和设备

生产过程是指对原材料进行加工，使之成为具有使用价值的商品的过程。生产技术、生产工艺条件是形成产品质量的基础，是影响商品质量的内在因素。对于同品种、同规格、同种用途的产品，如果生产技术不同、生产工艺条件不同，其质量形成过程和质量特征、特性也是不同的。因此，产品加工方法、工艺条件的选择是决定产品质量的关键。例如，相同的茶叶原料，由于制作中工艺先进程度不同、加工方法不同，导致生产出的同一品种的茶叶在质地上有很大差异。

设备水平对商品质量也有重要影响。设备的故障常常是出现不合格品的重要原因。设备的自动化和高速化，有可能使发生故障的机会有所增加，特别是故障一旦发生将会波及较大范围。因此，加强设备管理与保养，防止故障发生和降低故障率，是保证商品质量的必要前提。

操作方法不同，质量也会不同。特别是一些食品的加工，同样的原材料，之所以有的班次生产的产品质量好，有的班次生产的产品质量差，恰恰是操作方法的差异所造成的。为此，一些操作方法要求严格的商品，必须制定生产的操作方法标准，以此为依据进行操作并加强管理，方可保证产品的质量及其稳定性。

（二）流通过程中影响商品质量的因素

1.运输、装卸

商品进入流通领域，运输是商品流转的必要条件，运输对商品质量的影响与运程的远近、时间的长短、运输的气候条件、运输路线、运输方式、运输工具、装卸工具、装卸行为等因素有关。

商品运输可以采用铁路、公路、水运、航空等方式。各种运输方式的选择，必须充分考虑商品的性质。运输方式符合商品性质的要求，在运输过程中才能避免或减少外界因素的影响，确保商品质量。

温度、湿度、运输工具的清洁状况等是商品运输的基本条件。如果运输时温度、湿度不符合商品要求，运输工具清洁状况差，运输时与有影响物质接触，就可能引起商品质量变化。只有上述运输条件控制得好，才能确保商品质量。

商品运输中还要注意不能随意抛扔，不得倒置，防晒、防潮、防挤压、防剧烈震动等。这些问题注意到了，商品质量才会不出现或少出现问题。

商品在装卸过程中还会发生碰撞、跌落、破碎、散失等现象，这不但会增加商品损耗，而且会降低商品质量。

2.仓库储存

仓库储存是指商品脱离生产领域，尚未进入消费领域之前的存放。仓库储存是商品流通的一个重要环节。在储存期间，由于商品本身的性质和储存的外部环境的影响，商品会发生一定的变化。商品在储存期间的质量变化与商品的性质、储存场所的内外环境条件、养护技术与措施、储存期的长短等因素有关。其中,商品本身的特性是商品质量变化的内因,而仓储环境条件(如温度、湿度、空气成分、微生物及害虫等)是储存期间商品质量变化的外因。

商品储存的地点(商品储存的场所)应符合商品性质要求,以减少外界因素的影响,避免或减少商品损失或损耗。

温度、湿度是商品储存的条件。温度、湿度要符合商品性质的要求,这样就可避免或减缓商品质量的改变。

堆码、苫垫等是商品储存放置方法。堆码的形式应符合商品种类、性质和数量的要求,商品质量才可得到保证。苫垫得当可以防止和减少阳光、风、雨对商品质量的影响。

商品储存期间的长短称储存期限。商品一定要按保存期和保质期要求保存,贯彻"先进先出"原则,使商品质量得到保证。

3.销售服务

销售是商品由流通领域进入消费领域的环节,销售服务的质量也是影响消费者所购商品质量的因素。销售服务过程中的进货验收、入库短期存放、商品陈列、提货搬运、装配调试、包装服务、送货服务、技术咨询、维修和退换货服务等工作质量的高低都将最终影响消费者所购商品的质量。许多商品的质量问题不是商品本身固有的,而往往是由于使用者缺乏商品知识或未遵照商品使用说明书的要求,进行了错误操作或不当操作所引起的。所以,良好的售前、售中、售后服务质量已被消费者视为商品质量的重要组成部分。

(三)使用过程中影响商品质量的因素

1.使用范围和条件

任何商品都有一定的使用范围和使用条件,在使用过程中不能超出商品的使用范围界限并且要严格遵循商品的使用条件,只有这样才能发挥商品的正常功能,否则就会对商品质量造成严重的影响。例如,燃气热水器要区分气源类别,家用电器要区分交流电和直流电以及电源电压值,计算机要注意工作场所的温度、湿度等。此外,正确安装也是保证商品质量的因素之一。例如,有些要求安装地线保护的电器必须按要求正确安装,否则无法保证电器工作安全,甚至会造成人身伤亡事故。

2.使用方法和维护保养

为了保证商品的质量、延长商品的寿命,消费者必须在使用过程中了解商品的结构和性能,掌握正确的使用方法,并能在正常使用中对商品进行相应的维护和保养。例如,饼干开袋后要用夹子密封好,否则会受潮变软;皮鞋要经常打油,并且避免踢硬物等。正确使用和维护保养商品是保证商品质量、延长商品寿命的前提。

3.废弃处理

使用过的商品及其包装物作为废弃物,有些可回收利用;有些则不能或不值得回收利用,也不易被自然因素或微生物破坏分解,成为垃圾;还有些会对自然环境造成污染,甚至破坏生态平衡。世界各国越来越关注和忧虑环境问题,不少国际组织积极建议把对环境的影响纳入商品质量指标体系中。因此,商品及其包装物的废弃物是否容易处理以及是否对环境有害,将成为决定商品质量的又一重要因素。

三、商品标准及其标准化

(一)相关概念

1.标准

标准即对重复性事物和概念所做的统一规定。

2.标准化

标准化即在经济、技术、科学及其管理等社会实践中,对重复性事物和概念通过制定、发布和实施标准,达到统一,以获得最佳秩序和社会效益。

3.标准的分类

(1)按销售方向分为:国内标准和国际标准。
(2)按约束程度分为:强制性标准和推荐性标准。
(3)按标准形式分为:文件标准和实物标准。
(4)按对象分为:技术标准、工作标准和管理标准。
(5)按适用范围分为:国际标准、区域标准、国家标准、行业标准、地方标准和企业标准。

(二)商品标准的分级

1.世界标准的分级

(1)国际标准

①国际标准的含义。国际标准是指由国际上权威专业组织制定发布,并为世界上大多数国家承认和采用的标准,主要指由国际标准化组织(ISO)、国际电工委员会(IEC)和国际电信联盟(ITU)制定和发布的标准,以及由国际标准化组织确认并公布的其他国际组织制定的标准。

国际标准化组织确认并公布的国际组织包括:食品法典委员会(CAC)、国际计量局(BIPM)、国际原子能机构(IAEA)、国际乳品联合会(IDF)、国际图书馆协会联合会(IFLA)、国际制冷学会(IIR)、国际民航组织(ICAO)、国际航空运输协会(IATA)、国际劳工组织(ILO)、国际海事组织(IMO)、世界卫生组织(WHO)、世界知识产权组织(WIPO)、联合国教科文组织(UNESCO)、联合国粮食及农业组织(UNFAO)、国际铁路联盟(UIC)、国际电信联盟(ITU)、万国邮政联盟(UPU)等。

②国际标准的表示方法。国际标准采用标准代号(如 ISO、IEC)和编号(标准序号:发布年号)来表示,例如,ISO 9000:2015《质量管理体系 基础和术语》,其中,ISO 为标准代号,9000 为标准序号,2015 为发布年号,《质量管理体系 基础和术语》为标准名称。

(2)区域标准

区域标准,也称国际地区性标准,它是指由世界某一区域性集团组织或标准化组织制定的标准。这种国际地区性(或国家集团性)组织有的是由于地理原因,有的是由于政治或经济原因而形成的,这些标准仅在这些地区(或国家集团)内发生作用。

一些重要的区域标准包括:欧洲标准化委员会(CEN)制定的标准、欧洲电工标准化委员会(CENELEC)制定的标准、亚洲标准咨询委员会(ASAC)制定的标准、泛美技术标准委员会(COPANT)制定的标准、非洲地区标准化组织(ARSO)制定的标准等。

(3)国家标准

部分国家标准见表1-1。

表1-1　　　　　　　　　　　部分国家标准

序号	代号	含义	负责机构
1	GB	中国国家标准	中国国家标准化管理委员会(SAC)
2	ANSI	美国国家标准	美国标准学会(ANSI)
3	BS	英国国家标准	英国标准学会(BSI)
4	DIN	德国国家标准	德国标准化学会(DIN)
5	JIS	日本工业标准	日本工业标准调查会(JISC)
6	NF	法国国家标准	法国标准化协会(AFNOR)

(4)行业或专业团体标准

世界上一些国家的专业团体(学会、协会或其他民间团体)也发布一些标准,其中有些标准也是国际上公认的权威标准,它们为行业提供了很好的技术规范并被各国广泛采用。例如,美国材料与试验协会(ASTM)主要从事发展机械工程及其有关领域的科学技术,鼓励基础研究,促进学术交流,发展与其他工程学(协)会的合作,开展标准化活动,制定机械规范和标准。其他还有美国石油学会(API)标准、美国机械工程师协会(ASME)标准、美国食品与药物管理局(FDA)标准、美国机动车工程师协会(SAE)标准、美国通信工业协会(TIA)标准、美国电子工业协会(EIA)标准、美国电气制造商协会(NEMA)标准、英国劳氏船级社(LR)标准、德国电气工程师协会(VDE)标准等。

2.我国商品标准的分级

根据《中华人民共和国标准化法》(以下简称《标准化法》),按制定部门、适用范围等的不同,我国将商品标准划分为国家标准、行业标准、地方标准和团体标准、企业标准四级。

(1)国家标准

国家标准指由国家标准化主管机构批准发布,对全国经济、技术发展有重大意义,且在全国范围内统一的标准。

我国的国家标准分为强制性国家标准和推荐性国家标准,国家标准的代号由大写汉语拼音字母构成。强制性国家标准代号为"GB",推荐性国家标准代号为"GB/T"。

国家标准编号方式为:GB(GB/T,其中T表示推荐性标准)××××(顺序号)—××××(发布年号)。其中,发布年号的表示,1996年以后发布的标准用四位数字表示,1996年之前的用二位数字表示。例如,GB 39726—2020表示2020年发布的第39726号强制性国家标准。又如,GB/T 12113—1996表示1996年发布的第12113号推荐性国家标准。

(2)行业标准

行业标准是指对没有推荐性国家标准而又需要在全国某个行业范围内统一的技术要求所制定的标准。如行业的工艺规程标准,行业范围内通用的零配件标准,行业范围内通用的术语、符号、规则、方法等基础标准。

行业标准由国务院有关行政主管部门制定。常见的行业标准代号包括：农业——NY、石油化工——SH、林业——LY、机械——JB、轻工——QB、环保——HJ、纺织——FZ、煤炭——MT、化工——HG、商业——SB、教育——JY、烟草——YC、航空——HB、航天——QJ等。

行业标准是推荐性标准。其编号方式为：××(行业标准代号)/T ××××(标准顺序号)—××××(发布年号)。例如,JB/T 14002－2020表示2020年发布的第14002号推荐性机械行业标准。

(3)地方标准

为满足地方自然条件、风俗习惯等特殊技术要求,可以制定地方标准。如为某地区特色产品、特需产品所制定的标准。地方标准由省、自治区、直辖市人民政府标准化行政主管部门制定;设区的市级人民政府标准化行政主管部门根据本行政区域的特殊需要,经所在地省、自治区、直辖市人民政府标准化行政主管部门批准,可以制定本行政区域的地方标准。

地方标准是推荐性标准。其编号方式为：DB××(地方标准代号,DB＋地区代码)/T ××××(标准顺序号)—××××(发布年号)。例如,DB11/T 1793－2020表示2020年发布的第1793号推荐性北京地方标准。

(4)团体标准、企业标准

企业可以根据需要自行制定企业标准,或者与其他企业联合制定企业标准。国家支持在重要行业、战略性新兴产业、关键共性技术等领域利用自主创新技术制定团体标准、企业标准。

推荐性国家标准、行业标准、地方标准、团体标准、企业标准的技术要求不得低于强制性国家标准的相关技术要求。国家鼓励社会团体、企业制定高于推荐性标准相关技术要求的团体标准、企业标准。

制定标准应当有利于科学合理利用资源,推广科学技术成果,增强产品的安全性、通用性、可替换性,提高经济效益、社会效益、生态效益,做到技术上先进、经济上合理。

禁止利用标准实施妨碍商品、服务自由流通等排除、限制市场竞争的行为。

四、商品质量认证

(一)质量认证的概念与分类

1.质量认证的概念

质量认证是指依据产品标准和相应的技术要求,经认证机构确认并通过颁发认证证书和认证标志来使某一产品符合相应标准和相应技术要求的活动。

根据概念,可知质量认证隐含以下内容:

(1)质量认证的对象是产品。

(2)质量认证的基础是标准和技术规范。

(3)证明的方式是合格证书(认证证书)或合格标志(认证标志)。

(4)质量认证是第三方从事的活动。

关于安全认证和综合认证:凡是以安全标准为依据进行认证,或只对产品有关安全的项目进行认证,称为安全认证。如果是对产品的全部性能要求依据标准进行认证,则称之为综合认证或全性能认证。

2. 质量认证的分类

(1)强制性产品认证与非强制性产品认证

①强制性产品认证:国家对涉及人类健康和安全,动植物生命和健康,以及环境保护和公共安全的产品实行强制性认证制度。

国家对需要进行强制性产品认证的产品公布统一的《强制性产品认证目录》(以下简称《目录》),确定统一适用的标准、技术规则和实施程序,制定和发布统一的标志,规定统一的收费标准。

②非强制性产品认证:对未列入《目录》内产品的认证,是企业的一种自愿行为,也称为"自愿性产品认证"。例如,由中国国家认证认可监督管理委员会(CNCA)批准的中电联(北京)检测认证中心有限责任公司是代表电力行业进行机电产品自愿性产品认证的第三方机构,是中国电力企业联合会所属能同时进行体系认证和机电产品认证的机构。

(2)安全认证与合格认证

实行安全认证的产品,必须符合《标准化法》中有关强制性标准的要求。

实行合格认证的产品,必须符合《标准化法》中国家标准或者行业标准的要求。

凡列入《目录》的产品,必须经国家指定的认证机构认证合格,取得指定认证机构颁发的认证证书并加施认证标志后,方可出厂销售、进口和在经营性活动中使用。

认证标志名称为"中国强制认证"(英文名称为"China Compulsory Certification",英文缩写为"CCC",也可简称为"3C"标志)。认证标志是《目录》中产品准许出厂销售、进口和使用的证明标记。

(二)质量体系认证

质量体系认证是指由第三方公证机构依据公开发布的质量体系标准,对供方(生产方)的质量体系实施评定,评定合格的由第三方机构颁发质量体系认证证书,并给予注册公布,证明供方在特定的产品范围内具有必要质量保证能力的活动。

目前,世界各国大都按照国际通用的ISO9000质量管理和质量保证系列标准推行质量体系认证制度。ISO9000质量体系认证证书已经成为商品进入国际市场的"通行证"。

我国目前已成立了国家认可的质量体系认证机构多家,开展质量体系认证工作。

2006年成立了中国合格评定国家认可委员会(CNAS)。中国合格评定国家认可委员会是国际认可论坛(IAF)、国际实验室认可合作组织(ILAC)、亚太认可合作组织(APAC)的正式成员。中国合格评定国家认可制度在国际认可活动中有着重要的地位,其认可活动已经融入国际认可互认体系,并发挥着重要的作用。我国质量体系认证的工作取得了很大的成效。

(三)环境管理体系认证

环境管理体系认证亦称为环境认证或环境(保证)体系认证,是指由第三方公证机构依据公开发布的环境管理体系标准(ISO 14000 环境管理系列标准),对供方(生产方)的环境管理体系实施评定,评定合格的由第三方机构颁发环境管理体系认证证书,并给予注册公布,证明供方具有按既定环境保护标准和法规要求提供产品的环境保证能力。

相关知识的实际应用

相关案例

目前,一些家电行业中的仓储管理工作滞后于时代的发展。存在的问题包括:一是工作要求很低,一般只求能发货即可;二是堆放零部件不科学,零部件货架发货随便,做不到"五号定位"(要统一库号、区号、架号、层号、位号),工作人员进入仓库感到很乱;三是对库存货物的保养不及时、不认真,甚至常年不动,出现一些汽车零部件生锈现象,造成不必要的损失;四是入库验收不严,使一些劣质零部件流入仓库,造成库存积压。

因此,对于家电行业要加强仓储环节的管理,引入 PDCA 循环法等管理方法,可以针对行业问题制订计划,解决人员的素质问题。同时,随着科学技术的进步,逐步使仓储工作走上科学化轨道。

结合上述案例,分析仓储管理人员应如何采用 PDCA 循环法来加强企业的管理。

一、PDCA 循环法

(一)PDCA 循环的提出

PDCA 循环是由美国质量管理专家戴明博士首先提出的,因此又被称作"戴明环",它是全面质量管理所应遵循的科学循环,在质量管理活动中被广泛应用。

(二)PDCA 循环法的运用

PDCA 循环将管理过程分为四个阶段,即计划(Plan)、执行(Do)、检查(Check)、处理(Action),如图 1-1 所示。

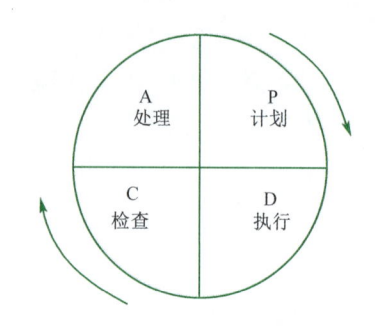

图 1-1　PDCA 循环管理过程的四个阶段

1. 计划阶段

其任务是制订计划和拟定措施，具体可以分为找问题、提方案、定计划。先找出问题，再针对问题提出方案，然后再根据方案拟定相应的策略和措施，提出具体的方针和目标，制订计划和管理项目。

2. 执行阶段

其任务是执行方案。执行阶段是对计划阶段的延伸，实施方案，按照预定计划、目标、措施及分工具体实施，努力达到预期的目标。

3. 检查阶段

其主要任务是考核与比较，具体是检查计划的实施情况，再把实施的结果和计划的要求进行比较，看是否达到了预期的效果。通过检查明确效果，找出问题，分析原因，总结教训。

4. 处理阶段

其任务是总结经验和提出新问题。对于成功的经验予以标准化或制定作业指导书，对于失败的教训加以总结，对于未处理的问题，进行下一个 PDCA 循环。

(三) PDCA 循环法的实施步骤

PDCA 循环法的实施步骤包括：

(1) 找问题，即分析现状，发现问题。

(2) 找原因，即分析质量问题中的影响因素。

(3) 找要因，即分析影响质量问题的主要因素。

(4) 定计划，即针对主要原因，制定解决的措施、计划。

(5) 执行，即按措施、计划的要求去做。

(6) 检查，即把执行结果与要求达到的目标进行对比。

(7) 总结经验，即把成功的经验总结出来，制定相应的标准。

(8) 提出新问题，即把没有解决或新出现的问题转入下一个 PDCA 循环中去解决。

PDCA 循环法的步骤具体见表 1-2。

表 1-2　　　　　　　　　　　　PDCA 循环法的步骤

阶段	步骤	主要方法
P	1.分析现状,发现问题	排列图、直方图、控制图
P	2.分析各种影响因素或原因	因果图
P	3.找出主要影响因素	排列图、相关图
P	4.针对主要原因,制定措施、计划	回答"5W1H": 为什么制定措施(Why) 达到什么目标(What) 在何处执行(Where) 什么时间完成(When) 由谁负责完成(Who) 如何完成(How)
D	5.执行、实施计划	
C	6.检查计划执行结果	排列图、直方图、控制图
A	7.总结成功经验,制定相关标准	制定或修改工作规程,检查规程及其他有关规章制度
A	8.把未解决或新出现的问题转入下一个 PDCA 循环中去解决	

(四)PDCA 循环法的特点

PDCA 循环法的特点包括:

第一,PDCA 循环四个阶段缺一不可,先后次序不可颠倒,并紧密衔接,连成一体。

第二,周而复始,循环不停。管理工作是日复一日、年复一年不停地进行的。因此,PDCA 循环就像一个不停运转的车轮,连续不停地运转。

第三,大环套小环地组成。PDCA 循环是由许多大大小小的循环组成的,上一级的 PDCA 循环是下一级循环的根据,下一级的 PDCA 循环是上一级循环的贯彻落实和具体化,各个循环之间相互协调、相互促进,具体如图 1-2 所示。

第四,爬楼梯式地提高。PDCA 循环周而复始地运转,每一次都不是原水平上的循环,每一次都有新的内容、新的目标。每循环一次,就解决一些问题,管理质量就提高一个层次,就像爬楼梯一样不断上升,具体如图 1-3 所示。

第五,标准化地运转。PDCA 循环必须围绕标准运转,及时总结经验,肯定成就,修正错误,以便在下一次循环中扬长避短。同时在循环的过程中,将行之有效的措施和对策上升为新的标准。这样,才能保证循环正确、健康地运转。

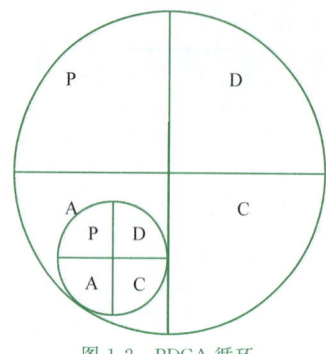

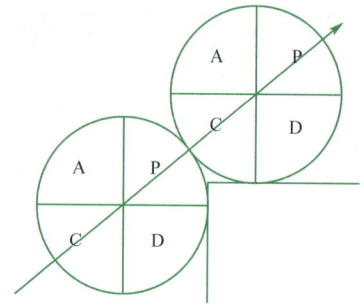

图 1-2　PDCA 循环　　　　　图 1-3　PDCA 循环上升示意图

（五）PDCA 循环法的实例分析

结合前面的相关案例，分析 PDCA 循环法在仓储管理中的运用。

（1）计划阶段

该阶段具体分为四个步骤来操作：

①分析目前现状，找出仓储管理工作中存在的问题并进行分析。可以从以下方面来着手：

a. 硬件：库房容量、库房结构、货架数量、通风条件、办公用品及通信等。

b. 软件：人员配套、人员专业技术水平、入库验收程序、库存品种数量的控制、可存部件保管以及管理制度、服务规范等。

②分析产生问题的各种原因以及影响因素。根据以上各个项目中找出的问题，分析产生问题的各种原因以及影响因素，为下一步分析提供依据。

③分析并找出管理中存在的主要问题。

④制订管理计划，确定管理要点，并根据管理中出现的主要问题，制定管理的措施、方案，明确管理的重点。制定管理方案时要注意整体的详尽性、多选性、全面性。

（2）实施阶段

按照制定的方案去执行。

（3）检查阶段

检查实施计划的结果。这一阶段是比较重要的一个阶段，它是对实施中方案是否合理、是否可行、有何不妥的检查，是为下一个阶段工作提供条件，是上一阶段工作好坏的检验期。

（4）处理阶段

①对已解决的问题，加以标准化，即把已成功的可行的条文进行标准化，将这些纳入制度、规定中，防止以后再发生类似的问题。

②找出尚未解决的问题，转入下一个循环中去，以便解决。

二、统计质量控制的常用方法

在运用 PDCA 循环实施全面质量管理的过程中，对数据的收集、整理、分析、判断、处理，常用的方法有分类法、排列图法、因果分析图法、直方图法、控制图法、散布图法、统计调查分析表法等。

1.分类法

引起质量波动的原因多种多样，因此应收集产品生产过程中的质量数据和意见并进行适当的归类整理。

分类法又称分层法、分组法。它是分析影响商品质量因素的一种基本方法，也是加工整理数据的一种重要方法。它是按照一定的标志，把收集到的大量有关某一特定问题的统计数据和意见加以归类、整理、汇总的一种方法。分类的目的在于把杂乱无章和错综复杂的数据和意见加以归类汇总，使之能更确切地反映客观事实。

2.排列图法

排列图法又称帕雷托图法，是找出影响商品质量主要问题的一种方法。它是将质量改进项目从最重要到最不重要进行排列而采取的一种简单的图示技术。在生产、流通、经营过程中，影响商品质量的因素很多，如人工、机器、设计、工艺、原料及经营环境等，将这些因素按主次关系排列。排列图由一个横坐标、两个纵坐标、几个按高低顺序排列的矩形和一条累计百分比折线组成。排列图有两个作用：一是按照重要顺序显示出每个质量改进项目对整个质量问题的作用；二是识别进行质量改进的机会。

3.因果分析图法

因果图又称树枝图、鱼刺图。它可以直接运用因果关系找到问题症结所在，然后对症下药，解决问题。它在质量分析和质量改进等活动中广泛应用。

4.直方图法

直方图法又称质量分布图法或频数分布图法。它是用一系列宽度相等、高度不等的长方形表示数值的图。长方形的宽度表示数据范围的间隔，长方形的高度表示在给定间隔内的数据。

5.控制图法

控制图又称管理图。它是区分由异常或特殊原因引起的波动或是由过程固有的随机原因引起的偶然波动的一种工具。

6.散布图法

散布图又称分散图或相关图，它用于研究质量问题变量间的相互关系。在对原因进行分析的过程中，常常遇到一些变量共处于一个统一体中的情况，它们相互联系、相互制约，在一定条件下相互转化。有些变量之间存在着确定的关系但又不能由一个变量的数值精确地求出另一个变量的值，将两种有关的数据列出，并用"点"填在坐标上，观察两种因素之间的关系，这种图称为散布图。在质量管理中，可以利用散布图来观察质量特征的关系，从而改进质量。

7.统计调查分析表法

它是利用统计调查表来进行整理和粗略分析的一种常用、简单的方法(工具)。其格式各种各样,一般可以根据不同的调查目的设计出不同的表格。在质量管理中,较常用的有:①调查缺陷位置用的分析表;②工序内质量特性分布统计调查表、按不合格项分类的统计调查表或其他统计调查表。

除了以上七种质量管理的手段和技术以外,还有对策表、系统图、水平对比、流程图等。

学生实训项目

> **实训项目**:商品质量及质量管理的知识应用

> **情景设计:**

某年 6 月 28 日,位于兰州市的中国人民解放军第一医院收治了首例患肾结石的婴幼儿,据家长反映,孩子从出生起就一直食用石家庄三鹿集团股份有限公司所生产的三鹿牌婴幼儿配方奶粉。7 月中旬,甘肃省原卫生厅接到医院婴儿泌尿系统结石病例报告后,随即展开了调查,并报告原卫生部。随后短短两个多月,该医院收治的患婴人数就迅速扩大到 14 名。截至 9 月 11 日,除甘肃省外,陕西、宁夏、湖南、湖北、山东、安徽、江西、江苏等地也都有类似案例发生。9 月 11 日晚原卫生部指出,近期甘肃等地报告多例婴幼儿泌尿系统结石病例,调查发现患儿多有食用三鹿牌婴幼儿配方奶粉的历史。经相关部门调查,高度怀疑石家庄三鹿集团股份有限公司生产的三鹿牌婴幼儿配方奶粉受到三聚氰胺污染。原卫生部专家指出,三聚氰胺是一种化工原料,可导致人体泌尿系统产生结石,三鹿牌婴幼儿配方奶粉事故是一起重大的食品安全事故。

> **任务要求:**

对学生进行分组,5 人一组,给学生充分的案例讨论时间,结合商品质量管理的知识,完成以下几个实训任务,并撰写实训报告书。

1.分析影响商品质量的因素有哪些。
2.结合此案例,分析该商品的质量问题是商品质量影响因素中哪个因素造成的。
3.应用 PDCA 循环法,设计食品类企业的商品质量管理模式。

> **任务考核标准:**

1.考核以过程考核形式进行。
2.考核以能力考核为核心,综合考核专业知识、专业技能、方法能力、职业素质、团队合作等方面。任务考核标准见表 1-3。

表 1-3　　　　　　　　　　　　　　任务考核标准

任务名称			商品质量及质量管理的知识应用			
实训目标			通过案例熟悉和掌握商品质量管理方法的应用			
任务考核	考核点（所占比例）	建议考核方式	评价标准			
			优	良	中	及格
	团队合作占30%	自评、小组互评	任务分工明确，组长发挥带头作用，小组成员按要求进行讨论	任务分工明确，组长发挥带头作用，小组成员按要求进行讨论，完成任务有拖拉现象	任务分工一般，组长不能发挥带头作用，小组成员能按要求进行讨论，完成任务有拖拉现象	任务分工一般，组长不能发挥带头作用，小组成员积极性不高，完成任务不够认真
	任务完成情况占70%	操作考核	能够按照要求进行案例分析，知识点应用较准确，项目完成完整性达90%以上；管理模式设计合理，PDCA循环法应用比较自如，能全面体现食品类企业商品质量管理的特点，对企业有一定的参考价值	能够掌握必备的知识点，项目完成完整性达80%以上；能将PDCA循环法有效地应用到企业的质量管理模式中，各环节设计合理，但应用的广度和深度有待改进	案例分析环节分析不够透彻，项目完成完整性达70%以上；管理模式设计一般，基本上掌握了PDCA循环法的工作原理，并能将之应用到企业的实际管理中	项目完成完整性达60%以上；PDCA循环法的工作原理基本掌握，但应用的灵活性不强

模块二
运输过程中的商品养护

案例引入

天津华汇国际物流有限公司接受长春信达贸易有限公司的委托,承运一批用来做变压器铁芯材料的硅钢片至广州花都钢铁有限公司,承运当天,长春信达贸易有限公司将按规格裁剪后的硅钢片进行简单捆扎,并没有对其进行外包装,也未对运输货物做出必要的警示标志以告知运输中应当注意的事项,如不能被雨淋、注意防潮等,就交付运输了。在运输途中下了暴雨,司机采取了用雨篷覆盖的方式进行避雨。货到目的地,收货人提货时发现部分硅钢片因采取防雨措施不当,造成硅钢片进水,发生严重锈蚀现象,给货主带来了严重的经济损失。

请结合商品养护的知识分析一下上述案例,并思考以下问题:
1. 结合硅钢片的性质分析硅钢片在运输途中的货物损失是由哪些原因引起的。
2. 托运人在安排运输时,应采取什么样的商品包装技术来进行商品养护?

必备的知识点

一、运输过程中商品的质量变化形式及原因

在货物运输过程中,由于货物本身的自然属性、化学组成与结构不同,当受到温度、湿度、日光、雨水和微生物等不利环境因素的影响,以及运输中装卸搬运作业的外力影响时,可能引起货物这样或那样的质量变化,造成货物使用价值下降或丧失。

（一）运输过程中商品的质量变化形式

1. 运输过程中商品的物理变化形式

在运输过程中,货物发生物理变化的形式主要有货物的吸湿、散湿、吸味、散味、挥发、热变、膨胀、溶化、凝固、冻结等。下面主要介绍吸湿、挥发、热变这三种形式。

(1) 吸湿

货物吸湿是指货物具有吸附水蒸气或水分的性质。它是运输中货物常发生质量变化的一个重要原因。在运输中,货物含水量过多,超过其安全水分标准,会出现潮解、溶化、分解、生霉等变质现象。含水量过少,会致使货物损耗、发脆、开裂等。在水运中为防止货物吸湿变质,需熟悉各类货物的安全水分,加强温、湿度控制和采取防潮措施,谨慎地做好配积载。

(2) 挥发

货物挥发是指液体货物表面能迅速气化,变成气体散发到空间去的性质,如汽油、原油、酒精等。在运输中,货物的挥发不仅会造成货物重量、质量损耗,包装内气压过大,还会造成包装破裂或爆炸。有些货物挥发出有毒、腐蚀性、易燃性气体,也会引起危险事故。因此在运输中要求货物包装坚固完好,封口严密,避免受高温和外力作用。对沸点低的液体货物应选择低温季节运输或冷藏运输,作业前必须充分通风。

(3) 热变

货物热变是低熔点货物在超过一定温度范围后引起形态变化的性质。货物在受热后,虽在成分上未发生质的变化,但形态上却发生了变化,如软化、变形、粘连、熔化等。货物热变会造成货损、货垛倒塌、沾污其他货物、影响装卸作业等,如松香、橡胶、石蜡等货物。在运输中,为防止货物热变,运输低熔点货物应装载在阴凉的场所,远离热源部位,炎热季节应采取降温措施。

2. 运输过程中商品的机械变化形式

在运输过程中,货物所受外力作用大致如图2-1所示。

```
       ┌ 静态作用力──堆码压力
外力 ┤
       │              ┌ 震动冲击
       └ 动态作用力 ┤ 翻倒冲击
                      └ 跌倒冲击
```

图2-1 运输中货物所受外力作用

在运输过程中,货物发生机械变化的形式主要有破碎、变形、渗漏、结块等。

(1) 破碎

破碎是由于货物质脆或包装强度弱,承受较小的外力作用后就容易造成破损的性能,如玻璃制品、陶瓷制品、电视机以及用玻璃、陶瓷做包装的货物。

(2) 变形

变形主要是具有可塑性的货物发生的变化。所谓可塑性,是指货物受外力作用后发生变形,而当移去外力后,不能完全恢复原状的性质。这类货物虽不易碎裂,但受到超过货物所能承受的压力时就会引起制品变形,影响质量,如橡胶制品、塑料制品、皮革制品和铝制品等。有热变性的橡胶制品、塑料制品在高温条件下受重压、久压更易变形。

(3) 渗漏

渗漏主要发生在液体货物中,由于货物包装容器质量有缺陷,封口不严,灌装不符合要求,在搬运时撞击、跌落等或受高温作用会致使货物发生渗漏现象。

(4)结块

结块主要发生在粉粒晶体状货物中,装载时堆码超高或受重货所压以及在水湿、干燥、高温、冷冻等因素影响下会造成货物结块,如水泥、食糖、化肥、矿粉等。

3.运输过程中商品的化学变化形式

货物的化学性质是指货物在光、氧、水、酸、碱等作用下,发生改变物质本身化学性质的变化。在运输中,货物发生了化学变化,则意味着货物质量起了变化,轻则使货物遭受损失,重则还会殃及其他货物及发生严重事故。

在运输过程中,货物发生化学变化的形式主要有氧化、腐蚀、燃烧、爆炸等。

(1)氧化

氧化是指货物与空气中的氧或放出氧的物质所发生的化学变化,又称氧化作用。氧非常活泼,易与物质发生氧化反应而使货物变质,甚至发生危险事故。易于氧化的物质有很多,如金属类、油脂类、自燃类货物等。

一般情况下,氧化作用的进行是十分缓慢的。如果氧化产生的热量不易散发而积聚起来,就会发生自热、自燃现象。如油布伞、油纸、桐油布等油制品,如尚未干透即打包运输,就易发生自燃,这是因为桐油含有不饱和脂肪酸,氧化时放出热量,热量不易散发而导致温度上升,达到燃点便引起自燃。对于一些发热量较大、燃点较低的货物,如黄磷、废电影胶片等,要特别注意防止自燃事故的发生。

金属锈蚀也是一种氧化现象。特别是钢铁制品,在水、空气或酸、碱、盐的作用下,很容易氧化锈蚀。其反应式为

$$Fe + 2H_2O = Fe(OH)_2 + H_2 \uparrow$$
$$4Fe(OH)_2 + 2H_2O + O_2 = 4Fe(OH)_3$$

铁锈的主要成分就是氢氧化铁[$Fe(OH)_3$]。

橡胶的老化、茶叶的陈化、煤的风化等也是在氧化作用下产生的现象。

(2)腐蚀

腐蚀是指某些货物具有的能对其他物质产生破坏作用的性质。引起腐蚀作用的基本原因是由于货物的酸性、碱性、氧化性和吸水性。例如,钢铁和盐酸作用,能使钢铁制品遭到破坏。其反应式为

$$Fe + 2HCl = FeCl_2 + H_2 \uparrow$$

烧碱($NaOH$)能和油脂作用,灼伤人的皮肤;浓硫酸能吸收有机物水分,使之碳化变黑;漂白粉具有氧化性,能破坏有机物等。在运输过程中,常见的腐蚀品主要有酸类、碱类物质。

(3)燃烧

燃烧是指物质相互化合而发生光和热的过程,一般物质与氧激烈地化合,所进行的化学反应称燃烧反应。例如

$$P_4 + 5O_2 = 2P_2O_5$$

物质引起燃烧或继续维持燃烧,必须同时具备三个条件,即可燃物、助燃物(氧或氧化

剂)、一定的温度,三者缺一不可。气体燃料能直接燃烧并产生火焰,液体和固体燃料通常需先受热变成气体后才能燃烧而产生火焰。

(4)爆炸

爆炸是指物质非常迅速地发生化学(或物理)变化而形成压力急剧上升的一种现象。爆炸分为化学性爆炸和物理性爆炸。化学性爆炸是指物质受外因的作用,产生化学反应而发生的爆炸。爆炸反应的主要特点是反应速度极快,放出大量的热和气体,产生冲击破坏力。爆炸和燃烧的主要区别在于反应速度,而爆炸多伴随燃烧而发生,如火药等爆炸品发生爆炸。物理性爆炸是指货物包装容器内部气压超过容器的承受强度而发生的爆炸,如氧气瓶的爆炸。

在运输过程中,应防止如下几种爆炸现象:

①易分解物质的爆炸,如爆炸品、有机过氧化物等。

②不相容物质接触引起的爆炸,如氯酸钾与酒精、硝酸与硫黄等。

③容器爆炸,如石油气钢瓶、汽油桶、碳化钙(电石)桶等。

④易燃气体或易燃粉尘与空气的混合物引起的爆炸,如乙醚、汽油、铝粉、粮尘等。

4.运输过程中商品的生物变化形式

在运输过程中,货物发生生物变化的形式主要有酶作用、呼吸作用、微生物作用、虫害作用等。

(1)酶作用

酶又称酵素,是一类生物催化剂。酶作用在生物变化中占有重要的地位。因为一切生物体内物质的分解与合成都要靠酶的催化来完成,它是生物新陈代谢的内在基础,如粮谷的呼吸、后熟、发芽、发酵、陈化等都是酶作用的结果。

酶是一种特种蛋白质,其催化作用具有专一性。酶的种类很多,大致可分为氧化还原酶、水解酶、转移酶、裂解酶、异构酶和连接酶六大类。影响酶的催化作用的因素有温度、pH、水分等。

(2)呼吸作用

呼吸作用是有机体货物在生命活动过程中,为获取热能维持生命力而进行的新陈代谢现象。这种作用是一切活的有机体货物最普通的生物现象。寄附在货物上的微生物、害虫等也具有此特性。呼吸作用可分为有氧呼吸和缺氧呼吸。

有氧呼吸是有机体货物中的葡萄糖或脂肪、蛋白质等,在通风良好、氧气充足条件下受氧化酶的催化,进行氧化反应,产生二氧化碳和水,并释放出热量。可用以下反应式表示:

$$C_6H_{12}O_6 + 6O_2 =\!=\!= 6CO_2\uparrow + 6H_2O + 2.82 \text{ MJ}$$

缺氧呼吸是在无氧条件下,有机体货物利用分子内的氧进行呼吸作用。葡萄糖在各种酶的催化下,转化为酒精和二氧化碳,并释放出少量热量。这种缺氧呼吸实质上是一种发酵作用。可用以下反应式表示:

$$C_6H_{12}O_6 =\!=\!= 2C_2H_5OH + 2CO_2\uparrow + 117 \text{ kJ}$$

旺盛的有氧呼吸可造成有机体中营养成分大量消耗并产生自热、散湿现象,而严重的缺氧呼吸所产生的酒精积累过多会引起机体内细胞中毒死亡。影响呼吸强度的因素有含水量、温度、氧的浓度等。所以在运输过程中,应合理通风并尽量控制有关因素,使货物进行微弱的有氧呼吸,以利货物的安全保管。

(3)微生物作用

微生物作用是微生物依据外界环境条件,吸取营养物质,经细胞内的生物化学变化,进行生长、发育、繁殖的生理活动过程。有机体货物在微生物作用下,会产生生霉、腐败和发酵、发热等质量变化现象。易受微生物作用的货物主要有肉类、鱼类、蛋类、乳制品、水果、蔬菜等。

常见危害货物的微生物有细菌、霉菌和酵母菌等。微生物要在货物上生长、繁殖,除营养物质外,还要有适宜的温度、湿度、水分等条件。一般来说,货物含水量多,环境温暖潮湿,则适宜微生物的生长、繁殖活动,所以控制货物含水量和环境温、湿度以及防感染是防止微生物危害的主要措施。

(4)虫害作用

虫害作用对有机体货物危害性很大。害虫不仅蛀食货物,破坏组织结构,造成破碎、产生孔洞、发热和霉变等危害,而且害虫的分泌物、粪便、尸碱能污染货物,影响卫生,降低质量,甚至使货物完全丧失食用或种用价值。如粮谷害虫能促使粮谷结露、陈化、发热和霉变等,老鼠、白蚁等还会咬坏货物的包装、库场建筑物并传染疾病。

虫害作用一般与环境的温、湿度,氧气浓度,货物的含水量有关,其中高湿影响最大。为防止虫害,应控制有关因素并做好防感染工作。在运输过程中,常见易受虫害作用的货物主要有粮谷类、干果类、毛皮制品等。

有机体货物除以上生物变化外,还会产生后熟、发芽、胚胎发育等生物变化现象,均会造成货物受损,不利于运输和保管。

(二)运输过程中商品质量变化的原因

1.货损、货差原因

一般在运输过程中载货种类很多,载货量也很大,这些货物的特性、包装、规格、运输要求、保管要求各不相同,而且由于外界自然条件的变化,货物在运输过程中又要经过多次装卸作业,这样,往往容易造成货损、货差现象。

货损是指货物在运输、装卸和保管过程中质量上的损坏和数量上的确实损失。质量损坏包括货物受潮、污染、破损、串味、变质等。数量的确实损失包括海难、火灾、落水无法捞取、被盗、遗失等原因所导致货物的灭失,以及货物的挥发、散漏、流失等情况所造成的超过货物自然损耗的货物减量。

货差是指货物在运输过程中发生的溢短和货运工作中的差错。差错包括错转、错交、错装、错卸、漏装、漏卸以及货运手续办理错误等原因而造成的有单无货、有货无单或点数不准等单货不符、件数或重量溢短等。

防止货损、货差,将货物完整无损地交付收货人是货运质量管理的重要内容。在运输中产生货损、货差的原因错综复杂,主要包括以下几点:

(1)配积载不良

①货物搭配不当。如性质互抵的货物混装,致使货物发生串味、污染、熔化、腐蚀、发热和自燃等货损。

②装载货位不当。如怕热货物装载在热源部位,致使货物熔化受损;怕潮货物装载在不严密、易产生"汗水"的部位,致使货物湿损、霉变等。

③堆码不当。如货物堆码不紧密,引起碰撞、挤压、倒垛,致使货物破损;堆码超高引起底层货物压坏;重大件货物因捆绑不牢,货物移位,致使货物受损等。

④衬垫与隔票不当。衬垫材料潮湿、不干净,致使货物湿损、污损;货物未隔票或隔票方法不当,致使货物混票,产生货损、货差等。

(2)装卸操作不慎

①装卸操作不当或违章操作。如某些装卸工人操作不熟练或操作马虎,不按储运指示标志作业,违章操作以及野蛮装卸,由此造成货物的破损。

②装卸设备或吊具工具不当。如吊杆部件磨损,吊索不良,工前不认真检查,致使发生折断、松弛等而造成货物损坏;装卸作业中采用不适合货物的工具,致使货物发生袋破、桶裂、箱坏,造成散落、渗漏、破损等货损。

③装卸中气候变化的影响。在雨雪天进行装卸或下雪、雷雨天未能及时关舱,造成货物水湿、溶化、燃烧等损坏。

(3)货物本身问题

①货物运输包装不良。如货物包装强度不足,包装材料不适合货物性质,致使货物破损、污损、断裂、散捆等。

②货物标志不清。货物标志的字、图不清楚,内容不完整、不规范或脱落,造成运输标志、包装储运指示标志、危险货物标志难辨认或欠缺,导致错装、错卸、货差,会在装卸、堆存中发生货损、货差事故。

③货物本身的自然属性。易腐货物少量腐烂变质,橡胶老化,散装液体挥发、降质等,均是货物本身自然属性上的缺陷而引起的货损。

(4)运输途中引起

①运输设备不完善。如货舱在装货前的准备工作没有满足货物的要求,匆促、勉强装货造成货损;货舱舱壁护板不全,通风失灵,舱内管道漏损等原因造成货损。

②保管不当。如装有呼吸货物的运输工具长期封闭致使货物发酵、霉烂、自燃,或通风不当造成货物霉腐、汗湿、燃爆等。

③不可抗力。如船舶在航行中遭遇到意外事故(碰撞、搁浅、触礁、沉船等)、自然灾害(台风、洪水、海啸等)、军事拦阻、航道堵塞等而造成货损。

(5)堆存保管不妥

①库场设备不全。库内漏水、漏电,露天场地苫垫设备不良,致使货物水湿、污损、燃烧等。

②库场清扫差。库场的清洗、干燥、除味、除毒等清扫工作不及时或没有满足货物性质的要求,致使货物受地面污染,遭受虫蛀、鼠害等而造成货损。

③货物保管不当。性质互抵的货物同库堆存造成串味、污染、腐蚀等货损;库内通风

不当,造成货物汗湿;货物堆码过高,造成下层货物压坏等。

④货物交付不及时。如易腐货物到达目的地未及时交付,致使货物腐蚀、枯萎、死亡等。

(6)理货工作错误

①收发货时数字不准。如理货人员、库场人员在收发货、点垛、抄号、画钩计数过程中数字不准确,少收多报或多收少报等。

②其他失职原因。如理货人员在工作时间擅离岗位,夜班睡觉,以致发生未经清点就装卸或交付,造成货差事故。

2.货物的自然损耗

在运输过程中,由于货物本身的性质以及有关的运输条件的影响而产生货物重量的不可避免的减少称为自然损耗,或称自然减量。它是货物的合理损耗,是非事故的、非人为的货物减量。

(1)造成货物自然损耗的原因

①干耗和挥发。含水分多的货物及轻质馏分的油品,由于气温的变化和长时间暴露在空气中,必然会因水分的自然蒸发或轻质馏分的挥发而造成重量减少。

②渗漏和沾染。液体货物通过包装(如木桶)的非人为的渗漏或沾染在装运容器(或油舱)内的残液会引起货物重量的减少。

③飞扬和散失。粉状、颗粒状货物(如矿粉、面粉、谷类等)因物质的飞扬及通过包装空隙的散失会引起货物重量的损耗。

(2)自然损耗率

自然损耗率是指货物自然损耗的重量占运输货物原来总重量的百分比,又称自然减量损耗率。自然损耗率的大小与货物种类、包装,装卸方式、次数,气候条件和运输时间长短等因素有关。可以在有关合同中事先规定损耗限度。

二、安排运输时的商品包装技术及商品养护技术

(一)商品包装技术

1.商品包装技术概述

商品包装技术主要是指为了防止商品在流通领域发生数量损失和质量变化而采取抵抗内、外影响质量变化因素的各种技术措施。

常见的商品包装技术有:

第一,防止商品发生机械物理伤害,可采用抗震、缓冲、集合、收缩等包装。

第二,防止商品丢失、人为事故,可采用防盗、密封、集合等包装。

第三,防止商品发生化学变化,可采用真空、充气、脱氧、贴体、泡罩、防锈、防光、防潮等包装。

第四,防止商品发生物理变化,可采用减震、防外力冲击、隔热、耐寒等包装。

第五,防止商品发生生理生化变化,可采用保鲜、气调、冷冻等包装。
第六,防止商品发生生物学变化,可采用防霉、防虫、无菌、冷冻等包装。
第七,防止商品被有害、有毒物质及杂物污染,可采取防尘、密封等包装。

2.常见的包装防护方法

常见的包装防护方法见表 2-1。

表 2-1　　　　　　　　　　　　常见的包装防护方法

包装防护方法	定义	主要措施
防震包装	防震包装又称缓冲包装,是为了保护商品的性能和形状、防止商品在流通过程中受到冲击和震动的破坏而采取一定防护措施的包装技术	①防震衬垫。在包装和商品之间填充缓冲防震包装材料。例如,家用电器包装时常使用聚氨酯泡沫缓冲衬垫材料防震 ②现场发泡。在包装容器与衬有薄膜的商品之间空隙处,注入能产生塑料泡沫的异氰酸酯和多元醇树脂原料,约 10 小时后,化合物发泡膨胀至本身体积的 100～140 倍。再经过 1 小时,变成半硬性的泡沫塑料,将形状各异的产品固定在包装箱内,可起防震保护作用 ③弹簧吊装。将商品用弹簧悬浮吊装在包装容器内,该方法一般适用于要求防震性高的精密仪器 ④机械固定。将商品机械固定在包装框架或底板上,该方法一般适用于重量较大的机械产品
防锈包装	防锈包装是防止金属制品与周围介质发生化学腐蚀和电化学腐蚀而采用一定防护措施的包装	①对金属制品表面进行防锈处理。如电镀、化学处理形成保护膜、涂漆、刷涂防锈油剂 ②延缓锈蚀过程。在密封包装内采用气相防锈剂,利用气相防锈剂的挥发性产生能与水作用的缓蚀成分,在金属表面形成阻碍锈蚀反应的保护层
防潮包装	防潮包装是为了防止潮气侵入包装的措施。空气中的水汽量超过一定程度时,会引起商品溶化、水解、霉变、腐烂、虫害、锈蚀等多种质量变化	①密封包装。利用包装材料的透湿阻隔性能防止水汽侵入。包装前的商品水分应控制在安全水分范围内并控制包装材料本身的含水率 ②包装内装吸收水分的干燥防潮剂。干燥防潮剂包括硅胶、泡沸石等 ③真空、充气、泡罩等包装也可以阻挡外界潮气侵入
防霉包装	防霉包装是防止商品霉变而采取一定措施的包装	①控制包装内的环境,抑制霉菌生长。如防潮包装可以降低包装内的相对湿度,使霉菌孢子不宜萌发 ②阻止霉菌孢子的侵入。如灭菌包装、密封包装等可以阻止霉菌孢子的侵入 ③药剂防霉是防霉包装常用的方法,可在包装内喷洒适量的防霉药剂,杀死霉菌 ④气相防霉是在密封的包装中使用挥发性防霉药剂,由于气体的扩散与渗透作用,防霉效果较好
充气包装	充气包装是将商品置于气密性包装容器中,用氮、二氧化碳等不活泼气体置换容器中原有空气的一种包装方法。这种包装多用于水果、蔬菜等鲜活商品包装	用氮、二氧化碳等不活泼气体置换容器中原有空气

(续表)

包装防护方法	定义	主要措施
真空包装	真空包装也称减压包装，是将包装容器内的空气全部抽出密封，维持袋内处于高度减压状态、空气稀少，相当于低氧效果，使微生物没有生存条件，以达到果品新鲜、无病腐发生的目的	将商品置于气密性包装容器中，在容器封口之前尽量抽成真空，使密封后的容器内基本没有空气
贴体包装	贴体包装就是把透明的塑料薄膜加热到软化程度，然后覆盖在衬有纸板的商品上，从下面抽成真空，使加热软化的塑料薄膜按商品的形状黏附在其表面，同时也黏附在承载商品的纸板上，冷却成型	将商品放在包装底板上，再把透明可以加热软化的塑料薄膜盖在商品上，从底板背面抽成真空，使薄膜与包装物紧贴并热黏合
收缩包装	收缩包装是用收缩薄膜裹包物品（或内包件），然后对薄膜进行适当加热处理，使薄膜收缩而紧贴于物品（或内包装件）的一种包装技术方法	用一种具有热收缩性能的塑料薄膜（经过拉伸冷却工艺处理）包装商品，送入加热室加热，冷却后薄膜按一定比例收缩，紧紧裹住被包装物

（二）商品养护技术

常见的商品养护技术包括：

1. 金属防锈蚀方法

金属商品的电化学锈蚀是造成商品损失的重要因素之一。所以做好金属商品的防锈蚀工作非常重要，也是仓储过程中商品养护的一项重要任务。金属商品的电化学锈蚀除内在因素，如金属及其制品本身的组成成分、电位高低、表面状况外，还主要取决于金属表面电解液膜的存在。因此在防止金属商品电化学锈蚀的方法中，相当多的方法是围绕防止金属表面生成水膜而进行的。在生产部门，为了提高金属的耐腐蚀性能，最常采用的方法是在金属表面涂防护层。例如，喷漆、搪瓷涂层、电镀等，把金属与促使金属锈蚀的外界条件隔离开来，从而达到防锈蚀的目的。主要防锈蚀方法有涂油防锈、气相防锈和可剥性塑料封存等。

（1）涂油防锈

涂油防锈是流通中常用的一种简便有效的防腐方法。它是在金属表面涂覆一层油脂薄膜，在一定程度上使大气中的氧、水分以及其他有害气体与金属表面隔离，从而达到防止或减缓金属制品生锈的方法。此法属于短期的防锈法，随着时间的推移，防锈油会逐渐消耗，或由于防锈油的变质，而使金属商品又有重新生锈的危险。根据防锈油形成膜的性质，可将其分为软膏防锈油、硬膜防锈油、油膜防锈油三类。除防锈油外，凡士林、黄蜡油、机油等也可做防锈油脂。

（2）气相防锈

气相防锈具有使用方便、封存期较长、使用范围广泛的特点。它适用于结构复杂、不易为其他防锈涂层所保护的金属制品的防锈。常用的气相防锈剂有亚硝酸二环己胺、肉桂酸二环己胺、肉桂酸、福尔马林等。

(3)可剥性塑料封存

可剥性塑料是以高分子合成树脂为基础原料,加入矿物油、增塑剂、防锈剂、稳定剂以及防腐剂等,加热溶解后制成的。这种塑料液喷涂于金属制品表面,能形成可以剥落的一层特殊的塑料薄膜,像给金属制品穿上一件密不透风的外衣,它可阻隔腐蚀介质对金属制品的作用,以达到防锈目的。可剥性塑料中,常用的树脂有乙基纤维素、醋酸丁酸纤维素、聚氯乙烯树脂、过氧乙烯树脂和改性酚醛树脂等。

2. 高分子材料防老化方法

防老化是根据高分子材料性能的变化规律,采取各种有效措施以减缓其老化的速度,达到提高材料的抗老化性能、延长其使用寿命的目的。高分子商品的老化有其内因和外因,所以防老化应从两方面着手。

(1)提高商品本身的抗老化作用

高分子材料防老化,首先应提高高分子材料本身对外界因素作用的抵抗能力。例如,通过改变分子构型,减少不稳定结构,或除去杂质,可提高高分子材料本身对外界因素作用的抵抗能力。其次,还可以在加工生产中,用添加防老化剂(抗氧剂、热稳定剂、光稳定剂、紫外线吸收剂等)的方法来抑制光、热、氧等外界因素的作用,提高其耐老化性能。最后,还可以在高分子材料商品的外表涂以漆、胶、塑料、油等保护层,有显著的防老化作用。如塑料商品可以在其表面用某些塑料粉末涂一层薄膜,可提高耐磨、耐热和耐气候等性能。

在上述防老化方法中,添加防老化剂是常用而又较为有效的一种方法。防老化剂是一种提高高分子材料、制品的热加工性能和储运、使用寿命的化学物质,其添加量很小,但能使材料和成品的耐老化性能提高数倍乃至数千倍。

(2)控制储运中引起老化的因素

这种方法主要是根据高分子材料的质量变化规律,控制温度,妥善包装,合理堆码,防止阳光直接照射,加强入库验收与检查等。

3. 库房内外防鼠与灭鼠方法

防鼠与灭鼠,要针对鼠类的特性和危害规律,采取防治与突击围剿相结合的方法,要揭其巢穴,断其来路,消其疑忌,投其所好,进行诱捕。防鼠的主要方法是,保持库房内、外清洁卫生,清除垃圾,及时处理堆积包装物料及杂乱物品,不给鼠类造成藏身和活动的场所。灭鼠有多种方法,一般有机械捕杀、毒饵诱杀、生物法、驱除法等。

三、运输过程中商品养护的基本方法

(一)运输过程中基本的货物类型

常见的货物运输方式主要有水路运输、铁路运输、公路运输、航空运输和管道运输五种。在各种运输方式下,货物具有不同的分类方法。

1. 水路运输货物的分类

(1) 按货物形态分类

①件杂货。件杂货简称件货,以件数和重量承运,一般批量较小,票数较多,有标志,包装形式不一,性质各异。件杂货按包装特点可分为包装货物(Packed Cargo)和裸装货物(Unpacked Cargo 或 Nude Cargo)。其中包装货物又可按包装形式加以分类。

②散装货。散装货简称散货,以重量承运,是无标志、无包装、不易计算件数的货物,以散装方式进行运输,一般批量较大,种类较少。散装货按其形态可分为干质散装货(Dry Bulk Cargo)和液体散装货(Liquid Bulk Cargo)。

③成组化货物(Unitized Cargo)。成组化货物又称集装货物,是指用托盘、网络、集装袋和集装箱等将件杂货或散装货组成一个大单元进行运输的货物。它包括以下四种:托盘货物(Palletized Cargo)、网络货物(Net for Unitized Cargo)、集装袋货物(Container Bag Cargo)、集装箱货物(Container Cargo)。其中托盘货物是指将若干包件货物集合放在一个货盘上,用塑料薄膜等材料连同货盘一起形成一个装运单元进行运输的货物;网络货物是指使用棕绳或尼龙绳、钢丝绳等编制的网络所承装的货物,以一个网络为运输单元,货类为散装货、件杂货等;集装袋货物是指装入可折叠的涂胶布、树脂加工布等软材料所制成的大型袋子的货物,这种集装袋使用广泛,尤其适用于粉粒体货物,如矿砂、水泥、纯碱等;集装箱货物是指装入集装箱内进行运输的货物。

(2) 按货物性质分类

①普通杂货(General Cargo)。普通杂货主要有三类:清洁货物(Clean Cargo)、液体货物(Liquid Cargo)、粗劣货物(Rough Cargo)。其中清洁货物是指清洁、干燥的货物,也可叫作精细货物(Fine Cargo),如运输保管中不能混入杂质或被玷污的棉纺织品,供人们食用的糖果、粮食、茶叶,不能受压、易于损坏的陶瓷器、玻璃制品等。另外,还有各种日用工业品等。液体货物是指盛装于桶、瓶、坛内的流质或半流质货物,它们在运输过程中容易破损、滴漏,如油类、酒类、药品、普通饮料等。粗劣货物又叫污染性货物或污秽货物,是指具有油污、水湿、扬尘和散发异味等特性的货物,如能散发气味的生皮、骨粉、鱼粉、烟叶、大蒜等,易扬尘并使其他货物受污染的水泥、炭黑、颜料等。

②特殊货物(Special Cargo)。特殊货物又称特种货物,是指货物本身的性质、体积、重量和价值等方面具有特别之处,在积载、装卸和保管过程中需要采用特殊设备和措施的各类货物,主要包括以下几类:危险货物(Dangerous Cargo),易腐货物和冷藏货物(Perishable Cargo and Reefer Cargo),贵重货物(Valuable Cargo),活的动植物(Live Stock and Plants),长大、笨重货物(Bulky and Lengthy Cargo,Heavy Cargo),邮件货物(Mail Cargo)。

• 危险货物是指具有燃烧、爆炸、毒害、腐蚀和放射性等性质,在运输过程中能引起人身伤亡、财产毁损,需要按照有关危险货物运输规则的规定进行运输的货物。根据有关危险货物的运输规则,可将危险货物进一步分成若干种类和若干等级。

• 易腐货物和冷藏货物是指在常温条件下易腐烂变质或需按指定的某种低温条件运

输的货物。如处于冷冻状态的肉、鱼、鸡、蛋及其制品,处于低温状态的水果、蔬菜等。

· 贵重货物是指价值昂贵的货物,如金、银、其他贵重金属、货币、高价商品、精密仪器、文物等。

· 活的动植物是指具有正常生命活动,在运输中需要特别照顾的动物和植物,如牛、马、猪、羊等家畜以及其他兽类、鸟类、家禽、鱼类等活的动物及树木等植物。

· 长大、笨重货物是指单件体积过大或过长、重量超过一定界限的货物。在国际贸易货物运输中,有时可将船舶、码头的起吊能力作为划分重大件货物的标准,如机车头、成套设备、钢轨等。

· 邮件货物是指国家之间和国内地区之间等的邮件、包裹等货物,它要求交货迅速,以便能及早送到收件人手中。

(3) 按货物装载场所分类

①甲板货(On Deck Cargo)。甲板货是指运输时装载在船舶露天甲板上的货物,如原木、汽车、活的动植物等。

②舱内货(Hold Cargo)。舱内货是指运输时装载在船舱内的货物,如茶叶、食糖、棉布等。

③舱底货(Bottom Cargo)。舱底货是指运输时装载于船舶舱内底部的货物,一般是较重而且坚实的货物,如钢材、桐油、矿石等。

④衬垫货(Dunnage Cargo)。衬垫货是指装载于舱内可用作衬垫的货物,如旧轮胎、板条、旧麻袋等。

⑤填空货(Short Stowage Cargo or Filler Cargo)。填空货是指可用作填补舱内空位的小件货物,如藤、成捆木柴、耐火砖等。

(4) 按货物载运状况分类

①大宗货物(Lot Cargo)。大宗货物是指同批(票)货物的运量很大的货物,如化肥、粮谷等。大宗货物通常采用租船方式进行运输。

②零星货物(Parcel Cargo)。零星货物是指同批(票)货物的运量很小的货物,如生丝、贵重毛皮、高级商品等。零星货物通常采用订租班轮部分舱位的方式进行运输。

③满载货物(Full Load Cargo)。满载货物是指同种可以装满整艘船的货物。航次租船运输的货物多属此类。

④部分满载货物(Part Cargo)。部分满载货物是指运输中只占用货舱部分容积、需与其他货物混装的货物。班轮运输的绝大多数件杂货都属此类。

⑤直达货物(Direct Cargo)。直达货物是指在装货港装船后直接运到目的港的货物。

⑥过境货物(Through Cargo)。过境货物是指以船舶运输从一个国家的境外启运,通过该国家境内继续运往境外的货物。

⑦挂港货物(Local Cargo)。挂港货物是指船舶中途靠港时卸下的货物。

⑧转船货物(Transhipment Cargo)。转船货物是指船舶到港卸下后,再由其他船舶运往目的地的货物。转船货物在运输过程中,往往会出现几套(常为两套)提单,根据不同的业务处理方式,货主可凭此提单结汇、提货。

⑨联运货物(Transit Cargo or Combined Transport Cargo)。联运货物是指采用水—陆、水—水或水—陆—水等不同方式联运的货物。通常联运货物只出现一套联运提单。目前还出现了集装箱多式联运货物,是指由两种或两种以上运输方式来完成全程运输的货物,其中的运输方式可以是水—陆、水—陆—水或水—陆—空等。多式联运情况下只要使用一张货运单证(多式联运单证)就能满足不同运输区域的需要。

⑩选港货物(Optional Cargo)及变更卸货港的货物(Cargo Changed Destination)。选港货物是指装船前指定两个或两个以上的卸货港,货主在一定时限前确定在其中某个港口卸下的货物。变更卸货港的货物是指装货后原定卸货港有所变更的货物。

(5)按货物自然属性分类

按货物自然属性分类是运输部门为制定运价和进行货运统计,而对货物加以专门的分类。例如,在国家统计中将货物按重工业物质、轻工业物质、农业物质和其他物质等分成 24 类;水运统计的统一规定是将货物分成 14 类等。

2.陆路运输货物的分类

铁路运输、公路运输都属于陆路运输范畴,其货物分类方法比较相近。

(1)按形态分类

按货物的形态,一般可将货物分为散装货和包装货两大类。

①散装货。散装货是指陆路运输中不加包装即进行运输的货物。

②包装货。包装货是指陆路运输中对货物包装后进行运输的货物,还可以按照包装形式不同进行分类。它包括使用集装箱设备进行运输的货物。

(2)按性质分类

按货物的性质,一般将货物分为普通货物和特种货物两大类。

①普通货物。普通货物是指货物不具有特殊性质,在陆路运输中没有规定特别运输条件的货物。

②特种货物。特种货物是指由于货物性质特殊,因此在陆路运输中需要按照特别规定的运输条件进行运输的货物。特种货物也可以再细分为鲜活易腐货物、活动物、危险货物、超大超重货物和其他特种货物。

(3)按载运状况分类

在陆路运输中,可以按照载运状况将货物分为零担货物、整车货物、直达货物、转运货物等不同种类。

3.航空运输货物的分类

(1)按形态分类

按货物的形态,一般可以将货物分为散货和集装货两大类。

①散货。航空运输中的散货包括包装货物、裸装货物等没有使用集装器的货物。水路运输中件杂货的概念在航空运输中被视为散货的概念。各种飞机均可以运输散货。

②集装货。航空运输中的集装货是指使用集装器进行运输的货物。使用航空集装器进行货物运输时,在大多数情况下,只能由宽体飞机载运。

（2）按性质分类

按货物的性质，一般将货物分为普通货物和特种货物两大类。

①普通货物。普通货物是指由于货物不具有特殊性质，因而在航空运输中没有规定特别运输条件的货物。

②特种货物。特种货物是指由于货物性质特殊，因而在航空运输中需要按照特别规定的运输条件进行运输的货物。

航空运输中所遇到的特种货物比较多，例如鲜活易腐货物、活动物、危险货物、其他特种货物等。其中鲜活易腐货物是指在一定运输条件下易于死亡或变质腐烂的货物，如虾、蟹、花卉、蔬菜、水果和乳制品等。此种货物一般要求在运输和保管中采取特别的措施，如冷藏、保温等，以保持其鲜活或不变质。活动物是指活体动物，如牛、马、羊等动物。危险货物是指航空运输"危险物品手册"中规定的具有危险性质的货物。其他特种货物是指其他种类的特殊货物。如超大或超重货物，指需要一个以上集装板才能装运的货物或每单件货物重量超过一定重量（如 150 kg）的货物。此外，贵重货物、尸体、骨灰、作为货物运送的行李、外交信袋等，都属于其他特种货物。

（3）按装载场所分类

按装载场所的不同，航空运输货物可分为主舱货物和下舱货物两大类。

①主舱货物。主舱货物是指装载在飞机的主舱或后舱进行运输的货物。在航空运输中，全货机的主舱和下舱都可用于装载货物，客货混用机的后舱和下舱都可用于装载货物。

②下舱货物。下舱货物是指装载在飞机的下舱进行运输的货物。在航空运输中，全客机的下舱是用于装载货物的。

（4）按载运状况分类

按载运状况不同，航空运输货物可分为直接运输货物和集中托运货物两大类。

①直接运输货物。直接运输货物是指直接交航空公司进行运输的货物。

②集中托运货物。集中托运货物是指将多个托运人的货物集中起来，由集运商交航空公司进行运输的货物。

4.管道运输货物的分类

管道运输货物按所输送货物的形态可分为以下三类：

（1）液体。该类货物主要是各类油品，包括原油、成品油和液态烃（液化石油气和液化天然气）。

（2）气体。该类货物主要包括天然气、二氧化碳气体和氮气等。

（3）固体浆料。该类货物又可分为煤浆和各类矿浆。

（二）运输过程中商品养护的方法

1.选择正确的运输包装

（1）运输包装的基本要求

运输包装方便货物运输、装卸和存储，其最主要的功能是保护商品。为了保证货物运输的质量，货物运输包装必须遵守"坚固、经济、适用、可行"的原则，具体要求为：

①根据货物的物理性质、化学性质以及货物的结构形态,选择合适的包装材料和包装尺寸,确保包装和被包装物品没有性质上的互抵且大小合适。

②包装要有足够的强度,能够经受震动、冲击、长途颠簸,保护被包装物安全无损。

③包装内要有适当的衬垫,以缓冲外力的冲击,而且根据物品的化学性质、物理性质,选择能够防潮、防震的衬垫物,同时衬垫物和货品不会发生化学作用。

(2)运输包装的种类

运输包装通常分为两类:单件运输包装和组合运输包装(集装箱包装)。

①单件运输包装。单件运输包装按照包装造型来分,有箱、包、桶、袋、捆、罐、筐篓等包装;按使用材料来分,有纸、木、金属、塑料、陶瓷、玻璃、竹、柳等包装。

②组合运输包装。为了适应当前世界运输、装卸现代化的要求,可将若干单件组合成一件大包装或装入一个大的包装容器内。这种包装方式对于提高装卸效率,保护商品质量和数量完整,节省包装费用有重要作用。

2.正确对货物进行装载

(1)货物装载原则

正确对货物进行装载,以保证货物载运过程中质量安全不受损。尽管不同货物装载要求各不相同,同一种货物在不同的运输方式下装载要求也不相同,但是基本的装载原则是相同的,即运输工具不能超高、超长、超宽、超重,对货物做好分类,需要衬垫的做好衬垫、需加固的做好加固工作等。

在装载工作中要特别注意各种性质互抵的货物不能混装在一起。所谓互抵性货物,又称忌装货物或不相容货物,是指一种货物对另一种货物或多种货物的质量能产生不良影响或发生相互损害而彼此不能同装一处的货物。忌装货物混装后,轻者会降低、损害货物质量,使货物使用价值丧失,严重的还会引起燃烧、爆炸、中毒、腐蚀等事故。因此,在货物装载工作中须引起足够的重视。

(2)货物装载时的注意事项

①不能相邻堆装。装载时要求在两种性质互抵的货物之间用非互抵的货物隔开,这样就不属混装,如化肥与金属制品、棉花与亚麻籽等。

②不能在同一舱室内混装。装载时要求两种性质互抵的货物应分别装载在同一货舱的上、下舱室内,这样就不属混装,如铝锭与铁屑、橡胶与油类货物等。

③不能在同一货舱内混装。装载时要求两种性质互抵的货物分别装在不同的货舱内,它们可分别装在同一货舱的二层舱和底舱,这样就不属混装,如食糖与鱼粉、大米与水银等。

④不能在相邻货舱装载。装载时要求两种性质互抵的货物应相隔开一个货舱,这样就不属混装,如易燃气体与有机过氧化物、易燃固体与照明弹药等。

(3)常见货物忌装情况

①食品不能与有毒货物、有异味货物、污秽货物、粉尘货物、化工原料等影响食品卫生的货物装在一起。如大米与锑粉、硫酸铵不能装在一起。锑粉有毒,硫酸铵会放出氨气,使大米受损害,不能食用。

②扬尘货物不能与清洁货物混装在一起。如水泥、炭黑、磷矿粉、染料,与棉花、丝绸、食品、仪表设备等不能同时装卸或相邻堆装,以免引起污染,降低、损害清洁货物的质量。

③流质或半流质货物不能装载在怕污染的货物上面,以防流质货物发生包装损坏而渗漏污染其他货物。如各种饮料、酒类、食用油、油漆等,不能装载在布匹、生丝、食品、工艺品等货物上面。

④散发异味的货物不能与易吸收异味的货物在同一舱室内装载,以防货物发生相互串味现象,引起潜在的质量问题。如生皮、鱼粉、樟脑、香皂不得与茶叶、香烟、食糖、面粉等装载在同一舱室。

⑤油污货物不能与忌油的、易燃的或有氧化性的货物装载在一起,尤其不能将油污货物装载在怕污染的货物上,否则,不仅会降低货物质量,而且还会引起自燃事故。如油脂类货物、油料作物、涂有防锈油的五金零件不得与棉花、毛麻织品、橡胶制品、氧气钢瓶等货物混装。

⑥粉粒晶状货物不能与怕杂质混入的货物装载在一起,以免掺混降低质量,严重者还会引起生产事故,造成重大损失。如黄沙、矿粉、化肥、铁屑不得与滑石粉、纸浆、粮谷、耐火材料等货物混装。

⑦散湿货物不能与吸湿货物、易锈蚀货物装载在一起,以免吸湿货物吸收水分过多而引起潮解、霉变、结块、溶化等货损现象,金属货物受水汽影响而生锈受损。如矿石、湿木材、果菜、苗木不得与工艺品、香烟、水泥、食品等混装。

⑧酸性货物不能与碱性货物混装在一起。

⑨易生虫货物不能与怕虫蛀货物混装在一起。

⑩各类不同的危险货物相互配装应严格遵循国际、国内危险货物运输管理规则有关配装隔离要求的规定,以免引起危险事故。

3.运输工具必须具备保持商品质量的环境

无论选择何种运输工具对货物进行运输,运输工具都必须具备货物存储的环境,方能保证货物的质量。通常对运输工具的存储环境有以下几点要求:

(1)保持运输工具的温、湿度

通常保持运输工具温、湿度的方法主要有以下几种:通风、制冷、气体净化、气调、空气加湿与减湿处理等。其中通风适合于大多数货物,具体内容见本书模块三中"控制库房温、湿度的方法"。

(2)采取防治霉菌与害虫的措施

①防治霉菌措施。在运输包装内装运食品和其他有机碳水化合物货物时,货物表面可能生长霉菌,在流通过程中如遇潮湿,霉菌生长繁殖极快,甚至延伸至货物内部,使其腐烂、发霉、变质,因此要采取特别防护措施。可以从运输包装和运输工具两个角度开展:运输包装防霉烂变质的措施通常是采用冷冻包装、真空包装或高温灭菌方法;运输工具内防霉腐主要有化学药剂熏蒸法、化学药剂防霉法、气相防霉腐、气调防霉腐、低温冷藏防霉腐、干燥防霉腐及其他方法,如利用紫外线、微波、红外线、辐射等。

②防治害虫的措施。一般害虫的防治工作有以下几个方面：
- 做好环境卫生。
- 药物防治：驱避剂。
- 使用熏蒸剂。
- 气调充氮或二氧化碳。

除上述养护技术外，还有除尘技术、密封技术、消声技术、防辐射技术等。

相关知识的实际应用

相关案例

天津华汇国际物流有限公司受长春信达贸易有限公司的委托，安排一批茶叶海运出口。货物从天津新港运至美国纽约，天津华汇国际物流有限公司向中远船务公司办理了该票货物的订舱业务，并提取了中远船务公司提供的集装箱，同时完成了货物的装箱作业，随后天津华汇国际物流有限公司将铅封完好的整箱货交给中远船务公司。一个月后，美国的收货人在目的港拆箱提货时发现集装箱内异味浓重，经查明该集装箱前一次所载货物为精萘，而货物外包装又缺少相应的防护措施，致使茶叶受精萘污染，因此收货人拒绝接收货物，并向长春信达贸易有限公司提出了相应的索赔。最后长春信达贸易有限公司分别向中远船务公司和天津华汇国际物流有限公司提出索赔，作为货物的装运方天津华汇国际物流有限公司由于没有对货物进行合理装运承担主要责任，中远船务公司作为集装箱的提供者由于提供的集装箱不适载要承担次要责任。

请结合商品养护的知识分析一下上述案例，并思考以下问题：
1. 责任相关人应该采取哪些商品养护措施才能避免茶叶在运输过程中受污染？
2. 茶叶这种商品在运输过程中会发生哪些质量变化？引起这些商品质量变化的原因有哪些？

以上案例涉及的是海上货物运输中的商品质量养护问题，下面对海运途中商品质量变化的原因及养护方法进行介绍。

一、海运途中商品质量变化的原因

海运途中商品质量变化的原因包括：

（一）货物在船舱内配积载不良

如前所述，货物配积载不良具体包括：货物搭配不当；装载货位不当；舱内堆码不当；衬垫与隔票不当。

(二)运输工具选择不当或装卸操作有误

装卸操作不当或违章操作、装卸设备或吊货工具不当以及错装、漏装、混装等原因都会导致货损、货差。

(三)货物本身问题

如货物运输包装不良、标志不清,货物本身的自然属性,货物的自然损耗等也是引起海运途中商品质量变化的原因之一。例如,谷物运输距离在540海里以内,自然损耗率为0.1%;540~1 080海里时,自然损耗率为0.15%;1 080海里以上,自然损耗率为0.2%。在货物运输过程中,货物的非事故性减量在自然损耗率或规定的损耗限度以内时,船方不负任何赔偿责任。

(四)航运途中引起

货舱设备不完善、保管不当、不可抗力等也会导致海运途中商品质量发生变化。

二、海运途中商品的质量养护方法

(一)货舱应满足货物装载的要求

为了适应大多数货种的装载,杂货船应具备清洁、干燥、无异味、无虫害和结构紧密等条件。

(1)清洁:货舱内不残留易污染其他货物的污秽物及其他有害物质。如残留有化肥、煤屑、盐、糖、油脂、氧化剂或毒害性物质等,应彻底清除。

(2)干燥:货舱内应无积水、漏水及潮湿现象,特别是舱底部的污水沟应畅通,木质舱底板应干燥。

(3)无异味:货舱内应无油味、漆味、腥味、臭味、烈性酸味等足以影响拟装载货物品质的异味。必要时应通过专门方法除味。

(4)无虫害:货舱内无仓储害虫、检疫对象及鼠迹等。

(5)结构紧密:货舱内污水沟木盖板、木质舱壁、木质舱底板以及各种固定设备处的构件紧密,能防止各类块、粒货物漏入。

为切实保证货舱具备装载(适货)条件,必要时,船方应向检验部门申请验舱,并获得证明船舱符合装载条件的证书。这种检验包括干货舱清洁检验、油舱清洁检验、油舱密固检验、冷藏舱室检验等。

(二)衬垫和隔票

为了保证货物完好,防止产生货损、货差等现象,在货物运输中应选择适合其用途的材料,充当货物的衬垫和隔票。

1.衬垫

衬垫是保证货物完好、船货安全的重要措施之一。它的作用有以下几点:

(1)防止货物水湿。如装载包捆类怕湿货物时,应根据货种、航区温度变化的可能性及航行时间的长短,在舱底、舱壁、舷壁及露天甲板下面等部位衬垫防水湿的材料,通常在载重水线以上的舷壁和甲板下面、舱口附近、通风筒下面最容易产生较多的"汗水"。

(2)防震。有些危险货物的底部要衬垫防震的材料,特别是易爆的危险货物,为防止撞击产生火花,在铁质舱底上一定要衬垫锯木粉或木屑、碎泡沫塑料、草席等防震动、防撞击材料。有时,每层之间也要求衬垫防震材料。

(3)防止散货散漏、清洁货物被污染。应视货种情况不同,在散装货物和污染扬尘性货物的底部、面部,清洁货物附近的前后舱壁和舷壁的不洁部位,衬垫1~2层帆布,以防止货损、货差。

(4)防止货物压损、移动及甲板局部强度受损。当底舱高度较大,舱内装载包装不太牢固的货物时,每层或隔几层应衬垫木板,以防止压坏货物;当舱内装载大的箱装货物和裸装的重大件时,为防止货物移动影响船舶安全和损坏货物,常用撑木或木楔支顶固定,并在重大件货物的底部衬垫一层钢板(厚木板)或方木以增加受力面积,减少单位面积负荷量,防止甲板局部强度受损。

2. 隔票

隔票是为提高理货工作效率,减少和防止货差事故,加快卸货速度而进行的一项工作。隔票的具体方法很多,如可用包装明显不同的货物做分隔,也可以用专用的隔票物(如绳网、绳索、草席、帆布等)做分隔,还可用油漆做标记(如钢材、木材等)加以区分。在具体工作中,应根据货物品种的不同,灵活地采用相应的隔票方法和隔票材料,对不同卸货港、不同货主、不同关单号的货物做好隔票工作。

(三)货舱要满足一定的通风条件

由于调节货舱内空气的温度、湿度和排出有害气体在保证货运安全质量方面具有重要的作用,所以船舶必须具备货舱通风条件。同时,船舶货运作业人员必须掌握货舱通风的基本原理,做到勤检查、勤测量,采取正确的通风方法,做好保管货物的工作。

(四)货物的装载条件

货物的装载条件直接关系到船舶的航行安全、货运质量、港口装卸速度以及理货质量等问题,因此,必须予以充分重视。

(1)要按货物到港顺序进行装载,同时应注意船舶有足够的稳定性。为保证船舶到每个卸货港后能快卸快装,其装船的一般原则为:最后卸的货物应最先装,最先卸的货物应最后装,先底舱后二层舱及舱面,要求不需经过翻舱倒载就能顺利卸下港口的货物。从船舶航行安全考虑,货物装载后应有足够的稳定性,货物装载重量的分配应合适,如有两层舱的船,底舱、二层舱和甲板的比例以7:2:1较为适宜。

(2)要按各种货物运输包装强弱状况合理装载。货物装载在船舱里受到两个方向的压力:一是垂直压力,这是由于重叠在货物上的重量产生的,船舶在海上起伏会加剧这种压力,首尾舱受到"纵摇"影响时垂直压力最大;二是侧面压力,这是在船舶侧面倾斜时产生的,船舶"横摇"时会加剧这种压力。因此,根据货物运输包装状况应按"下强上弱、下重上轻、大硬装中、小软装首尾"的原则安排装舱位置。

(3)要按货物性质、特点选择合适的舱位。选择舱位不当易发生破碎、汗湿、污染、熔化、溶化、锈蚀等货损,以及损伤船体。

(4)要按货物包装形式正确进行舱内堆装。正确的舱内堆装,不仅能充分利用货舱容器,而且能避免货损、货差,提高货运质量。

学生实训项目

> **实训项目**:运输过程中商品的质量变化及其养护措施

> **情景设计:**

2020年12月8日,天津五金交电化工公司(以下简称五交化工公司)与友谊商店签订购销合同,约定由友谊商店销售50吨甲苯给五交化工公司,并由友谊商店代办托运。随后友谊商店同江苏某化工厂签订同样的购销合同。2021年1月1日,友谊商店与湖北航运公司(简称航运公司)联系,要求将该批甲苯由武汉港运往天津港。航运公司的"承运登记单"上填写的发货人是友谊商店,收货人是天津五金交电化工公司。承运船是"黄陂挂机49号",即张某的个体木质船舶,航运公司加盖了"货物准予2021年1月11日进鄂航15号趸船"的日期戳。友谊商店于2021年1月7日将运杂费5 640元汇入航运公司账户。1月9日至11日,江苏某化工厂将50吨桶装甲苯分别运送到"鄂航15号趸船",又经搬运工人转装到"黄陂挂机49号"船上。在装船过程中,友谊商店进行了数量验收,江苏某化工厂当即将甲苯渗漏严重的3桶换装。

2021年1月22日8时,"黄陂挂机49号"船在天津港停泊时,因甲苯液体渗漏,遇张某做饭使用的明火引起燃烧爆炸,造成船货全损。天津五金交电化工公司在该事故中的直接经济损失为370 140元。

> **任务要求:**

对学生进行分组,5人一组,给学生充分的案例讨论时间,结合运输途中商品养护的知识,完成以下几个实训任务,并撰写实训报告书。

1.分析该商品属于何种性质的商品?在运输途中容易发生何种质量变化?

2.结合案情发生情况,讨论该货物损失最终应该由谁进行赔偿。

3.为案例中的货物设计合理的商品养护方法。

> **任务考核标准:**

任务考核标准见表2-2。

商品养护

表 2-2　　　　　　　　　　　任务考核标准

任务名称		运输过程中商品的质量变化及其养护措施			
实训目标		通过案例熟悉和掌握水运途中商品的养护技巧			
考核点（所占比例）	建议考核方式	评价标准			
		优	良	中	及格
任务考核 团队合作占20%	自评、小组互评	任务分工明确，组长发挥带头作用，小组成员按要求进行讨论	任务分工明确，组长发挥带头作用，小组成员按要求进行讨论，完成任务有拖拉现象	任务分工一般，组长不能发挥带头作用，小组成员能按要求进行讨论，完成任务有拖拉现象	任务分工一般，组长不能发挥带头作用，小组成员积极性不高，完成任务不够认真
任务一完成情况占20%	操作考核	能够紧密结合商品的性质进行商品质量变化的分析，分析全面具体、有足够的理论依据	能够紧密结合商品的性质进行商品质量变化的分析，但分析的理论依据不够充分	在对比分析中，总结得较全面，影响商品变化的因素分析得不够透彻，但能完成任务	在对比分析中，总结得不够全面，影响商品变化的因素分析得也不够透彻，但能完成任务
任务二完成情况占30%	操作考核	案例分析清楚透彻，理论依据充分，能够对货物的损失原因分析透彻	案例分析较清楚，理论依据充分，能找出货物损失的主要原因	案例分析清楚，但理论依据不够充分，对货物的损失原因大概能说清楚	案例分析理论依据不够充分，基本能分析出货物的损失原因
任务三完成情况占30%	操作考核	项目完成完整性达90%以上	项目完成完整性达80%以上	项目完成完整性达70%以上	项目完成完整性达60%以上

模块三
仓储过程中的商品养护

案例引入

天津 A 果蔬有限公司（以下简称 A 公司）与天津 B 仓储有限公司（以下简称 B 公司）于 2020 年 10 月 8 日签订一份协议书，约定由 B 公司为 A 公司贮藏用编织袋装的茭白 671 袋，贮藏时间为 2020 年 9 月 20 日至 2020 年 11 月 20 日。协议签订后，B 公司履行了约定，可是到 11 月中旬，B 公司突然告知 A 公司，所贮藏的茭白突然坏掉，原因是 A 公司的包装不规范、不科学。经 A 公司查看后，所贮藏的茭白确已全部变质，给 A 公司造成了巨大损失，故 A 公司要求 B 公司赔偿损失 57 590 元。

请结合仓储过程中商品养护的相关知识，分析一下上述案例并思考以下问题：

1. 该商品在仓储过程中质量变化的原因是什么？
2. 如何防止这种质量变化？仓储保管人应采取哪些措施？

必备的知识点

一、仓储商品质量变化的影响因素

商品在储存过程中发生质量变化，是由一定的因素引起的。影响商品质量变化的因素有内因和外因，内因决定了商品变化的可能性和程度，外因是促成这些变化的条件。

影响库存商品质量变化的内因主要包括商品构成的化学成分、商品的结构形态、商品的物理化学性质、商品的机械及工艺性质及商品的包装状况等。例如，普通碳素钢中加入少量的铜和磷，就能有效地提高其抗腐蚀性能；大部分商品都有包装，其主要功能是保护商品，包装形式、包装材料、包装技术等对商品的变化都会产生一定的影响。

影响库存商品变化的外界因素很多，主要包括温度、湿度、日光、大气、生物及微生物等自然因素。例如易燃品、自燃品,温度过高容易引起燃烧;含有水分的物质,在低温下容易结冰失效;精密仪器仪表在温度急剧变化的情况下,其准确性会受到影响;金属受潮后会锈蚀,水泥受潮后会结块;紫外线可促使高分子材料老化、油脂酸败、着色物质褪色等;空气中的氧、二氧化碳、二氧化硫等,对商品都会产生不良影响;霉菌、木腐菌、酵母菌、细菌等微生物会使很多有机物质发霉,木腐菌会使木材、木制品腐朽等。

二、储存期间的商品质量变化形式

商品在储存期间,主要会发生物理机械变化、化学变化、生理生化变化及其他生物引起的变化。

(一)物理机械变化

在储存期间,商品常发生的物理机械变化有挥发、溶化、熔化、渗漏、串味、沉淀、沾污、破碎、变形等。下面着重介绍以下几种:

1. 溶化

溶化是指固体商品在保管过程中,吸收空气或环境中的水分达到一定程度时,就会成为液体的现象。常见的易溶化的商品有:食糖、食盐、明矾、硼酸、甘草流浸膏、氯化钙、氯化镁、尿素、硝酸铁、硫酸铵、硝酸锌及硝酸锰等。

2. 熔化

熔化是指低熔点的商品受热后发生软化以致化为液体的变化现象。商品的熔化,除受气温高低的影响外,与商品本身的熔点以及商品中杂质种类和含量高低密切相关。熔点越低,越易熔化;杂质含量越高,越易熔化。常见的易熔化的商品有:百货中的香脂、发蜡、蜡烛,文化用品中的复写纸、蜡纸、打字纸、圆珠笔芯,化工商品中的松香、石蜡、粗萘、硝酸锌,医药商品中的油膏、胶囊、糖衣片等。

3. 串味

串味是指吸附性较强的商品吸附其他气体、异味,从而改变本来气味的现象。具有吸附性、易串味的商品,主要是因为它的成分中含有胶体物质以及具有疏松多孔性的组织结构。常见的易串味的商品有:大米、面粉、木耳、食糖、饼干、茶叶、卷烟等。常见的易引起其他商品串味的商品有:汽油、煤油、桐油、腌鱼、腌肉、樟脑、肥皂、化妆品以及农药等。

4. 沉淀

沉淀是指含有胶质和易挥发成分的商品,在低温或高温等因素影响下部分物质凝固,进而发生沉淀或膏体分离的现象。常见的易沉淀的商品有:墨汁、墨水、牙膏、化妆品等;某些饮料、酒在仓储中也会离析出纤细絮状的物质而出现混浊、沉淀的现象。

预防商品的沉淀,应根据不同商品的特点,防止日光照射,做好商品冬季保温和夏季降温工作。

5. 沾污

沾污是指商品外表沾有其他物质,或染有其他污秽的现象。商品沾污主要是因生产、储运中卫生条件差及包装不严所致。对一些外观质量要求较高的商品,如绸缎、呢绒、针织品、服装等要注意防沾污,精密仪器、仪表类也要特别注意。

(二)化学变化

在储存期间,商品常见的化学变化有化合、分解、水解、氧化、老化、聚合、裂解、风化、曝光、锈蚀等。下面着重介绍以下几种:

1. 化合

化合是指商品在储存期间,在外界条件的影响下,两种或两种以上的物质相互作用而生成一种新物质的反应。化合反应通常不是单一存在于化学反应中,而是两种反应(分解、化合)依次先后发生。如果不了解这种情况,就会给保管和养护此类商品造成损失。

2. 分解

分解是指某些性质不稳定的商品,在光、电、热、酸、碱及潮湿空气的作用下,由一种物质生成两种或两种以上物质的变化现象。商品发生分解反应后,不仅数量减少、质量降低,有的还会在反应过程中产生一定的热量和可燃气体而引起事故。如化工产品中的过氧化钠,如果储存在密封性好的桶里,并在低温下与空气隔绝,其性质非常稳定;但如果遇热,就会分解放出氧气。又如电石遇到潮气,能分解成乙炔和氢氧化钙,并能放出一定的热量,乙炔气体易于氧化而燃烧,要特别注意。这类物品的储存要注意包装物的密封性,库房中要保持干燥、通风。

3. 水解

水解是指某些商品在一定条件下,遇水发生分解的现象。商品的品种不同,在酸或碱的催化作用下发生的水解情况也不同。如肥皂在酸性溶液中,能全部水解,而在碱性溶液中却很稳定;蛋白质在碱性溶液中容易水解,在酸性溶液中却比较稳定,所以羊毛等蛋白质纤维怕碱不怕酸。

易发生水解的商品在物流过程中,要注意包装材料的酸、碱性,要清楚哪些商品可以同库储存,哪些不可以,以防止商品的人为损失。

4. 老化

老化是指含有高分子有机物成分的商品(如橡胶、塑料、合成纤维等)受到光、氧、热等因素的作用,性能逐渐变坏的过程。物品发生老化,会破坏其化学结构、改变物理性能,使机械性能降低,出现变硬发脆、变软发黏等现象,从而使物品失去使用价值。容易老化的物品,在保管养护过程中,要注意防止日光照射和高温的影响,不能在阳光下曝晒。物品在堆码时不宜太高,以防止底层的物品受压变形。橡胶制品切忌同各种油脂和有机溶剂接触,以防止发生粘连现象。塑料制品要避免同各种有色织物接触,以防止由于颜色的沾染发生串色。

5. 聚合

聚合是指某些商品组成中的化学键在外界条件的影响下发生聚合反应成为聚合体而变质的现象。例如,由于桐油中含有高度不饱和脂肪酸,在阳光、氧和温度的作用下,能发生聚合反应,生成桐油块浮在表面,使桐油失去使用价值。所以,储存、保管和养护此类商品时,要特别注意日光和储存温度的影响,以防止发生聚合反应,造成商品质量的降低。

6. 裂解

裂解是指高分子有机物（如棉、麻、丝、毛、橡胶、塑料、合成纤维等），在日光、氧、高温条件的作用下，分子链断裂，分子量降低，从而使其强度降低，机械性能变差，产生发软、发黏等现象。例如，天然橡胶在日光、氧和一定温度的作用下，就会发软、发黏而变质。所以，此类商品在保管与养护过程中，要避免受热和日光的直接照射。

7. 风化

风化指含结晶水的商品，在一定温度和干燥空气中，失去结晶水而使晶体崩解，变成非结晶状态的无水物质的现象。

8. 曝光

曝光是指某些商品见光后，引起变质或变色的现象。例如，石炭酸（苯酚）为白色结晶体，见光即变成红色或淡红色。这些商品在储存过程中，要特别注意防止光线照射，并要防止空气中的氧和温、湿度的影响，要做到密封包装。

（三）生理生化变化及其他生物引起的变化

在储存期间，商品常见的生理生化变化主要有呼吸作用（模块二已介绍）、发芽、胚胎发育和后熟作用等。其他生物引起的变化（模块二已介绍）主要有虫蛀、鼠咬、霉变等。

1. 发芽

发芽是指有机体商品在适宜条件下，冲破休眠状态，发生的发芽、萌发现象。发芽会使有机体商品的营养物质转化为可溶性物质，供给有机体本身的需要，从而降低有机体商品的质量。如发芽的菜果，由于养分的转移和消耗，菜果会变得空瘪粗老，除少数可供食用的菜薹外，一般都丧失了食用价值。在发芽、萌发过程中，通常伴有发热、发霉等情况，不仅增加损耗，而且会降低质量。因此，对这类商品必须控制它们的水分，并加强温、湿度管理，防止发芽、萌发现象的发生。另外也可以通过降低温度来延长菜果的休眠期，采用植物生长素或γ射线辐照等方法延长休眠期，从而抑制菜果的萌发。

2. 胚胎发育

这里的胚胎发育主要指的是鲜蛋的胚胎发育。在鲜蛋的保管过程中，当温度和供氧条件适宜时，胚胎会发育成血丝蛋、血坏蛋。经过胚胎发育的禽蛋，其新鲜度和食用价值大大降低。因此，为抑制鲜蛋的胚胎发育，应加强温、湿度管理，最好是低温储藏或停止供氧。

3. 后熟作用

后熟是指瓜果、蔬菜等食品在脱离母株后继续其成熟过程的现象。瓜果、蔬菜等的后熟作用，能改进色、香、味以及硬脆度等食用性能。但当后熟作用完成后，则容易发生腐烂变质，难以继续储藏，甚至失去食用价值。因此，对于这类鲜活食品，应在其成熟之前采收，并采取控制储存条件的办法，来调节其后熟过程，以达到延长储藏期、均衡上市的目的。

三、空气温度、湿度的变化对商品质量的影响

商品在储存过程中，能引起商品质量变化的外界因素很多，有温度、湿度、空气中的

氧、日光、微生物、害虫等,其中最主要的是空气的温、湿度。商品在储存期间发生的霉变、锈蚀、虫蛀、溶化、挥发、燃爆等损失,都与温、湿度有关。

各种商品,一般都具有与大气温、湿度相适应的性能。当库内温、湿度发生变化时,商品本身的理化性质也会发生不同程度的变化。例如,食糖受潮溶化、洗衣粉受潮结块;空气潮湿、闷热就会引起微生物和霉菌的生长繁殖,如茶叶、烟霉变;温度过高或过低,也会引起商品质量的变化,如蜡制品遇热发黏或熔化、福尔马林受冻聚合沉淀,等等。

商品在储存期间,需要适宜的温、湿度,才能保证其质量的稳定,而仓库温、湿度的变化,直接受到库外自然气候变化的影响。因此,仓储人员不仅要熟悉各种商品的特性,而且要掌握自然气候的变化规律以及对仓库温、湿度的影响,以便适当地控制仓库的温、湿度,改善商品储存环境,确保商品质量的安全。仓库温、湿度管理就是按照自然气候和仓库温、湿度变化的规律,根据商品的自然属性或特征,科学地运用密封、通风、吸湿等相结合的方法,合理地调节仓库的温、湿度,以达到安全储存商品的目的。

(一)商品的吸湿性与商品的平衡水分

商品的吸湿性与商品养护有着密切的关系。商品吸湿性的大小以及吸湿速度的快慢,都直接影响该商品含水量,对商品质量的影响极大。

商品吸湿性的大小,集中体现在吸湿点的高低。当空气相对湿度高于商品的吸湿点时,商品便开始吸湿;低于吸湿点时,商品便开始散湿。不同商品在同一温度下,吸湿点也不一样。吸湿点愈低的商品,吸湿性愈强,愈易吸湿。同一商品,在不同温度下,吸湿点也不相同。一般地说,温度愈高,吸湿点愈低;反之,则吸湿点愈高。商品的吸湿点是安全保管易吸湿而引起质量变化的商品的重要依据。只要储存环境的温、湿度条件不超过商品的吸湿点,商品就不会因吸湿而发生变化,这对防止商品变质损失具有重要的意义。

吸湿性商品在储存中,会随着空气温、湿度的变化相应地发生吸湿和散湿的现象,当商品处于吸湿和散湿的平衡状态,商品中所含的水分就是平衡水分。但是,这种平衡状态是一种动态平衡,是相对的、暂时的。每一种商品在不同的温、湿度条件下,都有一定的平衡水分。如果温度或相对湿度发生变化,原来的平衡立即遭到破坏,又要在新的条件下建立新的平衡。

(二)商品的安全水分

商品在储存保管期间的含水量是有一定的范围的。商品的安全水分是指吸湿性商品可以安全储存的最高含水量(也叫临界含水量)。如果超过了安全水分,就会影响商品质量。但是,在实际工作中,有些商品由于含水量过低,也会引起质量变化,如干缩、脆裂、风化、变形等。因此,商品的安全水分,还应该有一个最低临界线。所以,在商品养护工作中,应该掌握各种商品的安全水分,并要经常注意商品本身的实际含水量是否超过了这个安全界限。如果发现问题,就应采取措施,以保证商品质量的安全。不同商品的安全水分不同,而每种商品的安全水分也是随着气温的变化而变化的。气温高,安全水分就低;气温低,安全水分就高。

（三）商品的安全相对湿度与安全温度

吸湿性商品的含水量是随着空气温、湿度的变化而变化的。商品在储存中，为了保证其质量的安全，都要求空气温、湿度条件与之相适应，使商品的含水量不超过临界水分。

为了保证商品含水量在安全临界之内，就要控制储存环境的空气相对湿度在一定范围内，这个范围就是商品的安全相对湿度。各种商品的安全相对湿度不是固定不变的，而是随着温度的变化而变化的。如果空气相对湿度超过商品安全相对湿度的时间长、幅度大，则商品吸湿就多，容易引起商品质量的变化。因此，应控制相对湿度在安全界限以内，以保证商品的安全含水量，保证商品质量的安全。

在绝对湿度不变的情况下，气温的变化可以提高或降低商品中的含水量；同时，气温的变化将引起某些易溶、易熔、易挥发商品以及动植物性商品物理、化学及生物化学性能的变化，使商品在质量和数量上遭受损失。商品在保管中，为了保证其质量的安全，对储存环境所要求的温度界限，就是商品的安全温度。对一般商品来说，只要求最高温度界限，对一些怕冻商品，才要求最低温度界限。几类常见商品的温、湿度要求见表3-1。

表 3-1　　　　　　　　几类常见商品的温、湿度要求

种类	温度/℃	相对湿度/%	种类	温度/℃	相对湿度/%
金属及制品	5～30	≤75	重质油、润滑油	5～35	≤75
碎末合金	0～30	≤75	轮胎	5～35	15～65
塑料制品	5～30	50～70	布电线	0～30	45～60
压层纤维塑料	0～35	45～75	工具	10～25	50～60
树脂、油漆	0～30	≤75	仪表、电器	10～30	70
汽油、煤油、轻油	≤30	≤75	轴承、钢珠、滚针	5～35	60

四、仓储商品霉腐及其防治

商品霉变的实质是霉菌在商品上吸取营养物质与排泄的结果，这不但会导致商品发生变糟、发脆或强度下降等变质现象，还会产生霉斑、霉味及毒素。霉腐是仓储商品的主要质量变化形式，但并非任何商品在任何情况下都能发生霉变。霉腐的产生有三个必要条件，缺一不可，它们是：商品受到霉腐微生物污染，商品中含有可供霉腐微生物利用的营养成分（如有机物构成的商品），商品处在适合霉腐微生物生长繁殖的环境中。

（一）霉腐微生物及其特点

霉腐微生物体积微小，繁殖迅速，种类繁多，能危害商品的主要是霉菌、酵母菌和细菌。霉菌对一些复杂的有机物均有较强的分解能力，因而对商品的危害最多并且最严重，细菌则次之。霉菌能在商品上生长、繁殖，除商品上有它们需要的营养物质外，还与水分、温度、日照、酸、碱度有关。多数霉菌是中湿性的，最适于生长的温度为20℃～30℃，属好氧性微生物，适宜在酸性环境中生长，光线对霉菌的影响也很大，霉菌在日光下曝晒数

小时,大多会死亡。

(二)可供霉腐微生物利用的营养成分

糖类、蛋白质、油脂和有机酸等物质是微生物生长繁殖所必需的营养物质。碳水化合物主要存在于粮食类、棉麻类商品以及木材、纸张及其制品中;蛋白质主要存在于肉、蛋、鱼、乳及其制品,天然丝毛及其制品,皮革类、毛皮类商品中;脂肪主要存在于动物内脏、油料作物的种子和种仁、食用油和奶油等商品中。此外,果蔬类、茶叶、烟草、中药材类等都是以碳水化合物为主,多种营养成分并存的商品。因此,在环境条件适宜的情况下,微生物将在含有这些营养物质的商品上迅速生长繁殖,造成商品的霉变。凡是含有这些有机成分的商品都称易霉腐商品。

(三)霉腐微生物的生存环境条件

环境条件对商品霉腐的发生和发展有重要影响。大多数霉腐微生物属于中温型、中湿性,最适于生长的温度为25 ℃~37 ℃,在相对湿度为75%以上可以正常发育。霉菌和酵母菌适应弱酸性环境(pH 为4~6),细菌多适应弱碱性环境(pH 为7~8)。霉菌生长繁殖需要有充足的氧气,而细菌和酵母菌则不论在有氧还是无氧的环境中都能生存。

五、仓库害虫的基本知识

(一)仓库害虫的来源

仓库害虫对于商品的储存具有很大危害性,它们不仅是某些商品损耗的直接原因,而且还可能污染商品,甚至传播病菌。仓库害虫大部分属于昆虫,也包括蜗类微小动物。由于仓库害虫种类很多、食性杂,传播途径广,所以在一般仓库中都可能有仓库害虫存在。仓库害虫的主要来源如下:

(1)商品入库前已有害虫潜伏在商品之中,随商品一起进入仓库。
(2)商品包装物中有害虫隐藏。
(3)运输工具的带入。
(4)仓库内本身隐藏有害虫。
(5)环境不清洁,有害虫的滋生。
(6)邻近仓间或邻近货垛储存的生虫商品的感染。
(7)农业害虫的侵入。

(二)仓库害虫的种类及生活习性

对商品危害较大的仓库害虫主要有甲虫类、蛾类、蟑螂类和蜗类。仓库害虫与其他动物不同,一般都具有较强的适应性,在恶劣环境下仍能生存,并且食性杂、繁殖力强、繁殖期长,对温度、光线、化学药剂等外界环境的刺激有一定的趋向性。仓库害虫的这些习性,对商品储存造成了极大的危害。

商品养护

(三)容易被虫蛀的商品

营养成分含量较高的动植物原料加工制成的商品容易受到虫蛀。这些商品主要有：

(1)纺织品,特别是毛丝织品。

(2)毛皮、皮制品,包括皮革及其制品、毛皮及其制品等。

(3)竹藤制品。

(4)纸张及纸制品,包括商品的纸质包装物。

(5)木材及其制品。

相关知识的实际应用

相关案例

2019年7月24日,杭州A对外经贸有限公司与广州B储运有限公司签订"运输仓储合同",合同约定:杭州A对外经贸有限公司在广州B储运有限公司仓库中储存261捆共499.815吨金星牌未漂白木浆纸浆,并支付仓储费123 714元,广州B储运有限公司及任何单位、任何个人在未取得杭州A对外经贸有限公司开具的盖有出入库章和签字的出库单前不得以任何理由提取纸浆,否则由广州B储运有限公司承担一切经济损失。但合同中杭州A对外经贸有限公司没有提出诸如仓库的温度、湿度和方位的要求,也没有要求按特殊物品保管,只是要求按照一般货物的保管要求对纸浆进行保管。2020年10月24日,杭州A对外经贸有限公司向广州B储运有限公司提取上述货物时,广州B储运有限公司不能提供并声称因货物存放期过长,发霉变质,已经自行处理了该货物。现广州B储运有限公司未经杭州A对外经贸有限公司同意,擅自处理仓储的纸浆,给杭州A对外经贸有限公司造成经济损失2 923 917.75元。故杭州A对外经贸有限公司请求法院判令广州B储运有限公司赔偿杭州A对外经贸有限公司货款损失人民币2 923 917.75元。最后法院判决双方均应承担相关责任。

请结合仓储保管过程中商品养护的相关知识分析一下上述案例,并思考以下问题:

1.仓储过程中商品易发生哪些质量变化?

2.如何进行仓库温度的控制?

一、控制库房温、湿度的方法

各种商品一般都具有与大气相适应的性能,即按各自的特性,都要求有一个适宜的温、湿度范围。所以,加强仓库的温、湿度管理,对做好商品养护具有极为重要的意义。控制库房温、湿度的方法很多,如人工吸潮、排潮、加热、降温和密封库房等,特别是利用自然通风的办法调节库内温、湿度,对仓库保管具有经常和普遍的应用价值。

(一)通风

通风是根据空气自然流动的规律,有计划、有目的地组织库内、外空气的对流与交换的重要手段,是调节库内温、湿度,净化库内空气的有效措施。利用干燥空气的大量流通,能降低货物的含水量;利用低温空气,能降低货物温度。通风具有消除货物散发出的有害气体的作用,如造成货物"窒息"的二氧化碳、使金属生锈的二氧化硫、酸气等;通风还能增加空气养分的含量。但是通风同时也会将空气中的水分、尘埃、海边空气中的盐分等带入仓库,影响货物。

1. 通风方式

仓库通风按通风动力可分为自然通风和强迫通风两种方式。

(1)自然通风

自然通风是利用库内、外空气的压力差,实现库内、外空气交流置换的一种通风方式。这种通风方式不需要任何通风设备,因而也就不消耗任何能源,而且通风换气量比较大,是一种简便、经济的通风方式。自然通风按通风原理可分为风压通风和热压通风。

①风压通风是利用风的作用来实现库内、外空气的交换。当库房的一侧受到风的作用时,气流首先冲击库房的迎风面,然后折转绕过库房,经过一段距离后,又恢复到原来的状态。在库房的迎风面,由于气流直接受到库房一侧的阻挡,动压降低,而静压增高。若设气流未受到干扰前的压强为零,则库房迎风面的压强为正值,形成正压区。气流受阻后一部分通过库房迎风面的门窗或其他孔洞进入仓库,而大部分则是绕过库房(从库房的两端和上部绕过),由于库房占据了空间的一部分断面,使得气流流动的断面缩小,从而导致风的形成。速度提高,空气的动压增加,静压相应地减少,这时在库房的两端和背风面的压强为负值,形成负压区,对库内产生一种吸引的力量,使库内空气通过库房两端的背风面的门窗或其他孔洞流出库外。风压通风的效果主要取决于风压的大小,而风压的大小与库房的几何形状、风向、风速等有关。

②热压通风主要是利用库内、外空气的温度差所形成的压力差来实现的。空气的容重与空气的温度成反比例关系,温度越高,空气的容重越小;温度越低,空气的容重越大。当库内、外温度不同时,库内、外空气的容重也不一样,库内、外截面积相同、高度相等的两个空气柱所形成的压力也不等。例如,当库内空气温度高于库外时,库内空气的容重小于库外。在库房空间的下部,库外空气柱形成的压力要比库内空气柱形成的压力大,库内、外就存在着一定的压力差。这时如果打开门窗,库外温度较低而容重比较大的冷空气就从库房下部的门窗或通风孔进入库内。同时库内温度较高、容重较小的热空气就会从库房的上部窗口或通风孔排出库外,于是便形成了库内、外空气的自然交换。

在实际情况中,仓库通风通常是在风压和热压同时作用下进行的,有时以风压通风为主,有时则以热压通风为主。

为了更有效地利用自然通风,库房建筑本身应为自然通风提供良好的条件。例如,库房的主要进风面,一般应与本地区的夏季主导风向成60°～90°角,不宜小于45°;库房的门窗应对称设置,并保证足够的进风口面积;库房的进风口应尽量低,排风口应尽量高,或设天窗等。

(2)强迫通风

强迫通风又称机械通风或人工通风,它是利用通风机械所产生的压力或吸引力,即正压或负压,使库内、外空气产生压力差,从而强迫库内空气发生循环、交换和排出,达到通风的目的。强迫通风又可分为三种方式,即排出式通风、吸入式通风和混合式通风。

①排出式通风是在库房墙壁的上部或库房顶部安装排风机械,利用机械产生的推压力,将库内空气经库房上方的通风孔道压迫到库外,从而使库内气压降低,库外空气便从库房下部通风孔道顺势而入,形成库内、外空气的对流与循环。

②吸入式通风是在仓库墙壁的下部安装抽风机械,利用其产生的负压区,将库外空气吸入库内,充塞仓库的下部空间,压迫库内空气上升,经库房上部的排气口排出,形成库内、外空气的对流和交换。

③混合式通风则是将上述两种方式结合起来,安装排风和抽风机械,同时吸入库外空气并排出库内空气,对库内空气起到一拉一推的作用,从而使通风的速度更快、效果更好。

2.通风时机

仓库通风必须选择适宜的时机,如果通风时机不当,不但不能达到通风的预期目的,而且有时甚至会出现相反的结果。例如,想通过通风降低库内湿度,但由于通风时机不对反而会造成库内湿度的增大。因此,必须根据通风的目的确定有利的通风时机。

(1)通风降温

对于库存物品怕热而对大气湿度要求不严的仓库,可利用库内、外的温差,选择适宜的时机进行通风,只要库外的温度低于库内,就可以通风。对于怕热又怕潮的物品,在通风降温时,除了要满足库外温度低于库内温度的条件外,还必须同时考虑库内、外湿度的情况,只有库外的绝对湿度低于库内时,才能进行通风。由于一日内日出前库外气温较低,绝对湿度也较低,所以是通风降温的有利时机。

(2)通风降湿

仓库通风的目的,多数情况下是降低库内湿度。降湿的通风时机不易掌握,必须对库内、外的绝对湿度、相对湿度和温度等进行综合分析。最后通风的结果应使库内的相对湿度降低,但相对湿度是绝对湿度和温度的函数,只要绝对湿度和温度有一个因素发生变化,相对湿度就随之发生变化。如果绝对湿度和温度同时变化,情况就比较复杂了。在温度一定的情况下,绝对湿度上升,相对湿度也随着上升;若温度也同时上升,则饱和湿度上升,相对湿度又会下降,这时上升和下降的趋势有可能互相抵消。如果因温度关系引起相对湿度的变化大于因绝对湿度关系而引起的相对湿度的变化,其最终结果是相对湿度将随温度的变化而变化。反之,如果绝对湿度关系引起的相对湿度的变化大于因温度关系而引起的相对湿度的变化,其最终结果是相对湿度将随着绝对湿度的变化而变化。

在通风降湿过程中,还要注意防止库内出现结露现象,即应对露点温度严加控制。当库外温度等于或低于库内空气的露点温度,或库内温度等于或低于库外空气的露点温度时,都不能进行通风。

(二)密封

密封是指在一定空间,使用密封材料,尽可能严密地把储存物品封闭起来,使之与周围大气隔离,防止或减弱自然因素对物品的不良影响,创造适宜的保管条件。

密封的目的通常是防潮,但同时也能起到防锈蚀、防霉、防虫、防热、防冻、防老化等综合效果。密封是相对的,不可能达到绝对严密的程度。密封可用不同的介质在不同的范围内进行。

1. 按密封的介质划分

由于介质不同,密封可以分为大气密封、干燥空气密封、充氮密封和去氧密封等。

(1)大气密封

大气密封就是将封存的物品直接在空气中密封,其间隙中充满空气,密封后基本保持密封时的空气湿度。

(2)干燥空气密封

干燥空气密封是在密封空间内充入干燥空气或放置吸湿剂,使空气干燥,防止物品受潮。干燥空气的相对湿度应在40%~50%。

(3)充氮密封

充氮密封是在密封空间内充入干燥的氮气,造成缺氧的环境,减少氧的危害。

(4)去氧密封

去氧密封是在密闭空间内放入还原剂,如亚硝酸钠,吸收空气中的氧,造成缺氧的环境,为封存物品提供更有利的储存条件。

2. 按密封的范围划分

按范围的不同,密封可分为整库密封、小室密封、货垛密封、货架密封、货箱(容器)密封及单件密封等。

(1)整库密封

对储存批量大、保管周期长的仓库(如战备物资仓库、大批量进口物资仓库),可进行整库密封。整库密封主要是用密封材料密封仓库门窗和其他通风孔道。留做检查出入的库门,应加装两道门,有条件的可采用密闭门。

(2)小室密封

对于储存数量不大、保管周期长、要求特定保管条件的物品,可采用小室密封,即在库房内单独隔离出一个小的房间,将需要封存的物品存入小室内,然后将小室密封起来。

(3)货垛密封

对于数量较少、品种单一、形状规则且长期储存的物品,可按货垛进行密封。货垛密封所用的密封材料,除应具有良好的防潮、保温性能外,还应有足够的韧性和强度。

(4)货架密封

对于数量少、品种多、不经常收发、要求保管条件高的小件物品,可存入货架,然后将整个货架密封起来。

(5)货箱(容器)密封

对于数量很少、流动性不大、需要在特殊条件下保管且具有硬装或容器的物品(如精密仪器仪表、化工原料等),可按原包装或容器进行密封。如可以沿包装箱或容器的缝隙密封,也可以将物品放入塑料袋,然后用热合或黏合的方法将塑料袋封口,放入包装箱内。

(6)单件密封

对于数量少、无包装或包装损坏、形状复杂、要求严格的精加工制品,可按单件密封。最简便且经济的方法是用塑料袋套封,也可用蜡纸、防潮纸或硬纸盒封装。

(三)除湿

空气除湿是利用物理或化学的方法,将空气中的水分除去,以降低空气湿度的一种有效方法。除湿的方法主要有:

1.冷却法除湿

这种方法是利用制冷的原理,将潮湿空气冷却到露点温度以下,使水汽凝结成水滴分离排出,从而使空气干燥的一种方法,也称为露点法。通常采用的是直接蒸发盘管式冷却除湿法。其原理是在冷却盘管中,直接减压蒸发来自压缩制冷机的高压液体冷媒,以冷却通过盘管两侧的空气,使之达到所要求的露点以下,水汽凝结成水被除去。冷却除湿装置主要由压缩机、冷凝器、膨胀阀、冷却盘管等组成。

2.吸湿剂除湿

这种除湿方法是较常用的方法之一,可分为静态吸湿和动态吸湿。

(1)静态吸湿

这种方法是将固体吸湿剂静止放置在需除湿的空间内,使其自然与空气接触,吸收空气中的水分,达到降低空气湿度的目的。常用的吸湿剂的特征分述如下:

①氧化钙。氧化钙(CaO)即生石灰,有很强的吸湿性,它吸收空气中的水分后,发生化学变化,生成氢氧化钙。其化学反应式为

$$CaO + H_2O = Ca(OH)_2 + Q(热量)$$

从以上方程式可以看出,一个分子的 CaO 能吸收一个分子的 O,因此其吸湿能力的理论值为 32%,而且吸湿速度较快。但由于生石灰在储运过程中已吸收了一定量的水分,实际上每千克生石灰可吸收水分 0.25 千克左右。另外,生石灰料源充足,价格便宜,使用方便。其缺点是在吸湿过程中放出热量,生成具有腐蚀性的碱性物质,对库存物品有不良影响。当库存物品中有毛丝织品和皮革制品等时不能使用生石灰。生石灰吸湿后必须及时更换,否则生成的 $Ca(OH)_2$ 会从空气中吸收 CO_2 而放出水分。

②氯化钙。氯化钙($CaCl_2$)分为工业无水氯化钙和含有结晶水的氯化钙。前者为白色多孔无定形晶体,呈块粒状,吸湿能力很强,每千克无水氯化钙能吸收 1.0 千克~1.2 千克的水分;后者为白色半透明结晶体,吸湿性略差,每千克可吸收 0.7 千克~0.8 千克的水分。氯化钙吸湿后即溶化为液体,但经加热处理后,仍可还原为固体,继续使用。其缺点

是对金属有较强的腐蚀性,吸湿后还原处理比较困难,价格较高。

③硅胶。硅胶又称矽胶、硅酸凝胶,分为原色硅胶和变色硅胶两种。原色硅胶为无色透明、乳白色粒状或不规则的固体。变色硅胶是原色硅胶经氯化钴和溴化铜等处理,呈蓝绿色、深蓝色、黑褐色或赭黄色,吸湿后可视其颜色的变化判断是否达到饱和程度。每千克硅胶可吸收水分0.4千克~0.5千克。硅胶吸湿后仍为固体,不溶化,无污染,也无腐蚀性,而且吸湿后处理比较容易,可反复使用。其缺点是价格高,不宜在较大的空间中使用。

④木炭。木炭具有多孔性毛细管结构,有很强的表面吸附性能,若精制成活性炭,还可以大大提高其吸湿性能。普通木炭的吸湿能力不如上述几种吸湿剂。但因其性能稳定,吸湿后不粉化、不液化、不放热、无污染、无腐蚀性,吸湿后经干燥可反复使用,而且价格比较便宜,所以仍有一定的实用价值。

静态吸湿的最大特点是简便易行,不需要任何设备,也不消耗能源,一般仓库都可采用,是目前应用较广泛的除湿方法。它的缺点是吸湿比较缓慢,吸湿效果不够明显。

(2)动态吸湿

这种方法是利用吸湿机械强迫空气通过吸湿剂进行吸湿。通常是将吸湿剂($CaCl_2$)装入特制的箱体内,箱体有进风口和排风口,在排风机械的作用下,将空气吸入箱体内,通过吸湿剂吸收空气中的水分,从排风口排出比较干燥的空气。这样反复循环吸湿可将空气干燥到一定的程度。这种吸湿方法的吸湿效果比较好,但需要不断补充吸湿剂,吸湿后的吸湿剂需要及时得到脱水处理。比较理想的情况是设置两个吸湿箱体,每个箱体内都有脱水装置。一个箱体利用干燥的吸湿剂吸收空气中的水分,而另一个箱体对饱和状态的吸湿剂进行脱水再生。两个箱体交互吸湿,以达到吸湿的连续性。这种连续式的吸湿方法只需花费较少的运转费,就能进行大容积的库内吸湿,因为4~8小时即可使吸湿剂再生一次,所以需要的吸湿剂量较小。两个箱体可实现自动切换,不需要人工操作,但这种设备的结构相对比较复杂,成本比较高。

吸湿剂用量是根据库房内空间总含水量和所使用的吸湿剂单位重量的最大吸水量来确定的。

(四)空气调节自动化

空气调节自动化,简称空调自动化。它是借助自动化装置,使空气调节过程在不同程度上自动地进行,其中包括空调系统中若干参数的自动测量、自动报警和自动调节等。自动化装置是由敏感元件、调节器、执行及调节机构等按照一定的连接方式组合起来的。

敏感元件是具有一定物理特性的一系列元件的总称,它能测量出各种热工参数,并变成特定的信号。调节器根据敏感元件送来的信号与空气调节要求的参数相比较,测出差值,然后按照设计好的运算规律算出结果,并将此结果用特定的信号发送出去。执行机构接收传送来的信号,改变调节机构的位移,改变进入系统的冷、热能量,实现空气的自动调节。

为了保证保管质量,除了温度、湿度、通风控制外,仓库还应根据物品的特性采取相应

商品养护

的保管措施。如对物品涂刷油漆、涂刷保护涂料、除锈、加固、封包、密封等,发现虫害及时杀虫,施放防霉药剂等针对性保护措施。必要时采取转仓处理,将物品转入具有特殊保护条件的仓库等。

二、常见的商品防霉腐方法

商品的成分结构和环境因素是霉腐微生物生长繁殖的营养来源和生活的环境条件。因此,商品的防霉腐工作,必须根据微生物的生理特性,采取适宜的措施进行防治。要立足于改善商品组成、结构和储运的环境条件,使它不利于微生物的生理活动,从而达到抑制或杀灭微生物的目的。商品霉腐的预防可以采取加强管理(如温、湿度管理)和药物(化学药剂)预防相结合的方法(化学药剂防霉腐),还可以采用气调防霉腐、低温冷藏防霉腐、干燥防霉腐、电离辐射防霉腐,以及紫外线、微波、远红外线和高频电场防霉腐,等等。

(一)化学药剂防霉腐

有些商品可采用化学药剂防霉腐。在生产过程中把防霉腐剂加入商品中,或把防霉腐剂喷洒在商品和包装物上,或喷散在仓库内,可达到防霉腐的目的。防霉腐剂能使菌体蛋白质变性,破坏其细胞机能;抑制菌体的活性,破坏菌体正常的新陈代谢;降低菌体细胞表面张力,改变细胞膜的通透性,导致细胞的破裂或分解,即可抑制菌体的生长。苯甲酸及其钠盐对人体无害,是国家标准规定的食品防腐剂;托布津对水果、蔬菜有明显的防腐保鲜作用。防霉腐剂低浓度能抑制霉腐微生物生长,高浓度就会使其死亡。有实际应用价值的防霉腐剂须具有低毒、高效、长效、使用方便且广泛以及价格低廉等特点。防霉腐剂的使用方法主要有:

1. 加法

加法即将一定比例的药剂直接加入材料或商品中去。

2. 渍法

渍法即将商品放入一定温度和一定浓度的防霉腐剂溶液中浸渍一定时间后晾干。

3. 涂布法

涂布法即将一定浓度的防霉腐剂溶液用刷子等工具涂在商品表面。

4. 喷雾法

喷雾法即将一定浓度的防霉腐剂溶液用喷雾器均匀地洒在材料或商品表面。

5. 熏蒸法

熏蒸法即将挥发性防霉腐剂粉末或片剂置于密封包装内,通过防霉腐剂的挥发成分防止商品生霉。

(二)气调防霉腐

气调防霉腐有两种方法:一种是靠鲜活食品本身的呼吸作用释放出的二氧化碳来降

低塑料薄膜罩内的氧气含量，从而起到气调作用，叫自发气调。另一种是将塑料薄膜罩内的空气抽至一定的真空度，然后再充入氮气或二氧化碳的气调方法，叫机械气调。据研究，塑料薄膜罩内的二氧化碳含量达到50％时，对霉腐微生物就有强烈的抑制和杀灭作用。气调还需要适当低温条件的配合，才能较长时间地保持鲜活食品的新鲜度。气调防霉腐可用于水果、蔬菜的保鲜，近年来也开始用于粮食、油料、肉及肉制品、鱼类、鲜蛋、茶叶等多种食品的保鲜。

（三）低温冷藏防霉腐

低温冷藏防霉腐是利用各种制冷设施设备和制冷剂降低温度，以保持仓库所需的一定低温来抑制微生物的生理活动，达到防霉腐的目的。

（四）干燥防霉腐

此种方法是通过降低仓库环境中的水分和商品本身的水分，达到防霉腐的目的。此方法一方面对仓库进行通风除湿，另一方面可以采用晾晒、烘干等方法降低商品中所含的水分。

（五）电离辐射防霉腐

能量通过空间传递称为辐射。射线使被照射的物质产生电离作用，称为电离辐射。电离辐射的直接作用是当辐射线通过微生物时能使微生物内部成分分解而引起诱变或死亡。

电离辐射防霉腐目前主要应用β射线与γ射线，商品包装经过电离辐射后即完成消毒灭菌，配合冷藏，能延长保存期。

（六）紫外线、微波、远红外线和高频电场防霉腐

紫外线是日光杀菌的主要因素，但其穿透力很弱，所以只能杀死商品表面的霉腐微生物。此外，含有脂肪或蛋白质的食品不宜用紫外线照射杀菌。紫外线一般用来处理包装容器（或材料）以及非食品类的被包装物品。

微波的杀菌机理：微波能量被微生物吸收后，一方面转变为热能而杀菌；另一方面菌体的水分和脂肪等物质受到微波的作用，其分子间发生振动摩擦而使细胞内部受损而产生热能，促使菌体死亡。微波产生的热能在内部，所以热能利用率高，加热时间短，加热均匀。远红外线的作用与微波相似。

高频电场的杀菌机理：微生物能"吸收"高频电能，转变为热能而被杀死。只要商品和商品上的微生物有足够的水分，同时又有一定强度的高频电场，消毒瞬间即可完成。

商品防霉腐除以上较常用的方法外，还有蒸气法、自然冷却法、盐渍法。目前在食品防霉腐中采用的射线防霉腐法越来越受到广泛的重视。

三、仓储期间防治害虫的方法

仓储期间害虫的防治工作应贯彻"以防为主，防治结合"的方针。对某些易生虫的商

品和原材料，必须积极地向厂方提出建议和要求；在生产过程中，对原材料采取杀虫措施，如竹、木、藤原料，可采取沸水烫煮、火烤等方法，杀灭隐藏的害虫。对某些易遭虫蛀的商品，在其包装或货架内投入驱避剂，如天然樟脑或合成樟脑等。此外，仓储期间害虫的防治还常采用化学、物理、生物等方法，杀灭害虫或使其不育，以维护仓储商品的质量。仓库害虫防治的方法主要有：

（一）杜绝仓库害虫的来源和传播

要杜绝仓库害虫的来源和传播，必须做好以下几点：

第一，商品原材料、商品包装物的防虫、杀虫处理。

第二，入库商品的虫害检查和处理。

第三，仓库的环境卫生及备用工具的卫生消毒。

（二）药物防治

使用各种化学杀虫剂，通过胃毒、触杀或熏蒸等作用杀灭害虫，是当前防治仓库害虫的主要措施。常用的防虫、杀虫药剂有以下几种：

1. 驱避剂

驱避剂的驱虫作用是利用易挥发并具有特殊气味和毒性的固体药物，使其挥发出来的气体在商品周围经常保持一定的浓度，从而达到驱避害虫的目的。

2. 化学药剂

化学药剂杀虫法是利用化学药剂来防治害虫的方法。在实施时，应考虑害虫、药剂、环境三者之间的关系。例如，针对害虫的生活习性，要选择其抵抗力最弱的虫期施药，药剂应低毒、高效和低残毒，且对环境无污染。在环境温度较高时施药，可获得满意的杀虫效果。化学杀虫按其作用于害虫的方式，主要有触杀杀虫和胃毒杀虫两种。触杀剂和胃毒剂很多，常用于仓库及环境消毒的有敌敌畏、敌百虫等。

3. 熏蒸剂

杀虫剂的蒸气通过害虫的气门及气管进入体内而引起害虫中毒死亡，杀虫剂的这种作用称为熏蒸作用，具有熏蒸作用的杀虫剂称熏蒸剂。用熏蒸的方法杀虫有成本低、效率高等优点。

（三）物理杀虫法

物理杀虫法是利用各种物理因素，如热、光、射线等破坏储运商品上害虫的生理活动和机体结构，使其不能生存或繁殖的方法。其主要方法有高、低温杀虫法，射线杀虫与射线不育法，远红外线与微波杀虫法和充氮降氧杀虫法等。

此外，还可采用生物防治，即利用害虫的天敌（寄生物、捕食者、病原微生物）来防治害虫，以及利用昆虫的性引诱剂来诱集害虫或干扰成虫的交配繁殖等。

学生实训项目

> **实训项目**：仓储期间商品质量养护方法的实际应用

> **情景设计**：

下面是两所学校的食品保管制度：

郑州市某学校食品保管制度

1.根据库房设置,各种食品应严格分类,按入库先后批次、生产日期存放,有霉烂、变质食品不能入库,质检员应定期对库存食品进行质量检查。

2.有毒、有害、易与食品串味的化学物品严禁与食品同库存放。

3.食品与非食品,原料与半成品,卫生质量差的食品与正常食品,短期存放食品与长期存放食品,有特殊气味食品与易吸收气味食品不能混杂堆放。

4.各种食品之间应有足够间隙,与地板、墙壁有一定距离,熟食品绝不得靠墙着地。

5.食品储存过程中应注意防霉、防虫、防尘、防鼠及保持适当温、湿度。

6.易腐食品应置入冷藏设备保存,冷藏食品也应分类,按入库先后依次存放,注意做好防霉、除臭和消毒工作。

7.应定期进行仓库的清扫与消毒,并注意防止消毒剂对食品的污染。

××一中食堂食品保管制度

1.凡食品入库前必须做好检查和验收工作,发霉、变质、腐烂、不洁净的食品和原料不准入库。

2.食品入库后要分类存放且整齐划一,大米不得靠墙或直接放在地面上,以防潮湿、发霉变质,购量根据用量来定,避免存放时间过长降低食品质量。

3.常进库房检查,发现霉变食品要及时报告领导处理,不得食用。

4.仓库内应保持清洁、卫生、空气流通,要做好防潮、放火、防虫、防鼠、防蝇、防尘等工作。

5.库房内严禁嬉戏、玩牌、吸烟、住人,非有关工作人员不准入内。

6.食品出入库要有登记,日清月结,坚持先进先出原则。

> **任务要求**：

对学生进行分组,5人一组,给学生充分的案例讨论时间,结合仓储期间商品质量养护知识,完成以下实训任务,并撰写实训报告书。

1.从这两所学校的食品保管制度中分析影响商品质量变化的因素有哪些。

2.结合所需的知识给两所学校学生食堂分别设计合理的食品保管方法。

商品养护

> **任务考核标准：**

1. 考核以过程考核形式进行。
2. 考核以能力考核为核心，综合考核专业知识、专业技能、方法能力、职业素质、团队合作等方面。任务考核标准见表 3-2。

表 3-2　　　　　　　　　　任务考核标准

任务名称			仓储期间商品质量养护方法的实际应用			
实训目标			通过案例熟悉和掌握仓储期间的商品质量养护方法			
任务考核	考核点（所占比例）	建议考核方式	评价标准			
			优	良	中	及格
	团队合作占30%	自评、小组互评	任务分工明确，组长发挥带头作用，小组成员按要求进行讨论	任务分工明确，组长发挥带头作用，小组成员按要求进行讨论，完成任务有拖拉现象	任务分工一般，组长不能发挥带头作用，小组成员能按要求进行讨论，完成任务有拖拉现象	任务分工一般，组长不能发挥带头作用，小组成员积极性不高，完成任务不够认真
	任务一完成情况占30%	操作考核	对两所学校食堂影响商品质量变化的因素分析透彻，有一定的对比性，分析全面具体，有足够的理论依据	对两所学校食堂影响商品质量变化的因素分析较透彻，有一定的对比性，但分析的理论依据不够充分	在对比分析中，总结得较全面，影响食品变化的因素分析得不够透彻，但能完成任务	在对比分析中，总结得不够全面，影响食品变化的因素分析得也不够透彻，但能完成任务
	任务二完成情况占40%	操作考核	项目完成完整性达90%以上	项目完成完整性达80%以上	项目完成完整性达70%以上	项目完成完整性达60%以上

模块四 普通件杂货的商品养护

案例引入

每年的六七月份都是吃荔枝的好季节,颜色鲜亮、外观好看的荔枝随处可见,价格高低不等。但很多消费者都有共同的发现,有些摊主往荔枝上喷水,更有些不法商贩,为了进行"保鲜",往荔枝上喷洒稀释过的硫酸。不少顾客在购买荔枝时就遇到过此种现象,买的时候,荔枝看上去又大又红,特别新鲜。可回家后,剥开一个尝了下,却完全没吃到荔枝的香甜味,反而是一股酸味,吃了几颗后,喉咙还有些痒,感觉很不舒服。当地记者到附近的几家社区超市,发现有的超市将荔枝摆放在冰块上面,进行低温保鲜,而有的超市则将荔枝用药水浸泡,荔枝看上去特别新鲜,大概能保存两三天。

请结合商品学的知识思考一下,荔枝这种新鲜的水果应如何进行存储与养护?

必备的知识点

一、食品的种类与品质特征

(一)糖类商品的种类与品质特征

1.食糖的分类

食糖是甘蔗或甜菜的提取物。食糖除供人们直接消费外,还是食品工业的重要原料和辅料。食糖的种类较多,可做以下分类:

(1)按制糖的原料分类

食糖按原料来源可分为甘蔗糖和甜菜糖。我国甘蔗糖产量约占总产量的80%,余下的为甜菜糖。甘蔗糖与甜菜糖的主要成分都是蔗糖,两者在口味品质上并无多大差异。

(2)按商品经营习惯分类

按商品经营习惯,一般将食糖分为白砂糖、绵白糖、赤砂糖、土红糖、冰糖和方糖等六种。

2. 食糖常见种类及其品质特征

食糖常见种类及其品质特征见表 4-1。

表 4-1　　　　　　　　　　食糖常见种类及其品质特征

常见种类	品质特征
白砂糖	色泽洁白明亮,晶粒均匀整齐,糖质坚硬且松散干燥,滋味纯正。水分、杂质及还原糖含量都极少,是食糖中纯度较高的品种,也便于运输和贮藏
绵白糖	色泽雪白,颗粒细小,质地绵软,潮润,入口、入水即化,基本不含杂质,是深受消费者喜爱的食糖品种
赤砂糖	又称红糖,是三号机制甘蔗糖。由于加工中未经洗蜜处理,表现含有较多糖蜜(主要成分是还原糖、水分、色素及其他非糖物质),色泽赤红,有浓甜和焦糊味。赤砂糖含糖蜜和水分较多,且含有较多铁质、胡萝卜素、核黄素和烟酸等
土红糖	亦称红糖、糖粉。土红糖含糖蜜、水分、杂质均较多,结晶细而软黏,晶粒大小不匀,色泽深浅不一,有红、黄、紫、黑数种,易受潮溶化和风化结块,难以保管
冰糖	为砂糖的再制品。砂糖先溶化成液体,再经过烧制,除去杂质,蒸发水分,于特制容器内进行重结晶,形成透明或半透明块状大晶粒。冰糖杂质低,味道纯正,是高档糖类品种
方糖	也是再加工糖,是将优质砂糖磨细后,经润湿、压制和干燥而成,形状为正方体。方糖纯度高,颜色洁白,表面有晶莹的光泽,在水中溶解速度快,水溶液清澈透明,无杂质,口味清甜不带异味。它主要用于饮料中添加,使用方便、快捷

(二)茶叶的种类与品质特征

1. 茶叶的主要成分

茶叶中含有多种有益人体健康的营养物质,如维生素、矿物质、蛋白质、糖类等。与茶叶质量直接相关的成分,主要是影响其色、香、味的多酚类、生物碱、芳香油和色素等。

2. 茶叶的类别及品质特征

最常用的分类方法是根据商业经营习惯兼顾茶叶外观及品质特点,将茶叶分为绿茶、红茶、乌龙茶、花茶、紧压茶五大类。

(1)绿茶

绿茶是不发酵茶,它的特点是保持了茶叶的绿色,做到了"三绿",即干绿、汤绿、叶底绿。绿茶按初制干燥方法不同,分为炒青、烘青和晒青三类。

(2)红茶

红茶在制作中,采用细嫩芽叶为原料,经完全发酵使绿叶变为红叶。发酵是红茶品质形成的关键。发酵使茶多酚加速了酶促氧化,形成红叶红汤、香甜味醇的品质特征。红茶根据制法与品质的差异分为功夫红茶、小种红茶、红碎茶三类。

(3)乌龙茶

乌龙茶即青茶,是一种半发酵茶。其制作方法兼有红茶与绿茶的发酵和杀青,其成品特点既有绿茶的鲜爽,又有红茶的甘醇,而且叶底具有绿叶红镶边的特点。乌龙茶也是我国特产,主要产于福建、广东、台湾三省,以福建的产量最大、品种最多、质量最突出,主要品种有安溪铁观音、武夷岩茶等。

(4)花茶

花茶属再加工茶,是由成品茶和鲜花窨制而成。花茶多以所用鲜花命名,如茉莉花茶、柚子花茶、玫瑰花茶、桂花茶等。用于窨制花茶的茶坯通常是烘青,也有少量的炒青、乌龙茶和红茶。

花茶的质量特点除了外形、叶底、色泽等方面与所用茶坯相同外,主要不同之处是香气,其次是滋味。高级花茶均要求香气鲜灵、浓郁清高,滋味浓厚鲜爽,汤色清澈、淡黄、明亮,叶底细嫩、匀净、明亮。

我国著名的花茶产地有江苏苏州、福建福州、浙江金华、广西横县、安徽歙县及六安等地。花茶中茉莉花茶的窨制技术性最强,要求最高,茉莉花茶也是产量较大的茶。

(5)紧压茶

紧压茶即各种块状茶,其形状以砖形最多,其他有碗形、饼形等。紧压茶突出的特点是便于运输、便于贮藏。

紧压茶是用晒青和红青的毛茶或副脚茶做原料,经蒸茶、装模或装篓压制而成。一般以较次的茶叶做芯,较好的茶叶做面,成品硬度高,需用刀砍下,捣碎煮制后饮用。紧压茶种类很多,有湖南产的茯砖、黑砖、花砖、湘尖,湖北产的青砖、米砖,四川产的康砖、金尖,广西六堡茶和云南普洱沱茶、方茶、饼茶等。

上述各类茶均为我国传统成茶品种,属茶中第一代产品。在这些产品基础上,考虑到境外消费者及现代消费者的需要,新一代的产品渐渐推出,如袋泡茶、速溶茶等。

(三)水果的种类与品质特征

1.水果常见品种及品质特征

(1)苹果

苹果按收获季节可分为伏苹果、秋苹果两大类。伏苹果多为7~8月采摘,果实肉质松脆、口味淡薄、略有香气,易腐,不耐贮,品质不如秋苹果。秋苹果多在8~11月采摘,肉质紧密、甜酸适口、香气浓、品质佳、耐贮藏,是日常消费中的当家品种。其中以富士、青香蕉品质较佳,其果肉致密、质脆多汁、甜酸适度、香气浓郁、风味甚佳。

(2)梨

梨不仅味美汁多,而且营养丰富,含有多种维生素和纤维素。梨按果实形态可分为白梨、沙梨、秋子梨、西洋梨四大类。

（3）香蕉

香蕉性寒，味甘。香蕉的含糖量比较丰富，淀粉含量多。香蕉果实狭长而弯曲，未成熟时有棱角，皮色青绿，成熟后皮色变黄并带有梅花点，俗称芝麻蕉。香蕉果肉黄白，味香甜，肉软糯滑。著名品种有福建天宝蕉、台湾北蕉、广东和广西的香牙蕉。

（4）柑橘

柑橘是主产于亚热带的大宗水果，含有极丰富的维生素C。柑橘的皮、核、络、叶都是良好的中药材，也是提取香料的重要原料。市面销售的常见柑橘有柑、橘、橙、柚四大种类，其中又以柑、橘、橙最普遍。民间将柑、橘、橙统称橘子，但其形状与性味各不相同。

（5）猕猴桃、山楂

这是两种由野生改良为大田栽培时间很短的新果，均以富含维生素C而著称于世。猕猴桃每100克中含维生素C 100~420毫克，是苹果的20~80倍，其他营养成分也很丰富；山楂每100克中约含维生素C 89毫克。

2.水果的主要化学成分

矿物质和维生素可称之为水果类标志性的营养物质。果品中含有多种矿物质，钾的含量最高。果品是人体所需钙、磷、铁、钾等微量元素的重要来源。果品中含有丰富的维生素C和较多的维生素A，这两种维生素在维持人体健康方面都具有极重要的生理作用。

同时，果品中广泛存在的色素有叶绿素、类胡萝卜素、花青素和黄酮类色素，它们的种类和特性，关系到水果的新鲜度、成熟度等。有的色素除呈色作用外，还具有营养价值，如胡萝卜素被人体吸收后可转化为维生素A。

各种芳香油是水果香气的源泉。不同水果具有不同香气，是由于芳香油的含量及主体成分不同，因而使不同果品香气有别。芳香油只有当果品成熟时才大量产生，所以没有成熟的果品缺乏香气。

水果中的呈味物质主要为糖类和有机酸。糖酸比值的高低直接反映水果口味是否甜酸适中。使水果具甜味的主要是葡萄糖、果糖和蔗糖。果品中的有机酸主要有苹果酸、柠檬酸和酒石酸，它们统称为果酸，对人体无害。果酸的种类及含量因水果的种类不同而有差异。

二、服装类商品的种类与品质特征

（一）服装材料

认识服装材料的性能，要从纤维开始。纤维是一类细长而柔韧的物质。它的长度要比其直径大千万倍。纺织纤维必须是比较柔软而且具有一定长度、细度、强力、弹性和对水、热、光、酸、碱等有一定稳定性，并有一定染色性能的纤维。纺织纤维有两大类，即天然纤维和化学纤维。

1.天然纤维

天然纤维主要有棉、麻、丝、毛四大类。天然纤维虽来源、品性各不相同,但共同的优点是综合性能最符合人体卫生要求,且具优秀的纺织性能。天然纤维制成品吸湿、透气、保暖、舒爽。其自然的风格与相应的加工工艺相结合,能最大限度地满足人们对服饰美的追求。另外,天然纤维普遍具有较好的热稳定性。天然纤维除蚕丝为长纤维外,其余均是短纤维。

2.化学纤维

化学纤维是以化工生产工艺合成或再造的纤维。化学纤维按其所用原料及生产工艺的不同,可分为合成纤维和人造纤维两大类。

化学纤维也可分为长、短两大类。关于化纤的命名,我国有统一规定:人造纤维短纤维称"纤",合成纤维短纤维称"纶";长纤维均称"丝"。

(1)人造纤维的品种

人造纤维以富含纤维素或蛋白质的高分子物质,如棉短绒、甘蔗渣、木材、大豆、牛奶等,经化学方法处理纺丝而成。其化学成分接近天然纤维,其理化性能也接近天然纤维。人造纤维常见种类有粘胶纤维、富强纤维、醋酸纤维、铜氨纤维等。

(2)合成纤维

合成纤维是以石油、天然气、石灰石等各种矿物质为原料,提取出低分子化合物,再合成为仿丝、仿毛、仿棉的高分子纤维。

合成纤维共同的优点是强度普遍高于天然纤维,耐生物性好,一般不霉、不蛀。但弱点是除个别品种外,透气吸湿性普遍差,不易染色,热稳定性差,易生静电。合成纤维可能在单方面品性上有优于天然纤维的,但其综合性能不如天然纤维。

(二)服装的种类及功能

1.服装的种类

(1)按服装的功能分类

按功能分类,服装可分为礼服、生活服装、工作服和运动服等。礼服是指各种正式礼仪活动中所穿的服装。礼服按性别分为男子礼服和女子礼服。其中,男子礼服按西方的程式分为第一礼服、正式礼服、日常礼服三级。女子礼服分晚礼服和晨礼服。生活服装又可分为家居服和外出服。工作服一般包括防护服、标识服和办公服三大类。运动服包含职业运动服和休闲运动服。

(2)按年龄及性别分类

按年龄及性别分类,服装可分为成人服装、儿童服装及青年服装。

2.服装的功能

服装最基本的功能为实用功能。随着文明的进步,服装概念的内涵不断丰富,它的社会、文化、生活的功能得到丰富和强化,如审美功能、标识功能。

三、家用电器的种类、特点与质量要求

（一）家用电器的种类与特点

1. 家用电器的种类

（1）按工作原理分类

①电子器具，是将电能转换为声音或视频图像，以电子元件为基础，通过电子技术完成各种功能的家用电器，如收音机、电视机、VCD等。

②电动器具，是将电能转换为机械能，由电动机带动工作部件完成各种功能的家用电器，如洗衣机、电风扇、吸尘器等。

③制冷器具，是消耗电能进行热交换，通过制冷装置造成适当低温的家用电器，如电冰箱、空调器、冷饮机等。

④电热器，是以各种电热元件完成电能到热能的转换，实现加热功能的家用电器，如电熨斗、电暖器、电热炊具等。

⑤照明器具，是使用电光源实现电能到光能转换的家用电器，如各类灯具等。

（2）按用途分类

①视频器具，主要用于收看电视节目、录制、播放图像节目和生活片断等，如电视机、录像机、摄像机、影碟机、家庭影院等。

②电声器具，主要用于家庭收放电台节目、录制播放音乐等，如收录机、组合音响、复读机、激光唱机等。

③空调器具，主要用于调节室内温、湿度，加速空气流动，改善室内环境等，如空调器、电风扇、空调扇、负离子发生器、增湿机等。

④冷冻器具，主要用于食品的冷冻和冷藏，如电冰箱、冷冻箱、冷饮器等。

⑤清洁器具，用于个人卫生和环境卫生的清洁，如洗衣机、吸尘器、电熨斗、淋浴器等。

⑥厨房器具，主要用于食品加工、烹制、食品、炊具的洗涤、消毒等，如电饭锅、微波炉、电磁灶、电水壶、抽油烟机、洗碗机、消毒柜、榨汁机等。

⑦取暖器具，主要用于生活取暖和空气加热，如电暖器、暖手器。

⑧文化办公用品，主要用于家庭学习、办公，如家用计算机、传真机、打印机等。

⑨娱乐器具，主要用于业余消遣娱乐，如电动玩具、电子游戏机、电子乐器等。

⑩照明器具，主要用于室内外照明及艺术装饰，如各种灯具及配件。

⑪其他器具，不能归入上述各类的家用电器，如电子钟表、电子门锁、防盗电器、电话等。

2. 家用电器的特点

（1）家用电器一般在有电能的条件下才能正常运转、发挥作用。

（2）家用电器一般都要带电工作和操作，因此，安全性是这类商品的首要指标。

（3）家用电器结构比较复杂，要求电器元件可靠性高，要达到质量需要的规定值。

（4）家用电器既是家庭用品，又是美化家庭环境的装饰品，要求造型美观、装饰新颖、

色调柔和、外形结构合理。

(5)家用电器要求寿命长、可靠性高。

(6)家用电器要求耗电少、经济费用低。

(7)家用电器的安装、使用和维护都直接影响家用电器的质量。

(二)家用电器的质量要求

家用电器的品种很多,下面介绍有代表性的家用电器种类及质量要求等。

1.彩色电视机的种类、质量要求与检验

(1)彩色电视机的种类

彩色电视机可有以下分类:

①按彩色电视机的广播制式可分为三种:NTSC制(美国、日本、加拿大、韩国等国采用)、PAL制(德国、英国、意大利、中国等国采用)、SECA制(法国、东欧各国等采用)。

②按显像管尺寸可分为12英寸(31厘米)、14英寸(35厘米)、18英寸(46厘米)、21英寸(54厘米)、25英寸(64厘米)、29英寸(74厘米)、34英寸(86厘米)等。

③按屏幕曲率半径和四角弧度可分为圆角曲面、直角平面、超平面、纯平面等。

④按功能可分为普通电视、高清晰度电视、遥控电视、卫星电视、多画面电视、立体电视、平板电视、语言多重电视、交互电视等。

⑤按电视屏幕显像方式可分为荧光显示、液晶显示和等离子体显示等。

⑥按电路工作原理可分为模拟电路、数字电路等。

(2)彩色电视机的质量要求

①图像重现率,是指电视机能够完整地重现电视台发送图像的能力。水平与垂直方向图像重现率不得低于90%。

②同步灵敏度,指电视机保持图像稳定的情况下接收微弱信号的能力。在75 Ω阻抗输入时应不低于75 μV。

③选择性,是指电视机对邻近频道电视信号的抑制能力。要求在-1.5 MHz处或以下衰减不小于30 dB,在$+8$ MHz处或以上衰减不小于40 dB。

④自动增益控制(AGC)作用,指在接收强弱不同的电视图像和伴音信号时,电视机自动调整增益,以保证有稳定的输出能力。要求输出电平变化±1.5 dB时,输入电平变化不小于60 dB。

⑤亮度鉴别等级,是指不同的图像调制度与屏幕亮度之间的关系。亮度等级多,则图像层次丰富,画面柔和,伴音效果好,一般要求亮度鉴别等级不低于8级。

⑥图像分辨率,是电视机清晰度指标,反映电视机接收图像细节的能力,图像分辨率线数越多,则图像越清晰。要求图像中央分辨率,水平方向不小于300线,垂直方向不小于400线。

⑦白平衡,是指彩色电视机所接收的黑白图像或彩色黑白图像部分不带任何色调的底色。

⑧色纯度,是指在电视机工作中,某一种基色不受其他两种基色混杂的程度,就是要求红、绿、蓝三束电子束分别击中其对应的荧光粉,而不能击中其他颜色的荧光粉。

⑨保持同步的电源电压变化范围,是指在图像仍能保持稳定同步状态时,电源电压相对于标称值的最大变化范围,一般要求不小于标称值的10%。

(3)彩色电视机的质量检验

①外观检验。查看外观有无划伤或破损,各装饰件是否完整无缺、牢固,荧光屏表面是否干净平滑,有无气泡和划痕,荧光屏内的荧光粉是否均匀,有无局部颜色不均。然后检查各种开关、旋钮等是否完好、灵活有效。

②光栅检验。在检验光栅时,将频道置于空频道上,把对比度、色饱和度调小,音量调在正常工作位置,这时荧光屏应发光部分出现的一条条水平扫描线即为光栅。当人靠近观察光栅时,应能分辨出一条条水平亮线,这种水平亮线应当平直,边缘部分不出现倾斜及波浪线,线间距离应相等,没有半亮半暗或暗角、黑条等。线数越多,电视图像越清晰。

③灵敏度检验。检验灵敏度时,可用几台电视机做比较,先看图像的浓淡程度,接着可将天线去掉,此时如图像仍能清晰、稳定、色彩无变化,伴音好,噪声小,则灵敏度高。也可以借助观察噪声颗粒来判断,即将电视机放在无信号位置,此时在荧光屏上出现的噪声颗粒多,则灵敏度高,当然这种噪声颗粒太多,则容易受干扰。

④选择性检验。将频道开关置于欲收频道的上一个频道或下一个频道,这时不应收到欲收频道的电视信号,反之则选择性不佳。

⑤抗干扰性检验。当存在汽车、日光灯、机器等干扰源时,看看电视机上的图像、伴音是否受到干扰,如图像是否出现局部扭曲、歪斜、跳动等现象。如仅在画面上出现黑白亮点线,只要不影响图像的稳定,可以认为是正常的。

⑥可靠性检验。要求电视机各部分之间连接可靠,不允许出现虚焊、漏焊,最简单的办法是轻拍电视机,这时图像、伴音均正常则可靠性良好。

⑦消色和色饱和度检验。当接收彩条信号时,将色饱和度调至最小位置,荧光屏上应呈现出不同等级的灰度色块,任何一条中都不应呈现颜色,则消色效果好。如再将色饱和度由最小调到中间位置,这时每条灰度都应加上颜色,变成按白、黄、青、绿、紫、红、蓝、黑顺序排列的彩条,然后再将色饱和度调至最大位置,这时荧光屏上的彩条除了有浓淡变化外,其他稳定不变,则说明色通道的自动控制性能优良。

⑧图像、伴音质量检验。电视机的首要任务是让观众在荧光屏上看到高质量的重现图像,即画面上的图像应与被发送的实际景物一致。一般要求图像清晰,色彩逼真,层次丰富柔和,如观察到人的皮肤、眉毛、头发等细节都很清楚、逼真,则说明图像质量好。如用方格观看时方格不方,用测试卡观看时大圆不圆,则图像就会失真。对伴音质量,检验其声音是否洪亮、优美;噪声是否很小。音量开大,应无机振声,无明显失真;音量关小,类似交流噪声的声音应很小。此外,还应注意图像的一致性,音量的开大或调小图像应不受影响。

2.电冰箱的种类及质量要求

(1)电冰箱的种类

①按制冷方式分为电机压缩式、吸收式、电磁振荡式、半导体式四种。电机压缩式电冰箱应用较广,吸收式电冰箱小批量生产,其他两类应用较少。

②按冷却方式分为直冷式和间冷式两种。

直冷式电冰箱,又称有霜电冰箱,具有两个蒸发器,分别安置于冷冻室和冷藏室内壁,直接制冷形成低温,具有结构简单、冻结速度快、耗电少、寿命长、噪声小等优点,但冷冻室结霜,使用较麻烦。

间冷式电冰箱,又称风冷式、无霜式电冰箱,只有一个蒸发器,安置于冷冻室与冷藏室之间隔层背部的夹层内,靠专用风扇通过风道强制性制冷,具有箱内温度均匀、不结霜、冷却速度快等优点,但结构复杂、耗电量较大、噪声较大、存贮食品干耗也较大。

③按星级的多少分为一星级、二星级、三星级、四星级等。一星级是指冷冻室温度不高于−6 ℃,其他类推。

④按使用的气候环境分为亚温带型(SN)、温带型(N)、亚热带型(ST)、热带型(T)四种,它们分别适合的气候环境温度是10 ℃~32 ℃、16 ℃~32 ℃、18 ℃~38 ℃、18 ℃~43 ℃。

⑤按有效容积分为50升、75升、100升、150升、180升、220升、300升等。

⑥按用途分为冷藏箱、冷藏冷冻箱、冷冻箱等。

⑦按功能还可分为绿色、无菌、智能、静音等。

(2)电冰箱的质量要求

①冷却性能。在规定的电压及频率波动范围内,当环境温度为15 ℃~32 ℃时,电冰箱运行并达到稳定状态后,其冷藏室温度为2 ℃~4 ℃,冷冻室温度应达到各星级标准的规定值。

②冷却速度。冷却速度是指在规定条件下,在环境温度为32±1 ℃时,待箱内、外温度大体一致的情况下,关上箱门,启动压缩机连续运行,使冷藏室温度降到10 ℃、冷冻室温度降到−5 ℃所需的时间。标准规定冷却速度不应超过3小时。

③耗电量和输入功率。在规定条件下,耗电量和输入功率的实测值,不应超过标定的15%。

④启动性能。在规定条件下,压缩机均能正常启动和运行。检测方法是开机、停机各3次,每次开机3分钟,停机3分钟,各次启动均正常,无自动停机现象。

⑤耐泄漏性。以灵敏度为0.5克/年的卤素检漏仪检查制冷系统,不应出现制冷剂泄漏现象。

⑥负载温度回升速度。它反映了电冰箱箱体的保温性能,以分钟表示。在规定测试条件下,切断正常运转的冰箱电源,冷冻室从−18 ℃上升到−9 ℃的时间为负载温度回升时间,标准要求不应小于300分钟。

⑦噪声和振动。冰箱运行时,电冰箱振动的振幅应不大于0.05 mm,不应产生明显的

噪声。标准规定,250升以下电冰箱不应大于52 dB,市场上的冰箱已远远小于该值。

3.空调器的种类、质量要求与检验

(1)空调器的种类

①按主要功能,空调器分为冷风型、热泵型、电热型、热泵辅助电热型四种。

②按结构形式,空调器分为整体式(窗式)、分体式、大型集供式(中央空调)三种。

③按冷却方式,空调器分为风冷式和水冷式。

④按调控方式,空调器分为普通式和变频式。

⑤按制冷量,空调器分为18、20、25、32、40、50、60、70、100、200千瓦等。

⑥按特殊功能,分为健康空调、燃气空调、静音空调、声音舒适度空调、智能空调等。

(2)空调器的质量要求

空调器的质量一般都是看制冷量、空气循环量、制冷消耗功率、能效比、噪声等参数指标。

①制冷量。制冷量是空调器在进行制冷时,单位时间内从密闭空间、房间或区域内除去的热量,单位为瓦。空调器的实测制冷量不小于额定制冷量的95%为合格。

②空气循环量。窗式空调器的空气循环量应为600 m^3/h～1 100 m^3/h。

③制冷消耗功率。这是空调器制冷运行时所消耗的总功率,要求实测值不大于额定值的110%。

④能效比。能效比是空调器在额定工况和规定条件下进行制冷运行时,制冷量与输入功率之比,简单地讲就是单位输入功率的产冷量。额定制冷量小于25 kW的能效比不应小于2.25,25 kW～45 kW的能效比不应小于2.30,45 kW以上的能效比不应小于2.35。

⑤噪声。窗式空调器的噪声应小于60 dB,分体式空调器的室内外机组额定制冷量小于25 kW的噪声应小于45 dB和55 dB,25 kW～45 kW的噪声应小于48 dB和58 dB,45 kW以上的噪声应小于52 dB和62 dB。

(3)空调器的质量检验

空调器的质量检验通常采用以下方法:

①外观检查。外形美观大方;机壳平整光洁,无损伤、脱漆和锈蚀;各开关、旋钮动作灵活,操作自如;垂直、水平导风板松紧适宜,拨在任何位置都能定位,进风滤网拆装方便,没有破损。

②通电检查。接通电源,先启动风扇,再启动压缩机,均不应有较大的噪声和较强的振动;调节风速旋钮,应有不同的风速吹出。

③制冷性能检查。将温控调至最低温度,然后选择强冷挡运行5分钟后,应有冷风吹出;冷暖两用型空调器,将温控调至最高温度,然后再选择强热挡,几分钟后应有热风吹出。

④启动性能检查。电源电压波动±10%时,空调器均能正常启动和运转,每次停机后,间隔3分钟再重新启动,运行应正常。

4.洗衣机的种类、质量要求与检验

(1)洗衣机的种类

①按洗涤方式,洗衣机分为波轮式、滚筒式、搅拌式、喷射式和振动式。

②按自动化程度,洗衣机分为普通、半自动和全自动洗衣机三种。洗涤、漂洗、脱水各功能的操作需用手工转换的洗衣机为普通洗衣机;在洗涤、漂洗、脱水各功能之间,只有其中任意两个功能转换不用手工操作并自动进行的洗衣机为半自动洗衣机;同时具有洗涤、漂洗和脱水各功能,它们之间的转换全部不用手工操作而能自动进行的洗衣机为全自动洗衣机。有些先进的全自动洗衣机还具有烘干、熨烫甚至折叠功能。

③此外,还有手搓式、离心力式、离子洗净式、臭氧洗涤式、超静音、自动投放洗衣粉、单控键控制、智能洗衣机等。

(2)洗衣机的质量要求

①洗净比,是指在标准规定的洗净条件下,洗衣机洗净率与参比洗衣机洗净率之比。

②织物磨损率,是指在达到一定洗净度指标的情况下,被洗衣物的磨损程度。用失重比率来表示,波轮式洗衣机应不大于 0.2%。

③漂洗性能,是指洗涤的衣物放在清水中漂洗,去除附着在衣物上的洗涤剂溶液及污垢,最后达到漂清、洗净的能力。漂洗性能通常用漂洗比表示,洗衣机的漂洗比应大于 1。

④脱水率,全自动波轮洗衣机应大于 45%,普通和半自动洗衣机应大于 50%,滚筒式洗衣机应大于 45%。

⑤噪声,要求不高于 65 dB。

⑥消耗功率,应在额定输入功率的 115% 以内。

⑦绝缘电阻,洗衣机带电部分与外露的非带电金属部分之间的绝缘电阻值应不小于 2 MΩ。

⑧接地电阻,洗衣机的外露非带电金属部分与接地线末端之间的电阻值应不大于 0.2 Ω。

(3)洗衣机的质量检验

①外观检查。要求外形美观大方,色调雅致,机壳表面光滑平整,无损伤,无锈蚀;各按钮、旋钮、开关完好无损,动作灵活可靠;洗衣桶内壁应光滑,洗衣桶盛水后不漏水。

②波轮检查。波轮表面光滑,波轮与洗衣桶之间的间隙应当均匀、平整、无松动,一般间隙以不超过 2 mm 为好。如果间隙太大,衣物易进入间隙而遭损害;如间隙太小,波轮与洗衣桶易产生摩擦。用手转动波轮,应比较轻快、均匀、无杂音。

③运转检查。洗衣机通电运转时,应无较大的振动和较强的噪声,也不能有异常音响。程序控制器、定时器、各种开关等控制部件的控制,应正确无误。脱水桶运转时,打开脱水桶盖,应能立刻切断脱水电机电源并随时制动脱水桶。机体应有良好的绝缘性,不漏电。

④附件检查。检查进排水管、电源线、插头和说明书等是否齐全。

四、日用工业品的种类及品质特征

日用工业品是指供人们日常使用的工业产品,俗称日用百货。日用工业品种类繁多,性能各异,用途广泛,主要包括日化类商品、皮革类商品、钟表眼镜、照相器材类商品、文体用品、儿童玩具等,是人们生活和工作中不可缺少的商品。下面重点介绍日化类商品、皮革类商品、照相器材类商品。

(一)日化类商品

日化类商品是指用化学原料制成的用品,包括洗涤用品、化妆品、塑料制品等。

1. 洗涤用品

(1)合成洗涤剂的性能特点

合成洗涤剂是以合成表面活性剂为主要成分,并配有适量不同作用的助洗剂而形成的一种洗涤用品。合成洗涤剂有良好的去垢性和耐硬水性;不受水温限制,节省时间,用途广泛;为人工合成制品,有利于自然资源保护。

(2)合成洗涤剂的分类

①按商品的外观形态可分为粉状、空心颗粒状、液体状、浆状、块状洗涤剂等。

②按用途可分为人体用、织物用、厨房用、食品用、住宅用洗涤剂。

③按活性物含量可分为 20 型、25 型、30 型洗涤剂。

④按泡沫多少可分为无泡型、低泡型、中泡型、高泡型洗涤剂。

⑤按助洗剂特点可分为无磷型、加酶型、漂白型、增白型、加香型洗涤剂等。

2. 化妆品

化妆品是清洁、保护、美化、营养人体皮肤表面及毛发等的日常用品。它有令人愉快的香气,能充分表现人体的美,给人以容貌整洁、讲究卫生的好感,有利于人们的身心健康。

(1)化妆品的种类

①按化妆品物理性状可分为:膏霜类,如雪花膏、香脂、润肤霜、防晒霜、洗发膏等;粉质类,如香粉、爽身粉、粉饼、胭脂等;液体状类,如香水、花露水、冷烫水、生发水等;胶状类,如指甲油、清洁面膜等;笔状类,如眉笔、唇线笔等。

②按化妆品的用途可分为:护肤类(保护皮肤类、营养皮肤类、药疗类等)、发用类(保护头发类、营养头发类、药用类等)、清洁卫生类(洗发类、清洁类、卫生类等)、美容类(美容皮肤类、美发类、美化指甲类等)。

(2)化妆品的质量要求

①化妆品的包装:应整洁、美观、封口严密,不得泄露,商标、装饰图案、文字说明等应清晰、美观、色泽典雅、配色协调。

②使用说明书:应写明商标、品名、生产许可证编号、产品用途、生产日期、保质期、厂

家产地、容量或重量、香型、主要原料、使用方法、使用注意事项及安全警告、产品储存条件及方法等。

③色泽：无色固体状、粉状、膏状、乳状化妆品应洁白有光泽，液状应清澈透明，有色化妆品应色泽均匀一致、无杂色。

④组织状态：固体状化妆品应软硬适宜，粉状应粉质细腻，膏状、乳状应稠度适当、质地细腻，液状应清澈、均匀、无颗粒杂质。

⑤气味：化妆品必须具有芬芳的香气，香味可根据不同的化妆品呈不同的香型，但必须持久，没有强烈的刺激性。

⑥安全卫生性：要求外观良好，没有异臭，对皮肤和黏膜没有刺激和损伤，无感染性，使用安全等，眼部、口唇、儿童用化妆品，细菌总数不大于 500 个/克，其他化妆品不大于 1 000 个/克，有毒物质限量为汞 1 毫克/千克，砷 10 毫克/千克，甲醇 4.2 毫克/千克。

3. 塑料制品

塑料是以合成和高分子材料为主要成分，可在一定温度和压力下塑制成型，而在常温下保持形状不变的材料。塑料质量轻、强度高、化学稳定性强、绝缘性好、着色性好，且具有一定的透明度，但有易变形，尺寸稳定性差，导热性、耐热性差，易老化等缺点。

(1) 塑料的分类

①按塑料的成型性能分为热固性塑料和热塑性塑料两大类。

②按塑料的应用范围分为通用塑料和工程塑料两大类。

③按可燃程度分为易燃性塑料、可燃性塑料和难燃性塑料三大类。

④按塑料毒性分为无毒塑料和有毒塑料两大类。

⑤按塑料是否具有微孔结构可分为泡沫塑料和非泡沫塑料两大类。

(2) 塑料主要品种的性能特点及制品

①聚乙烯塑料(PE)。聚乙烯塑料具有质轻，不易脆化，无味，无毒，化学稳定性强，绝缘性好，有一定的透气性等特点。聚乙烯塑料按密度可分为高密度、中密度和低密度三种。低密度聚乙烯塑料质地较软，外观呈乳白色半透明状，使用温度一般为 80 ℃～100 ℃，比重为 0.91～0.92，具有较好的柔软性、伸长率和耐冲击性，适用于制造较柔软的制品，如奶瓶、杯子、薄膜等；高密度聚乙烯塑料质地刚硬，耐热性、耐寒性较好，外观呈乳白色不透明状，比重一般为 0.9～0.96，使用温度可达 100 ℃，抗拉强度较高，适用于制造较刚硬的制品，如衣钩、管道、饮料周转箱等；中密度聚乙烯塑料性能介于低密度聚乙烯塑料和高密度聚乙烯塑料之间，适用于制造热水瓶壳、水桶、面盆等。

②聚氯乙烯塑料(PVC)。聚氯乙烯塑料色泽鲜艳，不易破裂，结构较为紧密，比重可达 1.3 左右，耐腐蚀，气密性好，硬度和刚性比聚乙烯大，耐老化，电绝缘性好，有较大的机械强度，有很好的阻燃性，耐热性差，使用温度最好在 40 ℃以下，遇冷会出现变硬发脆现象，耐光性较差，遇热易变形等。聚氯乙烯塑料在日用品方面主要是制造肥皂盒、鞋底、薄膜等；在工业品方面主要制造管材、板材、建筑材料等。

③聚丙烯塑料(PP)。聚丙烯塑料呈乳白色半透明状,是较轻的一种塑料,比重为0.9～0.91,无毒,无味,机械性能比聚乙烯高,耐冲击,耐磨,耐腐蚀,绝缘性好,并具有良好的拉伸强度、耐热性和气密性,使用温度可达110 ℃。在没有外力作用下,即使温度达到150 ℃时也不会变形,但耐自然老化和耐寒性较差。它适用于制造各种容器、家电外壳等。

④聚苯乙烯塑料(PS)。聚苯乙烯塑料属硬塑料,敲击时会发出铿锵的金属音响,硬度高,表面光滑,富有光泽,无毒,无味,透光率仅次于有机玻璃,具有良好的耐水、耐光和耐化学性能,优异的电绝缘性和低吸湿性,但强度低,脆性大,耐热性低并易于燃烧,长期使用温度应控制在70 ℃以下。聚苯乙烯塑料适用于制造牙刷柄、电器外壳、玩具等。

⑤聚酰胺塑料(PA)。聚酰胺塑料呈白色半透明状,无毒、无味、强度高,最大特点是耐磨性好,而且可以自行润滑,耐油性也好,但耐酸性和耐光性较差。它除用于纺织、机械外,大量用于制造各类刷子、球网、拉链等。

⑥有机玻璃(PMMA)。有机玻璃系聚甲基丙烯酸甲酯塑料,其最大的特点是既透明又结实,透光率可达92%,比普通玻璃还高,质轻、强度好、脆性小、耐气候性好,外观较美观,加入荧光剂可制成荧光塑料,加入珠光剂可制成珠光塑料,但表面硬度低,耐磨性、耐热性差,使用时温度超过100 ℃会软化变形。它适用于制造纽扣、文具、眼镜、标牌等。

⑦酚醛塑料(PF)。酚醛塑料有较好的耐热、耐寒性,不易燃烧,表面硬度高,电绝缘性好,耐热可达110 ℃,耐腐蚀性也好,不易老化,对各种油类和溶剂具有较强的抵抗力,但色泽比较深、暗,脆性较大,吸水性也较大。它适用于制造纽扣、锅壳把手、电器零件等。

⑧脲醛塑料(VF)。脲醛塑料色泽鲜艳,表面硬度高,耐热、耐寒、耐磨,电绝缘性好,耐油,不受弱碱和有机溶剂的影响,但不耐酸,其耐热性、耐水性和化学稳定性比酚醛塑料差。它适用于制造纽扣、电器开关、插座、贴面板等。

⑨密胺塑料(MF)。密胺塑料无毒、无味、耐酸碱,表面硬度和耐冲击强度都比较高,制品不易破碎,吸水性差,耐热性好,能长期在高温(110 ℃左右)下使用,沾污后易清洗,但破损后难以修补。它适用于制造各种食具、电器的绝缘零件等。

⑩硝酸纤维素塑料(CN)。硝酸纤维素塑料本身无色透明,着色性能好,其最大特点是质轻、弹性特别好,其最大缺点是易燃。它适用于制造乒乓球、文具、眼镜架等。

(二)皮革类商品

1.皮革类商品的种类及皮质特征

皮革是毛皮和革的总称,一般把革制品称为皮革制品,把毛皮制品称为裘皮制品。皮革是指动物皮经过一系列物理的、化学的加工处理后所获得的变性物质。皮革包括天然皮革(真皮)、再生皮、人造革和合成革四种。

(1)天然皮革及其特点

原料皮来源于动物界,以猪、牛、羊为主,有少数马、驴、骡、鹿、驼皮等,其他皮较少。

皮革与纺织品以及橡胶、塑料相比,有以下优点:

①具有良好的耐热性和耐寒性。

②具有较高的机械强度。其耐磨强度、抗张强度、拉伸强度和耐折度等在一定的程度上都比橡胶、塑料好,其延伸性和变形性都强于橡胶、塑料。

③由于皮革属于多孔性的变性物质,因此具有很好的保温性、透气性、透湿性和卫生性。

④皮革具有很好的着色能力,因此它具有鲜艳的颜色和很好的光泽。

皮革的主要缺点是耐水性差,因为皮革里填充着可溶性物质,当这些可溶性物质遇到水,就会被水溶出来,这样皮革就变得疏松而不耐磨,也容易破裂。此外,皮革的耐酸、碱能力较差。又由于皮革的原料主要来源于动物皮,因此价格也较贵。

(2)再生皮及其特点

再生皮是将各种动物的废皮及真皮下脚料粉碎后,调配化工原料加工制作而成。其表面加工工艺同真皮的修面皮、压花皮一样,特点是皮张边缘较整齐、利用率高、价格便宜;但皮身一般较厚,强度较差,只适宜制作平价公文箱、拉杆袋、球杆套等定型工艺产品和平价皮带。从其纵切面纤维组织是否均匀一致,可辨认出流质物混合纤维的凝固效果。

(3)人造革及其特点

人造革也叫仿皮或胶料,是PVC和PU(聚氨基甲酸酯)等人造材料的总称。它是在纺织布底基或无纺布底基上,由各种不同配方的PVC和PU等发泡或覆膜加工制作而成,可以根据不同强度、耐磨度、耐寒度和色彩、光泽、花纹图案等要求加工制成,具有花色品种繁多、防水性能好、边幅整齐、利用率高和价格相对真皮便宜的特点,但绝大部分的人造革手感和弹性无法达到真皮的效果;从它的纵切面,可看到细微的气泡孔、布基或表层的薄膜和干巴巴的人造纤维。

(4)合成革及其特点

合成革是在布底基上涂饰聚氨酯微孔弹性体复合材料。其特征为表面硬度高,机械强度、耐磨性、弹性等都优于人造革,透气性接近天然皮革,低温下质地同样柔软,塑料感强,光泽亮,各部位纹理规则一致。

2.常用皮革的外观质量要求

(1)鞋面革:要求有一定的延伸性和可塑性,革身柔软、丰满、有弹性;穿用时,鞋面要受反复的拉伸、曲折作用,要求有耐拉伸、耐曲折、耐碰擦的性能,不易断裂;穿用时舒适,要求有优良的耐水性、透气性和透水汽性。

(2)鞋底革:外底革要求耐磨性能好,抗压缩和耐弯曲变形能力强,吸水性差,受潮干燥后变形小,革面平整,光滑细致,不裂面,无管皱、龟纹,颜色均匀一致;软底革则要求厚度均匀一致,不应有发脆、僵硬、延伸过大、不牢等缺点;内底革要求耐汗性和耐温热稳定性好。

(3)鞋里革:要求平整细致,质地薄而柔软,略有光亮,不能喷染溶于水的色料。

(4)服装革与手套革：服装革质地丰满柔软，具有良好的透气性，革身厚度均匀一致，革面细致美观，染色均匀牢固，无脱浆、裂浆、散光现象，并能耐熨烫而不变色。手套革与服装革相似，质地更柔软丰满而有弹性，厚薄均匀，不得有色花、刀伤、染色牢固。

(5)箱包革：要求色泽均匀，革面平整，具有适当的强韧性和耐磨性。

(6)沙发革：要求革身丰满柔软，弹性好，耐干湿，摩擦性好，具有良好的吸汗性能。涂饰层粘着牢固，不掉浆，不发黏，色泽鲜艳，光泽好，经久耐用不易老化。

(三)照相器材类商品

1.照相机的种类

照相机的常见种类见表4-2。

表 4-2　　　　　　　　　　照相机的常见种类

分类标准	品种类别
按相机使用的胶片来分	一般可分为110相机、120相机、135相机等
按取景方式来分	同轴取景照相机(单反照相机)、旁轴取景照相机
按自动化程度来分	全机械手动照相机、自动曝光照相机、自动调焦照相机等
其他照相机	一次成像照相机、数码照相机等

2.照相机的质量检查

(1)检查外观

①照相机的外表没有裂缝、没有划伤。

②电镀表面无泛黄、剥落的现象。

③镜头与机身联结紧密、无松动。

(2)检查镜头

打开后盖，按下B门(手控快门)，光圈开到最大一挡，镜头对着光亮处，即可检查镜头。检查的方面有：

①镜头表面是否划伤，镜头边缘是否有破碎现象。

②镜头是否有尘埃和金属屑。

③镜头是否有丝状物霉菌。

④镜头是否有气泡，假如在中心部位有较大气泡是不允许的，若气泡在镜头边缘也可以选购。

⑤镜片是否明显脱胶或有水泡。

⑥观察最小两挡光圈是否有区别。

⑦光圈叶片是否有锈斑和油渍。

⑧逐级拨动光圈，检查各挡光圈收缩的形状是否一致。如严重不规则，会影响光圈值的正确性。

⑨光圈的调节环、调焦环和变焦环等，手感量是否均匀。

(3)检查快门

①释放快门时,声音清脆、铿锵有力。

②低速度快门如 1、1/2、1/4、1/8 挡,凭听觉,检查它们有无明显差别,后一挡时间是前一挡时间的一半。

③检查 B 门的好坏,因它影响高速度快门的稳定,按下 B 门,听到轻快的齿轮声较好。

(4)检查自拍装置

正常的自拍装置,使用时,运转声音清脆,频率稳定,自拍延长时间为 8~12 秒。自拍装置刚开始运行时,快门叶片不应打开。

(5)检查调焦装置

磨砂玻璃或五棱镜反光式调焦装置,拨至无限远标志处,无限远处的景物必须清晰。重影式调焦装置,双影必须明显,调至无限远标志处时,上、下、左、右必须重叠。检查近距离调焦时,可以用尺测量验证。

(6)检查闪光同步

先将闪光灯的同步连线接在照相机上或者接插入触点,将闪光灯充电,把光圈开到最大,打开后盖,闪光灯和照相机都对着白墙,透过镜头观看,再按下快门,闪光灯闪亮,快门开启时,看见闪光灯反射光入镜头,说明快门与闪光是同步的。

(7)检查计数器

观察计数器在卷片时是否变动数字。打开后盖时,应自动复零。

(8)检查电子自动装置

装上电池,观察各种自动功能是否有效、可靠。

相关知识的实际应用

相关案例

A 市现有服装企业 2 000 多家,逐渐形成了多元化、集聚化、国际化的格局,正向着建成服装生产基地、贸易中心的国际服装名城奋进。某年 A 市全市的服装年产能力达 14 亿件(套),产生了 3 个驰名商标、13 个中国名牌产品、11 个省级名牌和 18 个市级名牌。A 市已成为中国服装的主要出口城市、世界男装的重要生产基地之一。近年来 A 市服装业基本上做外贸加工,以出口服装为主。而做外贸的服装厂商多把经营的重点放在生产、销售环节上,对服装的储存和养护方面相对比较粗放,导致了库存过大、物流成本过高、反应速度过慢、退货烦琐等一系列问题。

请结合上述案例,试讨论分析如何进行服装等普通件杂货的储存与养护,合理有效地保管这类商品,以满足订货商和消费者的需求。

一、服装的养护

（一）服装的保养

1.棉麻服装的保养

棉麻是由纤维素大分子构成的,吸湿性很好,在储存时棉麻服装主要注意防止其霉烂,也就是防止霉菌微生物的繁殖。主要方法是保持服装的洁净和干燥,特别在夏季多雨的季节要注意检查和晾晒。

2.丝绸服装的保养

丝绸服装的保养主要是防潮、防霉。丝绸服装比棉麻织品"娇气",洗涤时注意轻搓、轻揉、少挤、不拧;不宜日光曝晒,宜晾干。织锦缎、古香缎、软缎、丝绒服装一般不水洗,收藏时应折叠好,用布包好,置于干爽的清洁箱柜中,不宜挂藏,以免因自重导致变形。白色或浅色丝绸服装收藏时不宜放置樟脑球,也不能放入樟木箱,以免泛黄。

3.毛织物服装的保养

毛织物服装易潮湿生霉。因羊毛中含有油脂和蛋白质,所以还易被虫蛀、鼠咬。在保管中应注意以下几点:

第一,最好不要折叠,应挂在衣架上存放在箱柜里,以免出现褶皱。

第二,存放服装的箱柜要保持清洁、干燥,温度最好保持在 25 ℃以下,相对湿度在 60%以下为宜。同时要放入樟脑球,以免受潮、生霉或生虫。存放的服装要遮光,避免阳光直射,以防褪色。

第三,应经常拿出晾晒(不要曝晒),拍打灰尘,去除潮湿。晾晒过后要等凉透再放入箱柜。

4.裘皮服装的保养

裘皮服装,尤其是细毛类和名贵毛皮服装应尽量避免沾污和雨淋受潮。受潮会导致脱鞣变性而脱毛。裘皮服装收藏不当,会出现虫蛀、脱毛、绒毛并结或皮板硬化等现象。存放时,最好用宽衣架挂起来,并在大衣袋内放上用纸包好的樟脑球。如放在箱内,折叠时应将毛朝里平放,宜放在箱子最上层,以免重压。在伏天,可取出晾晒、通风,以防虫蛀及霉变。

5.皮革服装的保养

皮革服装收藏时以挂藏为宜,并放置以纸包好的樟脑球。为增加皮革柔润性,可用布在表面轻敷一层甘油,或保养皮革衣物专用制剂,穿用前晾晒一下即可。收藏期间要注意防潮、防霉。

（二）服装的熨烫

熨烫就是给服装热定型。不同面料因耐热性不同,所需熨烫温度不同。温度偏低,达不到定型目的;温度过高,会损伤纤维。因此,服装熨烫时,温度控制很关键,各类纤维的熨烫温度见表4-3。

表4-3　　　　　　　　　　各类纤维的熨烫温度

服装纤维种类	直接熨烫温度/℃	垫干布熨烫温度/℃	垫湿布熨烫温度/℃
麻	185～205	205～220	220～250
棉	175～195	195～220	220～240
羊毛	160～180	185～200	200～250
桑蚕丝	165～185	190～200	200～230
柞蚕丝	155～165	180～190	190～220
涤纶	150～170	185～195	195～220
锦纶	125～145	160～170	190～220
维纶	125～145	160～170	——
腈纶	115～135	150～160	180～210
丙纶	82～105	140～150	160～190
氯纶	45～65	80～90	——

对于混纺或交织面料缝制的服装,其熨烫温度的选择原则为就低不就高。此外,服装熨烫温度选择时应考虑织物的厚薄与色牢度等情况。

二、食品的贮藏与养护

(一)食糖的贮藏与养护

1.食糖的常见质变现象

(1)吸湿潮化

食糖是一种具有很强吸湿性的商品,当空气湿度高于食糖吸湿点时,食糖即开始吸湿。当吸湿达6%以上时,食糖的晶粒表面会被水溶解破坏,逐渐溶化。吸湿溶化的食糖会失去流散性和光泽,黏结成块,品质降低。

(2)结块与干缩

食糖结块的主要原因是其含还原糖和水分较多。食糖中还原糖含量越大,越易结块;糖晶粒越小,结块后硬度越大;水分含量越高,结块条件越充分;受压力越大,结块面积和硬度越大;结块时间越久,硬层越厚。含水分和还原糖较少的食糖一般易发生干缩现象,如白砂糖、方糖等。当空气干燥、仓库相对湿度降低时,食糖含有的水分被大量吸收,会产生干缩现象。

(3)色值变化

食糖发生氧化作用后,颜色会变黄。

(4)污染

如受到微生物作用,食糖的理化指标及卫生指标会超标。

2. 食糖的保管养护方法

食糖存放时间受气候条件、加工质量、保管条件等多种因素的影响。以白砂糖为例,在加工质量好、气候条件好、保管条件好的情况下,白糖可存放2～3年;而在加工质量差、气候条件差、保管条件差的情况下,只能保存半年左右。由于白砂糖是工业产品,随着加工技术条件的改善和质量意识的提高,目前我国白砂糖的出厂质量大都能达到国家标准GB/T 317—2018《白砂糖》一级标准。但是,受加工工艺的影响,在相同的储存条件下不同工厂生产的一级白砂糖保质期的差别较大。白砂糖的正常保管要求如下:

(1)做好入库验收

对入库的食糖品种、数量、质量、包装等进行认真检查。品种不同、水分含量不同的白砂糖应分别堆码。

(2)配备必要的设施,严格遵守堆码、保管操作规范

库房应达到要求,配备必要的通风、除湿、降温设施。垛底应有防湿垫板及隔湿层,垛周围应有适当的空隙及通道,垛高及每垛数量不能超过规定。

(3)加强库内检查与养护

为防止库存白砂糖溶化、变质,必须加强在库检查,按时测定白砂糖的水分,特别是在7～9月份。在夏季,库内温度应不超过30 ℃,相对湿度不超过75％。气温较高、潮湿多雨的地区应对糖库或糖垛进行密封,必要时使用吸湿剂进行吸湿处理。

(二)茶叶的贮藏与养护

1. 茶叶的贮藏方法

为防止茶叶吸收潮气和异味,避免挤压破碎、损坏茶叶美观的外形,必须采取妥善的保藏方法。

贮藏大批量茶叶的仓库,应根据茶叶劣变的原因进行设计和修建;而小批量茶叶可采用生石灰或木炭进行吸潮贮藏。这种用生石灰或木炭进行吸潮的保藏法是准备一个陶瓷罐(或用马口铁桶),大小视贮藏的茶叶多少而定,要求干燥、清洁、无味、无锈;把未风化的生石灰块装入细布口袋内,每袋重约0.5千克;茶叶用干净的薄纸包好,每包重0.5千克,用细绳扎紧,一层一层地放进罐的四周,中央留下空位,放置一袋生石灰,上面再放一包茶叶,如未装满,还可依次再装一、二层,然后用牛皮纸堵塞罐口,用草垫或棕垫盖好,这样可借生石灰吸收茶叶和空气中的水分,使茶叶保持充分干燥。生石灰吸潮风化后要及时更换,一般装罐后过一个月就要更换,以后每隔一两个月更换一次。如果木炭吸潮,要先将木炭烧红,冷却后装入布袋,每袋重约1千克,每隔一两个月要把木炭取出烧干再用。

此外,也可采用真空、充气的保藏方法。真空保藏法是把茶叶装入马口铁桶,焊好接口,用空气唧筒抽出罐内空气,使其变成真空。充气保藏法是在装茶叶的铝箔袋中填充高

度纯化的惰性气体。使用这两种保藏法,在常温下保藏一年以上,仍可保持茶叶原来的色、香、味;在低温下保藏,效果更好。

2.茶叶贮藏时的注意事项

茶叶贮藏时应注意以下几点:

一忌潮湿。茶叶是一种疏松多孔的亲水物质,因此具有很强的吸湿还潮性。存放绿茶时,相对湿度在60%较为适宜,超过70%就会因吸潮而发生霉斑,进而酸化变质。

二忌高温。温度过高,茶叶中的氨基酸、糖类、维生素和芳香性物质会被分解破坏,使质量、香气、滋味都有所降低。

三忌阳光。阳光会促进茶叶色素及酯类物质的氧化,能将叶绿素分解成为脱镁叶绿素。

四忌异味。茶叶中含有高分子棕榈酶和萜烯类化合物。这类物质生性活泼,极不稳定,能够广吸异味。因此,茶叶与有异味的物品混放贮存时,就会吸收异味而且无法去除。

(三)水果的贮藏与养护

水果是鲜活食品,采收后易腐烂,为延长保鲜期,各国科研人员发明了多种保鲜技术,现介绍几种水果保鲜的方法。

1.保鲜纸箱保鲜法

保鲜纸箱是由日本食品流通系统协会研制的一种纸箱。研究人员用一种里斯托瓦尔石(硅酸岩的一种)作为纸浆的添加剂。因这种石粉对各种气体都具有良好的吸附作用,价格便宜又不需低温高成本设备,具有较长时间的保鲜作用,而且所保鲜的水果分量不会减轻,所以商家都爱用它。保鲜纸箱在进行远距离储运时更有其独特优势。

2.微波保鲜法

这是荷兰一家公司对水果进行低温消毒的保鲜办法。它是采用微波在很短的时间(120 s)内将其加热到72 ℃,然后将这种经处理后的食品在0 ℃~4 ℃环境条件下上市,可贮存42~45天不会变质,十分适宜在淡季供应"时令水果"。

3.可食用的水果保鲜剂保鲜法

英国一家食品协会研制了可食用的水果保鲜剂。它是采用蔗糖、淀粉、脂肪酸和聚酯物配制成的一种半透明乳液,既可喷雾,又可涂刷,还可浸渍覆盖于西瓜、西红柿、苹果、香蕉等表面,使其保鲜期可长达200天以上。这是由于这种保鲜剂在蔬果表面形成了一层密封薄膜,完全阻止了氧气进入水果内部,从而达到延长水果熟化过程、增强保鲜效果的目的。

4.保鲜薄膜保鲜法

保鲜薄膜是由日本研制开发出的一种一次性消费的吸湿保鲜塑料包装膜,它是由2片具有较强透水性的半透明尼龙膜所组成,并在膜之间装有天然糊料和渗透压很高的砂糖糖浆,能缓慢地吸收从果实、肉表面渗出的水分,达到保鲜作用。

5. 加压保鲜法

这是由日本京都大学粮科所研制成功的，利用压力保鲜食品的方法。水果加压杀菌后可延长保鲜时间、提高新鲜味道，但在加压状态下酸无法发挥作用，因此掌握好水果保存时的状态较为关键。

6. 陶瓷保鲜袋保鲜法

陶瓷保鲜袋是由日本一家公司研制的一种具有远红外线效果的水果保鲜袋，主要在袋的内侧涂上一层极薄的陶瓷物质，于是通过陶瓷所释放出来的红外线就能与水果中所含的水分发生强烈的共振运动，从而使水果得到保鲜。

7. 微生物保鲜法

乙烯具有促进水果老化和成熟的作用，所以要使水果能够保鲜，就必须要去掉乙烯。科学家经过筛选研究，分离出一种"NH-10"菌株，这种菌株能够制成除去乙烯的"乙烯去除剂 NH-T"物质，可防止葡萄贮存中发生的变褐、松散、掉粒，对番茄、辣椒起到防止失水、变色和松软的作用，有明显的保鲜作用。

8. 减压保鲜法

它是一种新兴的水果贮存法，有很好的保鲜效果，且具有管理方便、操作简单、成本不高等特点。目前英、美、德、法等一些国家已研制出了具有标准规格的低压集装箱，已广泛应用于水果的长途运输。

9. 烃类混合物保鲜法

英国一家生物工艺公司研制出了一种能使梨、葡萄等水果贮藏寿命延长一倍的天然可食保鲜剂。它采用一种复杂的烃类混合物，在使用时，将其溶于水中，然后将需保鲜的水果浸泡在溶液中，使水果表面均匀地涂上了一层溶液。这样就大大降低了水果对氧的吸收量，使水果所产生的二氧化碳几乎全部排出。因此，保鲜剂的作用，酷似给水果施了"麻醉药"，使其处于休眠状态。

10. 电子技术保鲜法

它是利用高压负静电场所产生的负氧离子和臭氧来达到目的的。负氧离子可以使水果进行代谢的酶钝化，从而降低水果的呼吸作用强度，抑制果实催熟剂乙烯的生存。而臭氧是一种强氧化剂，又是一种良好的消毒剂和杀菌剂，既可消除水果上的微生物及其分泌毒素，又能抑制并延缓水果有机物的水解，从而延长水果贮藏期。

三、家用电器的使用和保管

（一）电视机的包装与储运

电视机体积大、重量大，且为易损、易爆商品，因此，电视机的外包装一般为厚实的纸箱，外包装上应有明显的"防潮""向上""小心轻放"等标志。整机应用防潮或塑料套包裹，并用泡沫塑料模压衬垫妥善填衬,不允许电视机在包装箱内晃动。搬运时,必须小心轻放,避免碰撞与震动。储存时最好放在多层仓库的中层,如储存在一般库房的低层,垛底必须垫高30厘米以上,以免潮气侵入。存放时不能贴墙堆垛,放置必须平衡可靠,可堆叠台数以包装标注为准。库房温度应为-5℃～35℃,相对湿度以50%～80%为宜。库房内不能有酸、碱以及其他腐蚀性气体存在。

(二)电冰箱搬运及放置注意事项

电冰箱搬运及放置注意事项包括:

(1)搬运时,应抬底部,不能抓门把手或箱门施力,更不能在地面上拖拉。

(2)箱体最大倾斜角不能超过45度,更不能倒置或横放,否则会损坏压缩机或使压缩机中的冷冻油流入制冷管路,影响制冷,而且易造成压缩机脱簧。

(3)运输过程中,要防止磕碰和剧烈震动,要防止雨淋、水浸。

(4)应安放在远离热源、通风干燥的场所,避免阳光直射。

(5)电冰箱顶面应留有至少30 cm的空间,背面和两侧面应留有至少10 cm的空间,以利散热。

(6)应安放在平坦坚实的地面上,并使压缩机保持水平。这不仅出于安全的需要,而且可使压缩机平稳工作,减少震动和噪声。如地面不平,可调整调节脚使冰箱水平。

(7)不应安放在易燃、易爆和有腐蚀性物品的环境中。同时内部也不要放置这类物品。

(三)空调器的使用与维护

空调器安装完毕,不要马上通电,应按说明书规定的注意事项仔细检查,待一切正常后再通电,接地须良好。开始先通风试转,然后逐一试验各功能。空调器停止运转后,至少要过3分钟才能再次开机,否则容易损伤电机。

空调器应定期清洗过滤网,清洁面板及室内机壳一般每年清洗1～2次;风扇、电动机要定期加润滑油。

四、日用工业品的储存养护技术

(一)日化类商品的保管

1.化妆品的保管

化妆品属于易变质、易损耗商品,储存期一般不宜超过一年。保管中要求库房干燥、阴凉、通风,适宜温度为5℃～30℃,相对湿度以不超过80%为宜;搬运中必须轻装轻卸,堆码不宜过高,切勿倒置,远离热源、电源;经常检查有无破损、变质现象,及时采取补救措施。

2.塑料制品的鉴别与保管

(1)塑料的外观质量要求

塑料品种很多,结构与造型各异,一般要求外形完整且无缺陷,表面光洁平滑,无凹凸现象,无皱纹、裂痕、小孔、麻点等,有色制品要求光泽均一,不可混有杂色或深浅不均。透明制品必须去杂彻底,有一定的透明度和光泽度,无水泡、裂纹;吹塑成型的各类容器制品要求厚薄均匀;塑料薄膜制品则要注意砂眼、杂质;装配类塑料品尺寸规格必须符合要求等。

(2)塑料的外观鉴别

可以从各种塑料的外观特征(如光泽度、透明度、光滑性、手感、表面硬度、敲击声)及将其放入沸水中和放入水中等来区分和判断塑料种类。

各种塑料的外观特征如下:

①聚酰胺:表面光滑坚韧,色泽淡黄,敲击时无清脆声。

②酚醛:表面坚硬,清脆易碎,断面结构松散,多为黑色、棕色的不透明体,敲击时发出木板的沉闷声,俗称"电木"。

③脲醛:表面坚硬,清脆易碎,断面结构紧密,大多为浅色半透明体,并有玉石之感,俗称"电玉"。

④密胺:外观手感似瓷器,表面坚硬光滑,断面结构紧密,放入沸水中不软化。

⑤硝酸纤维素:富有弹性,用柔软物摩擦表面能产生樟脑气味。

(3)塑料的燃烧鉴别

不同塑料燃烧时,会产生不同的化学反应,表现出不同的反应状态,有的熔融,有的冒浓烟,有的会发出强烈的气味等。根据不同塑料的燃烧特性,可以进行塑料种类的鉴别。此法也具有简单迅速的特点,但需选取小块试样。各种常见塑料的燃烧特征见表4-4。

表4-4　　　　　　　　　各种常见塑料的燃烧特征

塑料名称	燃烧难易	离火后是否自熄	火焰的特点	塑料的变化状态	气味
聚氯乙烯	难	离火即灭	上端黄色、下端绿色,有白烟	软化	刺激性酸味
聚乙烯	易	继续燃烧	上端黄色、下端蓝色	熔融、滴落	与燃烧蜡烛的气味相似
聚丙烯	易	继续燃烧	上端黄色、底部蓝色,少量黑烟	熔融、滴落膨胀	石油味
聚苯乙烯	易	继续燃烧	橙黄色、浓黑烟	软化、起泡	特殊臭味
有机玻璃	易	继续燃烧	浅蓝色、顶端白色	熔化、起泡	有水果香味
尼龙	缓慢燃烧	慢慢熄灭	蓝色、顶端黄色	熔融、滴落	特殊羊毛、指甲烧焦味
硝酸纤维素	极易	继续燃烧	黄色	迅速完全燃烧	无味

(续表)

塑料名称	燃烧难易	离火后是否自熄	火焰的特点	塑料的变化状态	气味
酚醛	难	熄灭	黄色	颜色变深，有裂纹	木材和酚味
脲醛	较难	熄灭	黄色、顶端蓝色	膨胀、有裂纹，燃烧处变白	特殊的甲醛刺激气味

用燃烧法进行塑料检验时，必须采用无烟火焰。检验时用镊子夹小块塑料，放在火焰中燃烧，然后离开火源，仔细观察塑料在燃烧过程中的各种状态和气味。

(4)塑料制品的贮存保管

①分库存放。塑料制品勿与化学药品同库存放，尤其是挥发性有机溶剂容易侵蚀塑料制品。

②避光、防热、防冻。塑料制品应避光存放，并避免曝晒、受热和冷冻。光和过高或过低的温度，都容易加速塑料制品老化，从而逐渐使其失去使用价值。

③防裂、防压。塑料制品应轻搬轻放，堆码勿过高。受到碰撞的硬质塑料制品容易破裂，长期受到重压的软质或空心塑料制品容易变形，塑料薄膜容易黏结。

④注意卫生，保持干燥。要保持库房干燥和清洁。潮湿和尘埃都容易使塑料制品失去表面光泽。

(二)皮革制品的养护

1.防潮湿

皮革含水量为16%～18%，在正常温度条件下能保持平衡。当湿度增加时，皮革将吸收水分，水分过大就容易发霉，不仅表面产生难以消除的霉斑，而且革质强度也会降低。因此，保管皮革制品首先要注重防潮，存放和陈列的地方要干燥通风，远离地面和砖墙。

2.防热

皮革除含有一定量的水分外，还含有一定量的油脂，以保持其柔软和光泽。若保管环境温度过高，皮革水分蒸发，革面纤维干枯发脆，就可能出现裂面和变形的现象。若积热不散，又将引起油脂的分解变质，降低皮革的强度和韧性，同时也易引起橡胶和塑料配件的老化。所以，保管和陈列的皮革制品，不应受日光照射，也不应靠近炉火、暖气管、电热器具等。

3.防酸、碱

皮革接触到带有酸、碱性的物质，会由于腐蚀作用而使皮面裂纹、折断，降低韧性和弹性。因此，皮革不能和肥皂、碱面等化工原料以及一些副食品等放在一起。

4.防虫蛀和鼠咬

皮革本身含有动物蛋白质纤维和油脂成分，很容易被虫蛀或鼠咬，保管皮革制品必须注意防虫、防鼠。

5.防尘

尘埃落附在皮革上能吸去表面层油脂，使革面变得粗糙和僵硬。当油脂含量降低后，皮革表面更易吸潮发霉,保管时必须注意保持皮革的洁净。

6.防挤压

皮革制品不可挤压,以免变形走样;不能受硬物摩擦;堆码时也不能过高,防止重压变形。

总之,皮革制品应妥善存放,对库房的要求是阴凉、干燥和密封。库内温度以不超过30 ℃为宜,相对湿度宜保持在50%～80%。为了防止发霉,可在皮革表面喷刷防霉剂;为了防止生虫,应加放樟脑球等。

(三)感光材料的保养

感光材料存放期限一般为2年,彩色相纸一般为1年左右。感光材料在进仓时必须注意商品的有效期限,严格执行"先进先出"的原则。感光材料怕热、怕潮,仓库要保证通风、干燥、阴凉;感光材料都是纸包装,不能受压,否则,纸盒破裂,胶片就会因曝光而失效。买后而又暂不拍摄的胶卷,可密封放在冰箱里,使用时再从冰箱取出,不要马上打开,要把胶卷放在室内升温1小时再装片,否则胶卷因突然受热,会在表面凝结水珠。

学生实训项目

➢ **实训项目:皮革类商品的感官鉴定**

➢ **情景设计:**

感官鉴别猪皮、牛皮、羊皮、人造革、合成革为鞋帮的男、女各式皮鞋的皮革种类,结合皮鞋其他部位用料来鉴别皮鞋质量,并写出实验报告。采用眼看、手摸、指按、鼻闻等方法,从五种皮革的粒面特征、性能特点,皮鞋各部分的用料、质量要求等方面进行检验和鉴别,并做出综合质量评价。

➢ **任务要求:**

对学生进行分组,5人一组,给学生充分的实验时间并结合皮革类商品的种类及品质特征的知识,完成实训任务,每人负责一种皮革的鉴定并撰写实训报告书。

➢ **任务考核标准:**

1.考核以过程考核形式进行。

2.考核以能力考核为核心,综合考核专业知识、专业技能、方法能力、职业素质、团队合作等方面。任务考核标准见表4-5。

表 4-5　　　　　　　　　　　　　任务考核标准

任务名称			皮革类商品的感官鉴定			
实训目标			通过实验熟悉和掌握皮革类商品的感官鉴定技巧			
	考核点（所占比例）	建议考核方式	评价标准			
			优	良	中	及格
任务考核	团队合作占30%	自评、小组互评	任务分工明确，组长发挥带头作用，小组成员按要求进行讨论	任务分工明确，组长发挥带头作用，小组成员按要求进行讨论，完成任务有拖拉现象	任务分工一般，组长不能发挥带头作用，小组成员能按要求进行讨论，完成任务有拖拉现象	任务分工一般，组长不能发挥带头作用，小组成员积极性不高，完成任务不够认真
	任务完成情况占70%	实训报告填写准确性	实训报告填写准确性达90%以上	实训报告填写准确性达80%以上	实训报告填写准确性达70%以上	实训报告填写准确性达60%以上

模块五 特殊货物的商品养护

案例引入

某日晚6时许,某炉料有限公司一个存放危险化学品的仓库起火并发生爆炸,巨大的冲击波将屋顶震飞,墙体也震出多处裂口,当地消防支队的消防员到达现场后,发现浓烟已经冲上仓库房顶,仓库内存放危险化学品的一个房间也是一片火海,一股股刺鼻的化学品气味扑面而来,令人作呕。仓库内共三个房间存放有大量瓶装和箱装氢氟酸、氟化铵、氯化铵、高氯酸、浓硫酸、硝酸钾等90余种危险化学品,至于化学品的数量,工作人员称不清楚。"里面全是火焰,这些危险化学品一旦被引燃,四周将夷为平地。"随后赶到的化工专家认为,如果扑救不及时,必定会危及另外两个房间,引起存放的氯化铵爆炸,将对周围环境带来灾难性的后果。为了尽快扑灭大火,来不及休息的消防员再次请求进入火场,经过10多分钟的侦查发现,明火基本上被爆炸后的垮塌物覆盖熄灭,少量明火已无爆炸危险,消防指挥命令在"水龙"的掩护下,立即将周围其他仓库的危险化学品转移,以免引发爆炸。晚上9时许,明火全部被扑灭。

请结合危险化学品养护的知识分析一下上述案例,并思考以下问题:
1. 此案例中仓库的化学品应如何做好危险品分类储存?
2. 在危险品仓库应做哪些养护措施才能预防恶性事件发生?

必备的知识点

特殊货物是指货物本身的性质、体积、重量和价值等方面具有特别之处,在积载、装卸和保管过程中需要采用特殊设备和措施的各类货物,包括危险货物、高分子化合物、冷藏货物、贵重货物等。这些商品因为本身的属性特殊,所以需要采取特别的养护措施,以保证商品的安全和质量。本模块主要介绍的是危险化学品、高分子化合物和冷藏货物等特殊货物的特性及其养护要求。

一、危险化学品的种类及特性

危险化学品即化学品中化学性质活泼，具有易燃、易爆、有毒、有害及有腐蚀性等特性，会对人员、设施、环境、商品造成损害的物品。根据危险化学品的品种特性，危险化学品的储存方式必须实施隔离储存、隔开储存、分离储存；根据危险品性能分区、分类、分库储存；各类危险品不得与禁忌物料混合储存；灭火方法不同的危险化学品不能同库储存等。工作人员必须熟悉危险化学品的分类和特性，才能采取合理、科学的储存方式。

（一）危险化学品的分类

在国际运输中，危险货物根据《国际海运危险货物规则》，按照它们所呈现的危险性或者主要的危险性分为9类：

第1类　爆炸品

第2类　气体

第3类　易燃液体

第4类　易燃固体、易自燃物质、遇水放出易燃气体的物质

第5类　氧化性物质和有机过氧化物

第6类　有毒和感染性物质

第7类　放射性材料

第8类　腐蚀性物质

第9类　杂类危险物质和物品

（二）主要危险化学品的特性

1.爆炸品

本类化学品是指在外界作用下（如受热、受压、撞击等）能发生剧烈的化学反应，瞬时产生大量的气体和热量，使周围压力急剧上升，发生爆炸，对周围环境造成破坏的物品，也包括无整体爆炸危险，但具有燃烧、抛射及较小爆炸危险，或仅产生热、光、音响或烟雾等一种或几种作用的烟火物品。如苦基胺、苦味酸、雷汞、黑索金等都属于爆炸品。其储运警示标志如图5-1所示。

图5-1　爆炸品储运警示标志

2.气体

本类化学品包括压缩气体、液化气体溶解气体或冷冻液体气体、一种或多种气体与一种或多种其他类别物质的蒸气混合物、充有气体的物品和气雾剂。

（1）易燃气体

此类气体极易燃烧，与空气混合能形成爆炸性混合物。在常温常压下遇明火、高温即会发生燃烧或爆炸。

（2）非易燃、无毒气体

非易燃、无毒气体，包括助燃气体，但高浓度时有窒息作用。助燃气体有强烈的氧化作用，遇油脂能发生燃烧或爆炸。

(3) 有毒气体

该类气体有毒，毒性指标与第 6 类中有毒品的毒性指标相同，对人、畜有强烈的毒害、窒息、灼伤、刺激作用。其中有些还具有易燃、氧化、腐蚀等性质。

其储运警示标志如图 5-2 所示。

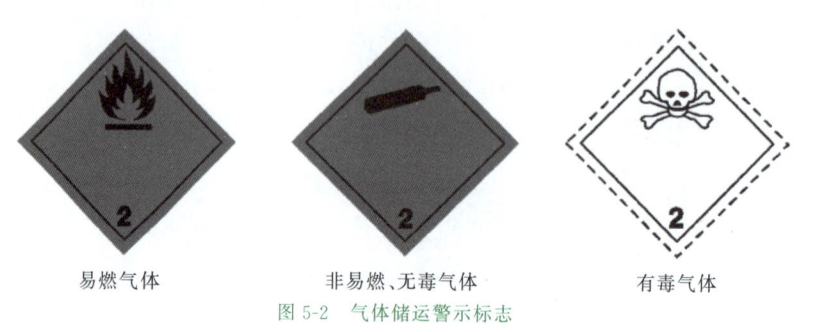

易燃气体　　　　非易燃、无毒气体　　　　有毒气体

图 5-2　气体储运警示标志

3.易燃液体

本类化学品是指易燃的液体、液体混合物或含有固体物质的液体，但不包括由于其危险性已列入其他类别的液体，闭杯实验其闪点等于或低于 61 ℃。这类液体极易挥发成气体，遇明火即燃烧。可燃液体以闪点作为评定液体火灾危险性的主要根据，闪点越低，危险性越大。如乙醚、石油醚、汽油、甲醇、乙醇、苯、甲苯、乙酸乙酯、丙酮、二硫化碳、硝基苯等均属易燃液体。易燃液体储运警示标志如图 5-3 所示。

图 5-3　易燃液体储运警示标志

4.易燃固体、易自燃物质、温水放出易燃气体的物质

这类物品易引起火灾，按燃烧特性分为：

(1) 易燃固体

易燃固体是指燃点低，对热、撞击、摩擦敏感，易被外部火源点燃，燃烧迅速，并可能散发出有毒烟雾或有毒气体的固体，如红磷、硫黄等。

(2) 易自燃物质

易自燃物质是指自燃点低，在空气中易于发生氧化反应，放出热量，而自行燃烧的物品。此类物质暴露在空气中，依靠自身的分解、氧化产生热量，使其温度升高到自燃点即能发生燃烧，如白磷、黄磷、三氧化钛等。

(3) 遇水放出易燃气体的物质

遇水放出易燃气体的物质是指遇水后能发生剧烈化学反应，放出大量的易燃气体和热量的物品，有些不需明火，就能燃烧或爆炸，如金属钠、氰化钾等。

其储运警示标志如图 5-4 所示。

易燃固体　　　　易自燃物质　　　遇水放出易燃气体的物质

图 5-4　易燃固体、易自燃物质和遇水放出易燃气体的物质储运警示标志

5.氧化性物质和有机过氧化物

这类物品具有强氧化性，易引起燃烧、爆炸，按其组成分为以下两类：

(1)氧化性物质

氧化性物质是指本身未必燃烧，但可释放出氧，可能引起或促使其他物质燃烧的一种化学性质比较活泼的物质。它常指在无机化合物中含有高价态原子结构的物质和含有双氧结构的物质。其本身一般不会燃烧，但如果遇到酸或受潮湿、强热，或与其他还原性物质、易燃物质接触，即能进行氧化分解反应，放出热量和氧气，引起可燃物质的燃烧，有时还能形成爆炸性混合物。如高氯酸钠、硝酸钾、高锰酸钾等都是氧化性物质。

(2)有机过氧化物

有机过氧化物是指分子组成中含有过氧基的有机物，其本身易燃易爆、极易分解，对热、震动和摩擦极为敏感。如氧化苯甲酰、过氧化甲乙酮等都是有机过氧化物。

氧化剂和有机过氧化物储运警示标志如图 5-5 所示。

氧化性物质　　　有机过氧化物

图 5-5　氧化性物质和有机过氧化物储运警示标志

6.有毒和感染性物质

(1)有毒物质

有毒物质是指进入肌体后，累积达一定的量，能与体液和组织发生生物化学作用或生物物理学变化，扰乱或破坏肌体的正常生理功能，引起暂时性或持久性的病理改变，甚至危及生命的物品。这类物品具有强烈的毒害性，少量进入人体或接触皮肤即能造成中毒甚至死亡。

(2)感染性物质

感染性物质是指含有致病的微生物，能引起病态，甚至死亡的物质。

有毒物质和感染性物质储运警示标志如图 5-6 所示。

有毒物质　　　　　　感染性物质

图 5-6　有毒物质和感染性物质储运警示标志

7.放射性材料

放射性材料是指放射性比活度大于 7.4×10 Bq/kg 的材料。此类材料具有反射性。人体受到过量照射或吸入放射性粉尘能引起放射病。如硝酸钍及放射性矿物独居石等都是放射性材料。

放射性材料具有放射性且许多放射性材料毒性很强。放射性材料储运警示标志如图 5-7 所示。

一级放射性物质　　　二级放射性物质　　　三级放射性物质　　　裂变性物质

图 5-7　放射性材料储运警示标志

8.腐蚀性物质

腐蚀性物质是指能灼伤人体组织并对金属等物品造成损坏的固体或液体。腐蚀性物质与皮肤接触在 4 小时内出现可见坏死现象,或温度在 55 ℃时,对 20 号钢的表面均匀年腐蚀超过 6.25 mm。这类物质具有强腐蚀性,与其他物质如木材、铁等接触使其因受腐蚀作用引起破坏,与人体接触引起化学烧伤。有的腐蚀性物质具有双重性和多重性。如苯酚既有腐蚀性,又有毒性和燃烧性。腐蚀性物质有硫酸、盐酸、硝酸、氢氟酸、冰乙酸、甲酸、氢氧化钠、氢氧化钾、氨水、甲醛、液溴等。腐蚀性物质按化学性质分为三类:酸性腐蚀性物质、碱性腐蚀性物质、其他腐蚀性物质。

腐蚀性物质储运警示标志如图 5-8 所示。

9.杂类危险物质和物品

本类是指存在危险但不能满足其他类别定义的物质和物品。杂类危险物质和物品储运警示标志如图 5-9 所示。

图 5-8　腐蚀性物质储运警示标志 　　　图 5-9　杂类危险物质和物品储运警示标志

二、高分子化合物的种类及特性

高分子化合物是指由分子量一般在 5 000 以上的有机化合物为主要组成物,经过一定的化学反应而构成的主要物质。高分子化合物分子量虽然很大,但其化学组成并不复杂,一般都是由一种或几种简单的低分子(单体)重复而成,低分子化合物聚合起来形成高分子化合物的过程称为聚合反应,因此,高分子化合物又称为聚合物或高聚物。按其生成,高分子化合物可分为天然和人工合成两大类,天然高分子化合物主要有羊毛、蚕丝、纤维素、天然橡胶等。就结构高分子而言,大家了解最多的当属塑料、橡胶和纤维,以下重点介绍橡胶。

(一)橡胶的种类

橡胶是一种具有高弹特性的高分子化合物,目前常使用的橡胶原料有天然橡胶、合成橡胶和再生橡胶。天然橡胶是应用广泛的通用橡胶,通常用于制造轮胎、胶管、胶版、密封圈等工业品,还可制成胶鞋、雨衣、松紧带、热水袋等日常用品以及球胆、气球、手套、玩具等胶乳浸渍物品。合成橡胶的品种很多,按用途可分为通用橡胶与特种橡胶两大类,我国应用较多的通用橡胶有丁苯橡胶、顺丁橡胶、丁腈橡胶、氯丁橡胶、乙丙橡胶等,特种橡胶有硅橡胶、氟橡胶等。再生橡胶主要用于制作胎垫带、胶鞋鞋底及其他橡胶制品。

(二)天然橡胶的特性

1. 溶解性

天然橡胶能溶于汽油、乙醚、苯、三氯甲烷(氯仿)、二硫化碳和松节油等,溶解时先经膨胀而后溶解成为溶液。此外,酸、碱、油类也会使橡胶产生表面起花斑、变黏、溶胀、失去弹性等受腐蚀现象。

2. 易燃性

橡胶易于燃烧,因为橡胶(聚合物)受强热会分解为异戊二烯单体,异戊二烯是闪点很低的易燃液体(它具有自行聚合的特性),所以一旦着火就很难扑灭。

3. 老化性

橡胶受到日晒、空气、高温的作用后,会逐渐发生硬化、变脆、表面龟裂或软化发黏等现象,失去弹性和强度,这种变质现象称为老化。老化是高分子材料(包括各种橡胶、塑料、化学纤维)的通病。橡胶发生老化的主要原因是橡胶烃分子在氧的作用下受到了破坏,氧化的结果使橡胶烃分子链断裂,分子结构被破坏,同时产生一系列含醛、酮、羟基基团的低分子量化合物。因此,所有增大氧活性的因素(如日光、高温、潮湿和空气等的影响,或橡胶中含有原子价不定的锰、铜、铁和钴等金属盐类)都能加速橡胶的老化过程。温度每增加 10 ℃,橡胶的氧化速度可增加 1.5 倍,日光(主要是短光波部分,即紫外线和紫线)往往比加热作用破坏力更大。老化是由表及里的,橡胶与氧的接触面越大,氧扩散到橡胶内部的可能性就越大。

4. 腐败性

橡胶由于微生物的繁殖(在温度 20 ℃~34 ℃和潮湿时繁殖最快)能引起腐败现象。

橡胶腐败时，首先是表面发黏，继而发软并发出酸性的恶臭气味，最后便会发霉，橡胶上出现黑斑、橙黄斑或白斑。在腐败的同时，也会引起橡胶的老化。因此，凡腐败的橡胶不仅色泽变深、变暗，同时，物理机械性能也会降低，甚至丧失。浓缩胶乳特别容易腐败变质。橡胶的腐败与橡胶中所含蛋白质、水分、树脂和糖类等成分有密切关系。含蛋白质、水分较多的橡胶，就易于受微生物和酶的作用而发生腐败。

5. 吸湿性

橡胶本身具有吸湿性，所以各种橡胶中都含有一定的水分，若吸湿后含水量过多（超过1％），则容易发霉变质。橡胶在水中可吸入20％的水分，受潮变湿后，表面会呈现出水残斑点，这是天然橡胶常见的货损事故之一。

6. 热变性

天然橡胶在温度为5 ℃～35 ℃时能保持较好的弹性，受热易变形，受冷易变硬。在温度为0 ℃时橡胶弹性大减，但随温度升高又可恢复弹性，当升高到50 ℃以上，表面就会变软发黏，易与金属、木材及其他物体（尤其是颗粒细小物）黏结。当受重压时，天然橡胶也会相互黏结。这不仅会造成卸货困难，货件变形，而且天然橡胶掺混杂质会降低或丧失原有的使用价值。

7. 散发异味性

天然橡胶本身有特殊气味。

三、冷藏货物的种类及特性

一些货物在常温条件下经过较长时间的保管和运输，由于某些原因会使其成分发生分解、变化而腐败，以致失去使用价值，这类货物叫作易腐货物。易腐货物在运输和保管中必须在指定的低温条件下才能保证其货物质量，所以易腐货物也称为冷藏货物。

（一）冻畜禽肉类

畜禽肉类主要包括牛、羊、猪、鸡、鸭、鹅肉等，其主要营养成分有蛋白质、脂肪、糖类、无机盐和维生素等，由肌肉组织、脂肪组织、结缔组织和骨骼组织组成。

畜禽经屠宰后即成为无生命体，对外界的微生物侵害失去抗御能力，同时进行一系列的降解等生化反应，经过僵直、软化成熟、自溶和酸败等四个阶段。其中自溶阶段始于软化成熟后期，是质量开始下降的阶段，特点是蛋白质和氨基酸分解、腐败微生物大量繁殖，使质量变差。肉类的贮藏应尽量推迟其进入自溶阶段。

冷冻贮藏是一种古老的、传统的保存易腐货物的方法。货物由于酶的分解、氧化和微生物生长繁殖而失去使用价值，冷冻可以钝化酶的分解、减缓氧化、抑制微生物生长繁殖，使货物处于休眠状态，在产品生产数周甚至数月后仍保持原始质量。

许多国家明确规定，冷冻食品、制成品和水产品必须在－18 ℃或更低的温度下运输。客户一般要求货物在运输期间温度保持在－18 ℃以下。

(二)冻鱼和水产品

鱼类和水产品主要含有水分、蛋白质、脂肪、矿物质、酶和维生素。

鱼类和水产品的贮藏时间与温度密切相关。在正常情况下,温度每降低 10 ℃,冻藏期增加 3 倍。多脂鱼类较低脂鱼类冻藏期短,红色肌肉鱼类冻藏期更短。一般冻藏温度:低脂鱼和水产品为 −18 ℃~−23 ℃;多脂鱼在 −29 ℃以下;部分红色肌肉鱼可能要求达到 −60 ℃的低温。在冻藏和运输期间应控制尽可能低的温度,并应避免温度波动。

包装和操作方法对鱼和水产品的冻藏期也有影响,应避免货物暴露在空气中造成脂肪氧化和脱水干耗,装、拆箱作业应快速进行,避免温度波动影响质量。

"镀冰衣"鱼和水产品,即在鱼和水产品表面覆盖上一层薄冰,可避免水分散失,保证质量。经"镀冰衣"的鱼和水产品的总重量会增加,托运人应特别注意货物的总重量,禁止超过冷箱的安全载重量。

(三)冻水果和蔬菜

水果和蔬菜是人类必需的副食品,其营养价值因品种、生长、成熟、贮藏条件等的不同而有较大的差异,主要含有水分、糖类、有机酸、酶、纤维素、色素和维生素等。水果和蔬菜采摘后,果实组织中仍进行着活跃的新陈代谢过程,在很大程度上是母体发展过程的继续,未成熟的可继续成熟,已成熟的可发展至老化腐烂的最后阶段。多数水果和蔬菜经过冻结和冻藏后将失去生命的正常新陈代谢过程,由有生命体变为无生命体。冻水果和蔬菜的运输方式有大批量散装运输、零售小包装运输等多种形式。应特别注意货物的特殊要求以免造成货损。一般规律是冻藏温度越低,货物品质保持越好。

冷冻蔬菜在冻结前通常用热水或蒸气烫洗,以杀灭大量的细菌和减缓酶的作用。用水密的复合材料包装,贮藏温度应低于 −18 ℃,在没有温度升高波动的情况下能延长蔬菜的冻藏期。

冻水果通常不用烫洗,而采用糖处理或酸处理。因此,选择适当成熟度和高质量的水果进行冷冻处理非常重要,因为再好的包装和低温也不能避免低水平的酶化作用。

(四)冰激凌

冰激凌是人们用于清凉解暑、充饥解渴的食品,含有脂肪、蛋白质、碳水化合物、矿物质和维生素等。

在冰激凌的生产中,应保证低温灭菌操作、清洁的运输、适当的温度设置和完整的包装。

冰激凌包装材料有涂蜡纸、纸箱和塑料桶等。外包装对避免冰激凌损坏和热袭起重要的保护作用。冰激凌通常使用 20 ft 的冷箱运输,温度应设置在低于 −25 ℃,并应避免任何温度波动。

(五)奶制品

冷冻奶油通常是大宗货物。习惯做法是将奶油装在纸箱内,纸箱装在货盘上,然后再装入冷箱内运输。

虽然有些奶制品可在较暖的温度下运输,但实际温度一般设置为 −14 ℃或更低,因

商品养护

为大部分奶油在温度低于－8 ℃的情况下没有微生物损坏,并能保持良好的质量。可长期贮存的硬奶酪通常温度控制在 1 ℃～7 ℃,其他奶酪通常用冷箱运输,温度控制在 0 ℃～13 ℃。

相关知识的实际应用

相关案例

某年2月2日,某材料公司橡胶供应站(下称供应站)与某化轻公司经营部(下称经营部)订立合同,将一批橡胶存放于经营部仓库内。3月5日,经营部职工李某在装卸货物时,无视仓库规定,违章吸烟,并将所剩未燃尽的烟蒂扔至库内,引起火灾,致使仓库内所存橡胶全部烧毁,损失达 11 886.76 元。

结合商品养护的知识,请思考:橡胶在仓库保管时应该注意哪些事项?

一、橡胶制品的保管与养护

高分子化合物在保管过程中都会发生老化、分解等质量变化,下面着重介绍一下橡胶制品的保管和养护。

橡胶制品能溶于汽油等有机溶剂,是热的不良导体。它在常温下弹性很好,在0 ℃时硬化,－70 ℃时其弹性消失、变脆,加热至120 ℃时软化,在200 ℃时开始分解,在300 ℃时碳化呈黑色硬块,同时天然橡胶耐强碱,不耐强酸。它可与硫起硫化反应,天然橡胶与空气中的氧、光、热等作用,其强度、弹性会下降而逐渐老化。

橡胶在运输和保管时应注意的事项包括:

(1)船舱要求清洁、干燥,舱内管系、污水沟畅通,舱盖严密。为防止裸装胶件黏结,胶件要与舱内的金属部分隔垫开,垫舱物料要清洁、干燥、无油污。装舱时可撒放滑石粉(一般按千分之一配备),并可在堆叠一定层数后采取垫板措施,以减轻压力。

(2)积载时,要远离机舱、锅炉房,严禁装入深舱。装载在有地轴的底舱时,应用木格衬隔,注意通风和防热。橡胶不能与可使其溶解的物质(如汽油、苯和松节油等)及含水量大、油脂类、酸碱类和颗粒细小易被黏附的货物(如煤、铜和铁屑等)混装一舱。橡胶有异味也不宜与易吸附异味的货物(如茶叶、烟叶和粮谷等)同装一舱。橡胶易燃,更不能与易燃性货物同装一舱。

(3)在一般情况下,橡胶不堆装在其他货物上面,橡胶货堆上面也不堆装其他货物,如不得已而需将橡胶装载于其他货物上面,或在橡胶上面装载其他货物,则处于下面的货堆的堆装必须平整,并须有有效的铺垫,以与上面的货物分隔。

(4)橡胶有弹性,装卸时不可从高处向下扔或滑落,以免伤人或落水。操作时严禁在现场吸烟和电焊,严防各种火源。浓缩胶乳腐败时能分解出有毒气体,装卸时应注意开舱通风。

（5）装运时应按不同品种、等级、标志及收货单位分隔清楚，防止混票、混货。进口天然橡胶时，要会同有关部门按票取出样品胶件。

（6）橡胶保管要避免日晒、高温、潮湿环境，不宜露天堆存。应按不同品种、等级分别堆垛。堆垛不宜过高，注意稳固，防止倒塌，对发霉胶件要分开堆放，以免受细菌感染。

二、危险化学品的安全储存

危险化学品的存储相较于一般的商品来说，需要更为严格和科学的管理措施，以免由于储存方式不当造成不必要的损害。

（一）危险化学品仓储的基本要求

国家对危险化学品的储存实行统筹规划、合理布局。国务院工业和信息化主管部门以及国务院其他有关部门依据各自职责，负责危险化学品储存的行业规划和布局。地方人民政府组织编制城乡规划，应当根据本地区的实际情况，按照确保安全的原则，规划适当区域专门用于危险化学品的储存。未经审批，不得随意设置危险化学品储存仓库。储存危险化学品必须遵照国家法律、法规和其他有关的规定。危险化学品必须储存在专用仓库、专用场地或者专用储存室内，储存方式、储存方法与储存数量必须符合国家标准，并由专人管理。对其中的剧毒化学品以及储存数量构成重大危险源的其他危险化学品必须在专用仓库内单独存放，实行双人收发、双人保管制度。储存单位应当将储存剧毒化学品以及构成重大危险源的其他危险化学品的数量、地点以及管理人员的情况，报当地公安部门和负责危险化学品安全监督管理综合工作的部门备案。

1. 仓储人员要求

对于储存危险化学品仓库的看管人员，必须配备具有专业知识的技术人员，其仓库及场所应设专人管理，管理人员必须配备可靠的个人安全防护用品。危险化学品仓储单位应当制定本单位事故应急救援预案，配备应急救援人员和必要的应急救援器材、设备，并定期组织演练。

2. 仓库条件

危险化学品露天堆放，应符合防火、防爆的安全要求，爆炸品、一级易燃物品、遇湿易燃物品、剧毒品不得露天堆放。储存危险化学品的建筑物、区域内严禁吸烟和使用明火。

3. 储存方式

按照 GB 15603—1995《常用化学危险品贮存通则》的要求，要根据危险化学品品种特性，实施隔离贮存、隔开贮存、分离贮存。根据危险品性能分区、分类、分库贮存。各类危险品不得与禁忌物料混合贮存，灭火方法不同的危险化学品不能同库贮存。

4. 储存安排及储存限量

危险化学品储存安排及储存限量取决于危险化学品的分类、分项、容器类型、储存方式和消防的要求。

5. 仓库的基本要求

(1) 遇火、遇热、遇潮能引起燃烧、爆炸或发生化学反应,产生有毒气体的危险化学品不得在露天或在潮湿、积水的建筑物中储存。

(2) 受日光照射能发生化学反应引起燃烧、爆炸、分解、化合或能产生有毒气体的危险化学品应储存在一级建筑物中,其包装应采取避光措施。

(3) 爆炸品不准和其他类物品同储,必须单独隔离限量储存。仓库不准建在城镇,还应与周围建筑、交通干道、输电线路保持一定安全距离。

(4) 压缩气体和液化气体必须与爆炸品、氧化剂、易燃物品、自燃物品、腐蚀性物品隔离储存。易燃气体不得与助燃气体、剧毒气体同储;氧气不得和油脂混合储存;盛装液化气体的容器属压力容器的,必须有压力表、安全阀、紧急切断装置,并定期检查,不得超装。

(5) 易燃液体、遇湿易燃物品、易燃固体不得与氧化剂混合储存,具有还原性的氧化剂应单独存放。

(6) 有毒物品应储存在阴凉、通风、干燥的场所,不要露天存放,不要接近酸类物质。

(7) 腐蚀性物品,包装必须严密,不允许泄漏,严禁与液化气体和其他物品共存。

(二) 危险化学品的养护

危险化学品入库时,应严格检验商品质量、数量、包装情况、有无泄漏。危险化学品入库后应根据商品的特性采取适当的养护措施,在储存期内定期检查,做到一日两检,并做好检查记录。发现其品质变化、包装破损、渗漏、稳定剂短缺等情况时,应及时处理。库房温度、湿度应严格控制,经常检查,发现变化及时调整。

1. 危险化学品出、入库管理

(1) 储存危险化学品的仓库,必须建立严格的出、入库管理制度。《危险化学品安全管理条例》第二十五条规定:"储存危险化学品的单位应当建立危险化学品出入库核查、登记制度。对剧毒化学品以及储存数量构成重大危险源的其他危险化学品,储存单位应当将其储存数量、储存地点以及管理人员的情况,报所在地县级人民政府安全生产监督管理部门(在港区内储存的,报港口行政管理部门)和公安机关备案。"

(2) 危险化学品出、入库前均应按合同进行检查验收、登记。验收内容包括:

①商品数量。

②包装。按照《危险化学品安全管理条例》的规定,危险化学品的包装应当符合法律、行政法规、规章的规定以及国家标准、行业标准的要求。

危险化学品包装物、容器的材质以及危险化学品包装的样式、规格、方法和单件质量(重量),应当与所包装的危险化学品的性质和用途相适应。

生产列入国家实行生产许可证制度的工业产品目录的危险化学品包装物、容器的企业,应当依照《中华人民共和国工业产品生产许可证管理条例》的规定,取得工业产品生产许可证;其生产的危险化学品包装物、容器经国务院质量监督检验检疫部门认定的检验机构检验合格,方可出厂销售。

运输危险化学品的船舶及其配载的容器,应当按照国家船舶检验规范进行生产,并经海事管理机构认定的船舶检验机构检验合格,方可投入使用。

对重复使用的危险化学品包装物、容器,使用单位在重复使用前应当进行检查;发现存在安全隐患的,应当维修或者更换。使用单位应当对检查情况做出记录,记录的保存期限不得少于2年。

③危险标志(包括安全技术说明书和安全标签)。经核对后方可入库、出库,当商品性质未弄清时不准入库。

(3)进入危险化学品储存区域的人员、机动车辆和作业车辆,必须采取防火措施。进入危险化学品库区的机动车辆应安装防火罩。机动车装卸货物后,不准在库区、库房、货场内停放和修理。汽车、拖拉机不准进入易燃易爆物品库房。进入易燃易爆物品库房的电瓶车、铲车应是防爆型的;进入易燃固体库房的电瓶车、铲车,应装有防止火花溅出的安全装置。

(4)装卸、搬运危险化学品时应按照有关规定进行,做到轻装、轻卸。严禁摔、碰、撞、击、拖拉、倾倒和滚动。装卸易燃易爆物品时,装卸人员应穿工作服、戴手套、口罩等必需的防护用具,操作中轻搬轻放,防止摩擦和撞击。装卸易燃液体需穿防静电工作服,禁止穿带铁钉鞋。桶装各种氧化性物质不得在水泥地面滚动。各项操作不得使用沾染异物和能产生火花的机具,作业现场须远离热源和火源。

(5)装卸对人身有毒害及腐蚀性物质时,操作人员应根据危险性,穿戴相应的防护用品。装卸对人身有毒害物质的操作人员应具有操作有毒物质的一般知识。操作时,轻拿轻放,不得碰撞、倒置,防止包装破损,商品外溢。操作人员应戴好手套和相应的防毒口罩或面具,穿好防护服。作业中不得饮食,不得用手擦嘴、脸、眼睛。每次作业完毕,应及时用肥皂(或专用洗涤剂)洗净面部、手部,用清水漱口,防护用具应及时清洗,集中存放。装卸腐蚀性物质的操作人员应穿工作服,戴护目镜、胶皮手套、胶皮围裙等必需的防护用具。操作时,应轻搬轻放,严禁背负、肩扛,防止摩擦、震动和撞击。

(6)各类危险化学品分装、改装、开箱(桶)检查等应在库房外进行。不得用同一车辆运输互为禁忌的物品,包括库内搬运。

(7)在操作各类危险化学品时,企业应在经营店面和仓库,针对各类危险化学品的性质,准备相应的急救药品和制定相应的急救预案。

2.仓库必备的消防措施

(1)根据危险化学品特性和仓库条件,必须配置相应的消防设备、设施和灭火药剂,并配备经过培训的兼职或专职的消防人员。

危险化学品仓库应根据经营规模的大小设置、配备足够的消防设施和器材,应有消防水池、消防管网和消火栓等消防水源设施。大型危险化学品仓库应设有专职消防队,并配有消防车。消防器材应当设置在明显和便于取用的地点,周围不准放物品和杂物。仓库的消防设施、器材应当有专人管理,负责检查、保养、更新和添置,确保完好有效。对于各种消防设施、器材,严禁圈占、埋压和挪用。

(2)储存危险化学品的建筑物内应根据仓库条件安装自动监测和火灾报警系统。

(3)储存危险化学品的建筑物内,如条件允许,应安装灭火喷淋系统(遇水放出易燃气体的物质,不可用水扑救的火灾除外)。

(4)危险化学品储存企业应设有安全保卫组织。危险化学品仓库应有专职或义务消防、警卫队伍。无论专职还是义务消防、警卫队伍都应制定灭火预案并经常进行消防演练。

(三)危险化学品的装箱要求

危险化学品有严格的装箱要求,根据JT 672—2006《海运危险货物集装箱装箱安全技术要求》,危险化学品在装箱时必须严格按照要求装箱。

1.爆炸品装箱

爆炸品应按配装组的要求进行装箱,配装组相抵触的爆炸品不得同箱装载;雷管及引信等极敏感的物质应装于货物的表面;箱壁四周应用木板衬垫使之与金属部位隔离;进行箱内固定工作时,应使用不致产生火花的工具,用力不要过猛,严防撞击、震动,同时注意所使用的钉子不能散落在箱内。

2.气体装箱

箱内沾有油污的集装箱不能使用;严禁穿沾有油污的工作服和使用沾有油污的手套;作业时不能用手持钢瓶的安全帽,严禁抛掷、碰撞、滚滑。

检查钢瓶,应使之符合下列要求:

(1)安全帽应拧紧,无异味,防止气体冒出。瓶帽如有松动,应采取有效的紧固措施。

(2)瓶壁无腐蚀、无凹陷及损坏现象。

(3)其他附件(如阀门、瓶体、漆色)应符合产品标准。

(4)钢瓶的保护皮圈应齐全。

钢瓶应以成组或托盘形式装箱,要防止钢瓶在箱内滚动,箱壁和两端应用木板隔离;堆放时,箱内钢瓶的安全帽应朝同一方向;货物固定时,钉子或钉帽不能外露。

3.易燃液体装箱

检查包装桶,应使之符合下列要求:

(1)桶盖无松动,桶的焊缝无渗漏的痕迹,严禁焊缝有渗漏的桶装货装入箱内。

(2)桶端无膨胀或外裂现象。

(3)应使用铜质工具紧固。

(4)低闪点危险货物装箱时,集装箱箱壁四周应用木板衬垫。

(5)桶装货装箱后留出的空隙余位,应有效地加固,防止移动。

(6)货物加固时,不应使用易产生火星的工具,固定后钉子不能外露。

4.易燃固体、易自燃物质、遇水放出易燃气体的物质装箱

易燃固体、易自燃物质、遇水放出易燃气体的物质装箱时,应注意以下几点:

(1)装有电石、黄磷等的桶包装两端膨胀时,不得装入箱内。

(2)湿包或有水渍、油污现象的包件,不可装入箱内。
(3)箱内潮湿的集装箱严禁装载遇水放出易燃气体的物质。

5.氧化性物质和有机过氧化物装箱

氧化性物质和有机过氧化物装箱时,应注意以下几点:
(1)忌高温,作业时应有遮阳设施,防止阳光直晒。
(2)集装箱内部应清洁、干燥、没有油污,不得留有任何酸类、煤炭、木屑、硫化物及粉状等可燃物。
(3)包装破漏,散漏物应及时清除,不得重新装入原包装内。
(4)箱内固定、衬垫材料质地良好,木板上不应带有树皮、碎木屑。

6.有毒和感染性物质装箱

有毒和感染性物质装箱时,应注意:
(1)夏季装载易燃性有毒物质时,应防止日晒。
(2)作业时应穿工作服、戴口罩、手套等。
(3)散落在地面上的有毒物质,应用潮湿锯末等物及时打扫干净,并按规定妥善处理。

7.放射性材料装箱

放射性材料装箱时,应注意:
(1)人工搬运时,操作人员应按规定的作业时间进行轮换。
(2)放射性强度大的应装于中部,放射性强度小的装于周围。
(3)货物较少,不能装满箱时,置于箱子中部,四周用填料顶紧。
(4)摆放在箱内要平稳、牢靠,以防在运输途中滑动倒塌。
(5)对于放射性材料应当优先装运,做到及时进货、装箱、搬运。

8.腐蚀性物质装箱

腐蚀性物质装箱时,应注意:
(1)塑料桶冬季较脆,不应摔碰,夏季变软怕压,应用木板衬垫减压。
(2)装箱时应检查包装的桶盖是否松动,包件是否渗漏或裂变。
(3)玻璃和陶瓷容器盛装腐蚀性物品,应检查封口是否完好、向上,有无渗漏,装箱时应采取有效紧固措施和固定方法。

三、冷藏货物的冷藏条件及装载要求

(一)冷藏货物的冷藏条件

冷藏货物的冷藏条件对于是否能完好地保持冷藏货物的营养价值是至关重要的,所以对温度、湿度和通风三个条件指标要求严格。

1.温度

从限制微生物繁殖角度考虑,冷藏温度越低越好,但是,对有些食品来说,因冷冻后会使其细胞膜遭到破坏,且不能再恢复至原状,故又不能说温度愈低愈好。例如,水果、蔬菜的保存温度过低时,会因冻结破坏其呼吸机能,使之失去抗病性;因冻结使其组织结构遭到破坏,会降低其耐藏性;冻结会使其色、香、味发生变化,解冻时水果、蔬菜就会迅速腐烂。又如,鲜蛋的保藏温度过低会导致蛋壳破裂而造成破损,也易使微生物侵入。因此,一定的食物品种均有不同的适宜低温,故对不同的食品应分别采取冷却、冷冻和速冻等不同的冷处理方法。

所谓冷却,就是把食品的温度降到尚不致使细胞膜结冰的程度,通常为 0 ℃～5 ℃。鲜蛋、乳品、水果和蔬菜等常采用冷却运输。冷却处理不影响食品组织,微生物仍有一定的繁殖能力,故冷却的食品不能久藏。

所谓冷冻,就是把食品的温度降到 0 ℃以下使之冻结。冻肉、冻鸡、冻鱼等均常采用冷冻运输。由于冷冻时积累了大量冷量,故当外界温度波动时或在装卸过程中,也不会使食品的温度很快升高,但是,如冻结速度较慢,细胞膜的内层会形成较大的冰晶,使细胞膜破裂,细胞汁遭受损失,这会使食品失去或减少原有的营养价值。为了消除这个缺点,可采用速冻。

所谓速冻,就是在很短的时间内使食品冻结。速冻过程中所形成的冰晶颗粒比较均匀、细小,不致造成细胞膜的破裂,因而能保持食品原有的鲜味和营养价值。

由于食品内部含有各种盐类的水溶液,故随着温度的降低,溶液中的水分将会不断析出,浓度不断增大,食品的冰点也就不断降低,因此,若要使食品内的液体全部冻结,就需将温度降到约－60 ℃,但当降到－20 ℃时,大约仅有 10% 的液体未冻结,所以,一般情况下,食品的冷冻温度不低于－20 ℃。

除要求一定的保藏环境温度外,还要求保持温度的稳定,因为温度忽高忽低,不但使微生物有隙可乘,而且会引起冻结食品内部重新结晶。冰晶进一步扩大,将导致食品失去原有的鲜味和营养价值。

2.湿度

空气湿度对货物质量影响很大,湿度过小会增加食品的干耗,破坏水果、蔬菜的正常呼吸,破坏维生素和其他营养物质,削弱食品的抗病能力;湿度过大,则促进微生物的迅速生长繁殖和增强货物的呼吸氧化作用,加速货物的腐败变质。因此,湿度过大或过小都不利于保持货物的质量。

3.通风

有些冷却的食品(如水果和蔬菜),在储运过程中会不断挥发出水分和二氧化碳等。为了保持适宜的相对湿度和二氧化碳含量(水果、蔬菜的二氧化碳最高含量为 2%,这个限度也可保证工作人员操作的安全),在储运冷却的食品时还需要用通风机对舱室进行循环通风和换气通风。但是,通风对温、湿度都有直接影响,如外界气温较高,则通风后的舱内温、湿度也提高。水果、蔬菜宜在夜间通风方能起到降温作用,还要适当掌握通风时间,过短不起作用,过长又会对舱内的温、湿度及货物质量产生不利的影响。通风换气量常以 24 小时内通风换气次数来表示。

当储运已经冷冻的食品时,因温度很低,微生物活动已受到很大的抑制,因此也可不必通风换气。

（二）冷藏货物的装载要求

1.冷藏货物拼箱混装

对冷藏货物拼箱运输，除了制成食品与食品原料由于卫生情况及不同种类货物串味而受影响外，一般不存在其他重大影响。一般货物在比其推荐设置温度更低的温度下冷藏，更有利于保证质量。

一般应避免多种保鲜水果和蔬菜拼箱混装。由于承运货量、品种和成本等因素需要，拼箱装运时应注意下述问题：

（1）温度

温度是水果和蔬菜拼箱混装的主要条件。拼箱混装的水果和蔬菜，冷藏温度越接近越好。因水果和蔬菜对温度变化特别敏感，低温可降低呼吸强度，但温度过低会造成冻害；高温不仅提高呼吸强度，加快成熟，而且会降低抗腐能力，还会发生斑点和变色等。

（2）相对湿度

相对湿度是水果和蔬菜拼箱混装的重要条件。相对湿度过高，水果、蔬菜易腐败；相对湿度过低，又会脱水、变色，失去鲜度。大部分水果和蔬菜一般相对湿度要求为85％～90％。

（3）呼吸作用

呼吸作用也是水果和蔬菜拼箱混装的重要因素。水果和蔬菜的呼吸可产生少量乙烯（一种催熟剂），可使某些水果和蔬菜早熟、腐烂。因此，不能将产生较多乙烯气体的水果和蔬菜与对乙烯敏感的水果和蔬菜拼箱混装在一起。

（4）气味

有些水果和蔬菜能发出强烈的气味，而有些水果和蔬菜又能吸收异味，这两类水果和蔬菜不能混装。

2.冷藏货物的包装的使用

包装是冷藏货物运输的重要组成部分，是防止货物损坏和污染的基础。适当的设计和高质量的包装材料应能承受冷冻和运输全过程。包装应能够：

（1）防止货物积压损坏。

（2）承受运输途中发生的冲击。

（3）标准的外形尺寸适于货盘或直接装入冷箱。

（4）防止货物脱水或降低水汽散失速度。

（5）防止氧化的氧气障碍作用。

（6）在低温和潮湿情况下保持强度。

（7）防止串味。

（8）经得住－30 ℃或更低的温度。

（9）能支持堆放高度为2.3米的货物。

由于上述原因，不同货物要有不同的设计和达到质量要求的包装材料。易腐烂水果和蔬菜应使用能使空气在货物中间循环并带走因货物呼吸产生的气体、水汽和热量的包装。

3. 冷藏货物集装箱的装箱要求

(1) 装箱前的检查

冷藏货物在托运时，货主一般有对货物温度的说明，双方都应保管好运输票据，以便发生纠纷或争执后有所依据。应在冷藏货物集装箱装箱前注意检查以下方面：冷冻装置的启动、运转、停止功能是否好用；通风孔处于什么状态（开启或关闭）；泄水管是否堵塞；集装箱本身的气塞性如何；冷藏货物是否达到规定的温度。装箱时，货物不要堵塞冷气通道，天棚部分留有一定间隙；装船期间，冷冻装置应停止运转。

(2) 冷藏集装箱的堆装方式

根据冷冻货物、保鲜货物、一般冷藏货物及危险品等特性的不同，在冷箱内的堆装方式也不同。

冷冻货物、一般冷藏货物及危险品等，由于货物自身不会发出热量，而且在装箱前已预冷到设定的运输温度，其堆装方法非常简单，仅需将货物紧密堆装成一个整体即可。在货物外包装之间、货物与箱壁之间不应留有空隙。但所装货物应低于红色装载线，只有这样，冷空气才能均匀地流过货物，保证货物达到要求的温度。

保鲜货物因有呼吸作用而产生二氧化碳、水汽、少量乙烯及其他微量气体和热量。堆装方式应当使冷空气能在包装材料和整个货物之间循环流动，带走因呼吸产生的气体和热量，补充新鲜空气。

冷藏货物有以下两种标准装箱方式：

①无间隙积木式堆装法。货物应像堆积木那样堆装成一个整体，货物与箱壁之间不留任何空隙。如果装入的货物无法占满整个冷藏集装箱底面，应使用厚纸板或类似材料覆盖剩余面积。箱内堆装的货物应低于红色装载线和不超出T形槽的垂直面，以保证冷空气良好循环，不能用塑料薄膜等材料覆盖货物。

②货盘堆装法。除应遵守无间隙积木式堆装法的要求外，还应做到货盘上堆装箱子的四个角要上下对齐，以便重量均匀分布，箱子顶部和底部的通气孔应上下对齐，使冷空气循环畅通。

学生实训项目

> **实训项目：危险化学品仓储养护**

> **情景设计：**

贵州省凯里市 2010 年"12·4"爆炸事件：贵州省黔东南苗族侗族自治州凯里清平南路桥下联讯网吧隔壁一出租屋发生爆炸事故，共造成 7 人死亡（6 人当场死亡，1 人住院抢救无效死亡），39 人受伤，其中 10 人伤势严重。据调查，事故是由网吧旁一房间堆放的危险化学品爆炸所致。危险化学品爆炸产生的冲击波将网吧墙面冲垮，周边居民楼门窗瞬间破裂,同时发生大火,造成人员伤亡。网吧隔壁是放有危险化学品的小屋,是一个约12平方米的单间仓库,该房间内堆放有三种袋装化学粉状物品,还散落着若干玻璃瓶装液体,有包括乙醚、甲醇、苯在内的多种易燃易爆物品。此次爆炸事故原因,是电表因负荷问题引发电线起火,高温导致危险化学品发生爆炸。

> 任务要求：

对学生进行分组,5人一组,给学生充分的案例讨论时间,结合危险化学品仓储养护的知识,完成以下几个实训任务,并撰写实训报告书：

1.根据危险化学品养护知识分析爆炸的原因。
2.危险化学品储存的库房应具备什么条件？
3.为案例中的货物设计合理的商品养护方法。

> 任务考核标准：

1.考核以过程考核形式进行。
2.考核以能力考核为核心,综合考核专业知识、专业技能、方法能力、职业素质、团队合作等方面。任务考核标准见表5-1。

表 5-1　　　　　　　　　　任务考核标准

任务名称			危险化学品仓储养护			
实训目标			通过案例熟悉和掌握危险化学品的养护知识			
	考核点（所占比例）	建议考核方式	评价标准			
			优	良	中	及格
任务考核	团队合作 占20%	自评、小组互评	任务分工明确,组长发挥带头作用,小组成员按要求进行讨论	任务分工明确,组长发挥带头作用,小组成员按要求进行讨论,完成任务有拖拉现象	任务分工一般,组长不能发挥带头作用,小组成员能按要求进行讨论,完成任务有拖拉现象	任务分工一般,组长不能发挥带头作用,小组成员积极性不高,完成任务不够认真
	任务一完成情况 占30%	操作考核	能够全面分析案例中所涉及的化学品的性质,对其危险性进行合理分类,并结合其危险特性分析其爆炸原因,问题分析比较透彻,有足够的理论依据	能够对案例中所涉及的化学品的危险性进行合理分类,并结合其危险特性分析其爆炸原因,问题分析比较透彻	项目完成完整性达70%以上	项目完成完整性达60%以上
	任务二完成情况 占20%	操作考核	能够结合案例中涉及的危险化学品的性质合理进行库房选择,符合实际的企业需要	能够结合危险化学品的出、入库要求及库存条件要求提出该库房合理的布置条件,符合实际的企业需要	项目完成完整性达70%以上	项目完成完整性达60%以上

商品养护

（续表）

	考核点 （所占比例）	建议考核 方式	评价标准			
			优	良	中	及格
任务考核	任务三完成情况占30%	操作考核	方案设计思路清晰、严谨，有足够的理论依据做支撑，方案具有一定的实际应用意义	方案设计思路较清晰、严谨，有足够的理论依据做支撑，但理论知识需再增加一些，方案需进一步完善	方案设计基本完整，设计的商品养护方案有理有据	基本完成了任务要求，理论依据需进一步补充

模块六
集装箱货物的商品养护

案例引入

某年6月8日,广州建设进出口贸易公司(以下简称建设公司)与俊升投资有限公司签订合同,由建设公司供给俊升投资有限公司人参汁85 000罐,人参露85 000罐,并由建设公司运到黄浦码头交货。7月上旬,建设公司通过广州宏通船务有限公司(以下简称宏通公司)与新兴行船务有限公司(以下简称新兴行)办事处联系运送上述货物事宜。7月18日,建设公司通过宏通公司向新兴行提取两个40英尺编号为CLOU5002162、ICSU2065269的空集装箱,集装箱被运至建设公司仓库装货。在集装箱交接时,建设公司、新兴行双方未共同检查集装箱现状。7月21日,新兴行办事处发消息给宏通公司称:我司有下述两个40英尺集装箱因烂柜无法在黄浦修补,须渡回香港交回我司顺发仓修理。现我司将其配货走船,到港交贵司××码头。货到目的地,收货人开箱前发现ICSU2065269号集装箱右侧顶部两处严重凹陷变形,顶部边缘有明显裂缝,且有水迹及锈迹,箱内所载的人参汁系以马口铁罐装,每30罐装于一纸箱,其中,积载在上层的部分货物受潮,纸箱有水迹,后部有10箱货物渗漏,致使纸箱湿透,铁罐有明显的锈迹,计154箱/4 620罐商品贬值100%;CLOU5002162号集装箱右侧及左侧均有明显凹陷变形,顶部有多处严重锈蚀穿孔,且有水自穿孔处往下滴,箱门的胶圈老化,整个箱体均有严重锈蚀痕迹,箱内所载人参露系以马口铁罐装,每30罐装于一箱,大部分货物已严重水湿,纸箱已霉烂,大部分铁罐有不同程度的锈迹,内容物有渗漏,部分罐已漏空,整箱货物均受到污染,计449箱/13 470罐商品贬值50%,2 384箱/71 520罐商品贬值100%。商检的结论意见:据查装货港及卸货港装卸现场记录,均有记载上述两个集装箱有以上缺陷,而集装箱在运输过程中及长时间堆放在露天堆场时,雨水直接从集装箱裂缝或锈蚀穿孔处漏入,导致装载在箱内的货物锈蚀扩大,甚至穿孔渗漏,受污染造成损失。

请结合集装箱货物商品养护的知识分析:上述案例中货物的损失是在集装箱货物装运过程中哪个环节导致的?应采取哪些防护措施避免这种损失?

必备的知识点

一、集装箱的种类及集装箱货物的类型

(一) 集装箱的种类

集装箱又称"货柜"或"货箱"。集装箱是一种运输设备,应具备以下条件:具有耐久性,其坚固强度足以反复使用;是便于商品运送而专门设计的,在一种或多种运输中无须中途换装;设有便于装卸和搬运,特别便于从一种运输方式转换到另一种运输方式的装置;设计时应注意便于货物装满或卸空;内容积为1立方米或1立方米以上。集装箱这一概念不包括一般车辆和包装。

在运输实践中,集装箱又分为货主箱(Shipper's Own Container,简称S.O.C)和承运人提供的集装箱(Carrier's Own Container,简称C.O.C)。

集装箱的种类包括:

1. 按规格尺寸分

目前,国际上通常使用的干货柜(Dry Container)有:外尺寸为20英尺×8英尺×8英尺6寸,简称20尺货柜;40英尺×8英尺×8英尺6寸,简称40尺货柜;近年来较多使用的40英尺×8英尺×9英尺6寸,简称40尺高柜。

20尺货柜(20′GP:20 Feet General Purpose):内容积为5.69米×2.13米×2.18米,配货毛重一般为17.5吨,体积为24立方米~26立方米。

40尺货柜(40′GP:40 Feet General Purpose):内容积为11.8米×2.13米×2.18米,配货毛重一般为22吨,体积为54立方米。

40尺高货柜(40′HQ:40 Feet High Cube):内容积为11.8米×2.13米×2.72米,配货毛重一般为22吨,体积为68立方米。

2. 按制箱材料分

按制箱材料分,包括铝合金集装箱、钢板集装箱、纤维板集装箱、玻璃钢集装箱。

3. 按用途分

按用途分,包括杂货集装箱、开顶集装箱、台架式集装箱、平台集装箱、冷藏集装箱、散货集装箱、通风集装箱、动物集装箱、罐式集装箱、车辆集装箱、贵重金属集装箱、抽屉式集装箱、隔板式集装箱等。

(二) 集装箱货物的类型

1. 按货物性质分类

按货物性质,集装箱货物可分为普通货物、典型货物、特殊货物。

(1) 普通货物

普通货物可称为杂货,是指按货物性质不需要特殊方法保管和装卸的货物。货物批

量不大,品种较多。普通货物按有无污染又可分为清洁货物和污染货物。清洁货物是指货物本身清洁干燥,在保管和运输中没有特殊要求,和其他货物混载时不易损坏或污染其他货物的货物,如纺织品、棉、麻、纤维制品、橡胶制品、玩具等。污染货物是指货物本身的性质和状态容易发潮、发热、发臭等,容易对其他货物造成严重湿损、污损或熏染臭气的货物,如水泥、石墨、油脂、沥青、樟脑、胡椒等。

(2)典型货物

典型货物是指按货物性质和形态本身已包装的,需采用与该包装相适应的装载方法的货物,包括箱装货物、瓦楞纸板箱货物、捆包货物、袋装货物、鼓桶类货物、滚筒货物和卷盘货物、长件货物、托盘货物和危险货物等。典型货物的特点是对装卸要求较高。

①箱装货物。这主要是指木箱装载货物,其尺寸大小不一,从 50 千克以下的包装货物起到几吨重的大型机械木箱均为箱装货物,通常采用木板箱、板条箱、钢丝板条箱。其通常装载的货物主要有玻璃制品、电气制品、瓷器制品等。

②瓦楞纸板箱货物。这一般是比较精细的和比较轻的货物,包括水果类、酒类、办公用品、工艺品、玩具等。

③捆包货物。捆包货物是根据货物的品种形态需要捆包的货物,包括纤维制品、羊毛、棉花、棉布、纺织品、纸张等。

④袋装货物。袋装货物是指装在纸袋、塑料袋、布袋、麻袋内的货物。用纸袋装载的货物有水泥、砂糖;用塑料袋装载的货物有肥料、化学药品、可可、奶粉等;用麻袋装载的货物有粮食;布袋用于装载粉状货物。

⑤鼓桶类货物。鼓桶类货物是指货物的包装外形是圆形或鼓形的。其包装形态有铁桶、木桶、纸板桶等,货物包括油类、液体和粉末化学制品、酒精、糖浆等。

⑥滚筒货物和卷盘货物。本类货物是按货物本身形态划分的,如塑料薄膜、钢瓶属于滚筒货物,电缆、卷纸、卷钢、钢丝绳等属于卷盘货物。

⑦长件货物。长件货物是指货物的外形尺寸较长的货物,主要包括原木、管子、横梁以及特别长的木箱包装货物。

⑧托盘货物。托盘货物是指货物本身需装在托盘上的货物。

⑨危险货物。危险货物是指货物本身具有毒性、放射性、易燃性、腐蚀性、氧化性,并可能对人体的健康和财物造成损害的货物,包括毒品、散装液体化学品、爆炸品、易燃液体等。

(3)特殊货物

特殊货物是指在货物形态上具有特殊性、运输时需要用特殊集装箱装载的货物,包括超高、超长、超宽和超重货物,液体或气体货物,散件货物,散货物,动植物检疫货物,冷藏货物,贵重货物,易腐货物等。

①超高、超长、超宽和超重货物。这 4 类货物是指货物的尺寸超过了国际标准集装箱的尺寸而装不下的货物,或单件货物重量超过了国际标准集装箱的最大载重量的货物,如

动力电缆、大型、重型机械设备等。

②液体或气体货物。液体或气体货物是指需装在桶、箱、罐、瓶等容器内进行运输的液体和气体货物,如酒精、酱油、葡萄糖、石油、胶乳、天然气等。

③散件货物。散件货物一般是指货物的尺寸和重量非常大,在一个集装箱内装不下的货物,或因货物的尺寸和重量不能装在一个集装箱内,必须把几个集装箱合起来一起装才能运输的货物。

④散货物。散货物是指散装在舱内无包装的货物,如盐、谷物、煤炭、矿石、麦芽、树脂、黏土等。

⑤动植物检疫货物。动植物检疫货物是指进出口的畜产品、活动物、植检货物,如进出口的猪肉、腊肉、羊毛、兽皮、猪、狗、牛、马、树苗、苗木等。

⑥冷藏货物。冷藏货物是指需要保持在常温以下的货物,如肉类食品、鸡蛋、水果、蔬菜、奶制品等。

⑦贵重货物。贵重货物是指单件货物价格比较昂贵的货物,如精密仪器、家用电器、手工艺品、珠宝首饰、出土文物等。

⑧易腐货物。易腐货物是指在运输过程中因通风不良或遇高温、潮湿等容易腐败变质的货物,如肉类食品、水果、蔬菜等。

2. 按货物是否适合装箱分类

从集装箱运输货物的经济性、物理属性角度分类,集装箱运输的货物可分为以下4大类:

(1)最适合于集装箱的货物

这类货物在物理属性方面完全适合于集装箱运输,而且这类货物的货价一般都很高,因此承受运价的能力也很大,是集装箱运输公司激烈争夺的"抢手货"。这类货物通常包括医药品、酒、家用电器、照相机、手表、纺织品等。

(2)适合于集装箱的货物

这类货物通常是指其物理属性与运价均可为集装箱运输所接受的货物。但与最适合于集装箱的货物相比,其价格和承受运价的能力相应要低一些。因此,利用集装箱运输这类货物的运输利润不是很高。这类货物包括电线、袋装食品、屋顶板等。

(3)临界于集装箱的货物

这类货物使用集装箱运输,在物理属性及形态上是可行的,但其货价较低,承受的运价也较低,若采用集装箱运输在经济上不一定盈利,甚至亏损。这类货物包括钢材、生铁、原木等。

(4)不适合于集装箱的货物

这类货物由于物理状态和经济上的原因不能使用集装箱,如货价较低的大宗货、长度超过1 219 cm(40 ft)的金属构件、桥梁、废钢铁等。又如汽车、食糖等,虽然其物理属性与运价均适合于集装箱运输,但由于这类货物经常采用大批量运输,使用诸如汽车、专用船之类的特种结构船运输效率更高。

二、集装箱货物易发生的质量变化形式

（一）集装箱货物的残损及短缺

集装箱货物在保管的过程中，容易发生的货损类型主要有残损和短缺两种类型。

1. 集装箱货物的残损及原因

集装箱货物的残损是指货物从生产到包装、储存、保管、装卸、搬运和运输等多道环节中，由自然因素和人为因素所造成的到货货物的残、渍、损、毁，包括箱残、原残、载残、工残、船残、港残、车残等，如货物的残破变形、锈蚀、损坏、气味感染和发霉变质等。

（1）箱残指由于集装箱箱体变形、锈蚀、破损、风或雨密不良、潮湿、异味和污染等缺陷，或集装箱超过《国际集装箱安全公约》所规定的允许使用年限，或选择不适合该货物运输种类的集装箱，导致的集装箱内装货物的残损。

（2）原残指货物在装箱前已残损，包括：在生产、制造、加工、装配和包装过程中造成的货物残损；或包装和标志不符合合同和有关运输规定而引起货物的残损；由于货物的品质不合格（包括含水率偏高等），在储运中引起箱内货物的霉烂变质。

（3）载残指集装箱货物在装箱作业时，由于装载不当，系固、捆扎、衬垫、支撑不良，重心过高，重量分配不均，重货压轻货，重货压在易碎货物上等造成运输事故；或集装箱通风孔等其他设备使用不当以及装货时带入了湿气源，引起箱内货物的汗湿、结块、变质。

（4）工残指由于港口、码头的装卸机械设备简陋以及对集装箱的装卸、搬运不当而造成箱内货物和箱体的残损，包括违章操作、机械失灵、粗暴搬运、装卸不慎、使用工器具及设备不当等造成的残损。

（5）船残指由于船舶装载集装箱的积载不当引起箱内货物和箱体的残损，如配载不当、系固不够有效、船舶设施不良、集装箱装载于甲板上、集装箱堆装超出允许堆码高度等造成的残损。

（6）港残指集装箱在装卸港堆场，由于对集装箱堆放、保管不善，而引起箱内货物和箱体的残损，如集装箱翻落、压塌、锈损等。

（7）车残指集装箱载于火车或底盘上发运、中转过程中，由于发生事故造成箱、货残损，如系固不当、装载不妥以及人为因素造成翻车、撞车、集装箱破损等。

2. 集装箱货物的短缺及原因

集装箱货物的短缺系指货物从生产到包装、储存、保管、装卸、搬运、运输等多道环节中，由于人为有意或无意的行为造成实际到货数量的不足，如货物的重量、数量、面积、长度、容量和体积等的不足。其主要有以下几种：

（1）原装短缺指集装箱货物装箱时，由于发货人或代理人的疏忽、漏装、错装，或衡量时衡量器失灵、计量错误或有意识的欺骗行为等造成的实际到货数量或重量的不足。

（2）破损短缺指装卸部门在货物装箱、卸箱或换箱作业中，由于操作不慎，使用工器具不当，或意外事故引起包装破损而导致内容物的撒漏、渗漏、丢失；或货物的运输包装或内包装不符合合同约定或不符合习惯（通用）包装（包括包装箱货物含水率偏高，实装重量超过包装正常负荷限度，袋装货物缝口不牢，缝线过疏、过紧等），在正常的运输装卸中发生破损，引起内装货物的漏失、丢失。

（3）盗窃短缺指货物在装箱后交运前，或在交运后于运输、装卸过程中被盗窃而造成到货数量或重量的短少。

（二）集装箱货物的汗湿

1.集装箱货物汗湿的原因

集装箱内的货物在运输过程中也存在着受汗湿而损坏的问题。货物使用封闭式集装箱，有时甚至比装载在杂货船的货舱内更容易发生货物受汗湿而损坏的现象，这是因为货舱有自然通风和机械通风的条件，封闭式集装箱则无法控制和调节箱内的温度、湿度，结果使箱壁或货物表面产生"出汗"现象，造成较为严重的货物汗湿现象。

除冷藏集装箱和敞开式集装箱外，其他封闭式集装箱的箱内温度都直接取决于外界温度（其影响程度因集装箱材料热传导率的高低而异）。在港口集装箱堆场上，最上层集装箱普遍受到水泥场地辐射热的影响。在船上，积载在舱内的集装箱因受甲板上部集装箱的遮盖，几乎不受日光直射的影响，它们主要受到海水温度变化的影响和船舷侧水上部分气温日变化的影响，总的情况是由于舱内温度变化较小，所以集装箱内几乎不存在汗湿现象。由于船舶甲板上的集装箱受外界温度变化的影响较严重，所以堆积在甲板上最上层和两侧最外部的集装箱最易发生汗湿货损，其中积载在船首部两侧的集装箱，还会受到海水冲击（上浪）而使集装箱壁急剧冷却，结果使箱内温度较高的空气因急剧冷却而出现严重的结露现象。此外，甲板上的集装箱受风雨影响也会使箱内气体快速下降而发生结露"出汗"。

集装箱货物汗湿的另一个重大因素是箱内本身含有水分。这类水分的来源包括：集装箱底板未曾干透而含有水分（向内冲水清洗后，底板表面似乎干燥，而实际上内部尚未干透）；货物含有水分或货物包装材料含有一些水分；底板（托盘）及垫木等曾受潮而含有一定数量的水分等。这些水分在气温较高的环境下都会散发出来，从而增大箱内空气的绝对湿度。

2.集装箱货物汗湿对货物的影响

在远洋运输途中，因温度、湿度变化导致集装箱货物汗湿将直接损坏货物，如出现受潮、发霉、生锈、氧化等现象，再比如纸箱出现水渍将影响外观或直接损坏外包装，甚至影响产品质量，如使金属部件锈蚀或标签脱落等。

相关知识的实际应用

相关案例

货损报告一:某年 10 月 12 日,某轮从巴拿马驶往中国青岛途中,船员在检查加固集装箱绑扎时,发现左舷甲板第二层的集装箱被撞坏,货物部分已露出箱体,随时有掉入海中的危险。箱中货物是机器设备,有四根圆形钢柱和三个设备木箱,四根钢柱没有任何固定,在集装箱内滚动,相互撞击,并撞击集装箱箱体,造成箱体破损。

货损报告二:某年 10 月 22 日,某轮从日本横滨驶往美国西雅图途中,在北太平洋上位于北纬 43 度、西经 156 度附近,因遭遇到 8 级以上的西北大风,船舶横摇幅度大约为 26 度。之后,在对甲板集装箱进行检查时,发现装载在船尾甲板的框架箱中的推土机在大风大浪的作用下,因货物在平板箱上的系固钢丝绳太细,经受不了船舶摇摆产生的系固应力而崩断,货物倒塌。所幸该货装在船舶的中间位置而没有坠海,仅造成货物损坏和旁边的集装箱损坏。从船长报告的货损照片中可以发现,由于托运人或其代理人没有很好地履行妥善装箱的义务,没有对集装箱内货物进行良好的积载、固定,积载、固定不良的货物在船舶颠簸的影响下而移动,造成货物、箱体、船舶的损坏。

结合上述两个案例分析:什么是集装箱内货物积载的不良现象?应该如何对集装箱货物进行防损?

一、按货物种类选择集装箱

集装箱运输的货物品种较多,货物形态各异,因此,按货物种类性质、体积、重量、形状来选择合适的集装箱可以充分利用集装箱容积、重量,减少货损。

1. 普通货物集装箱的选用

一般而言,装载无特殊性质的普通的件杂货,如装运文化用品、日用百货、医药、纺织品、工艺品、化工制品、五金交电产品、电子机械产品、仪器及机器零件等,使用干货集装箱。这种集装箱占集装箱总数的 70%~80%。而装载麦芽、大米、水泥等散装货物则适用散货集装箱;对于服装、车辆等普通货物则应根据情况,装在干货集装箱或专用集装箱中来运输。

2. 特殊货物集装箱的选用

对于特殊的货物,应结合货物自己的特性选择相应的特种集装箱来承运。例如:玻璃板、大型机械设备等超高、超长、超宽和超重货物选择开顶集装箱、框架集装箱或平台集装箱;油类、酒类、危险品等液体货物选择罐式集装箱;活动物选择动物集装箱;肉类食品、鸡蛋、水果、蔬菜、奶制品等选择冷藏集装箱、隔热集装箱或通风集装箱。

二、集装箱货物积载不良现象及装载要求

(一)集装箱货物积载不良现象

集装箱内货物积载是指将货物装入集装箱过程中的堆装、衬垫、隔离、固定和系固(绑扎)等。例如:堆码不好或不合理会造成货物损坏;没有衬垫或衬垫不良会造成货物摩擦、移动;没有对货物按照忌装隔离会使货物串味,危险货物没有按照隔离原则隔离会产生危险;堆垛、大件、重件或孤件没有进行固定和系固(绑扎)会使货物产生倒塌、移(滚)动,最终都会造成货物等损坏。如果是危险货物在装箱时存在上述现象,就有可能导致危险货物的泄漏,进而导致起火、爆炸、产生毒气等,严重危害船舶和船员的安全,甚至导致船毁人亡,此类案例在航运界并不鲜见。

(二)集装箱货物的装载要求

1.集装箱使用前的检查与清理

(1)检查集装箱

集装箱在装载货物之前,都必须经过严格检查。一旦有缺陷的集装箱进入运输过程,轻则导致货损,重则在运输、装卸过程中造成箱毁人亡的重大事故。因此,对集装箱的检查是货物安全运输的基本条件之一。发货人、承运人、收货人、货运代理人、管箱人以及其他关系人在相互交接时,除对集装箱进行检查外,还应以设备交接单等书面形式确认集装箱交接时的状态。一般而言,应当从以下几方面对集装箱进行检查:

①外部检查。对箱子的外部进行六面察看,判断是否有损伤、变形、破口等异样情况,如有,应进行修理并在相应部位做出标志。

②内部检查。对箱子的内侧进行六面察看,检查是否漏水、漏光,有无污点、水迹等。

③箱门检查。查看门的四周是否水密,门锁是否完整,箱门能否270°开启。

④清洁检查。查看箱子内有无残留物、污染、锈蚀、异味、水湿。如果不符合要求,应当及时予以清扫或者更换。

⑤附属件的检查。对货物的加固环节,比如对平板集装箱、敞棚集装箱上部延伸用加强结构等状态的检查。

(2)清理集装箱

在集装箱使用前,除检查其有无破损情况外,还应对集装箱进行必要的清理,主要包括:除潮、除湿;除臭;除污染;除检疫对象的残留物。

2.现场装箱作业

(1)集装箱货物装箱的一般要求

集装箱货物的现场装箱作业,通常有三种方法:全部用人力装箱;用叉式装卸车(铲车)搬进箱内再用人力堆装;全部用机械装箱,如用货板(托盘)货用叉式装卸车在箱内堆装。这三种方法中,第三种方法最理想,装卸效率最高,发生货损事故最少。但是即使全

部采用机械装箱,装载时如果忽视了货物特性和包装状态,或由于操作不当等原因,也往往会发生货损事故,特别是在内陆地区装载的集装箱,由于装箱操作人员不了解海上运输时集装箱的状态,其装载方法通常不符合海上运输的要求,从而引起货损事故的发生,这种实例很多。

现把集装箱货物装箱时应注意的事项归纳列举如下,供装箱操作人员参考。

①在货物装箱时,任何情况下箱内所装货物的重量不能超过集装箱的最大装载量,集装箱的最大装载量由集装箱的总重减去集装箱的自重求得;总重和自重一般都标在集装箱的箱门上。

②每个集装箱的单位容重是一定的,因此如箱内装载一种货物时,只要知道货物密度,就能断定是重货还是轻货。货物密度大于箱的单位容重的是重货,装载的货物以重量计算。反之货物密度小于箱的单位容重的是轻货,装载的货物以容积计算。及时区分这两种不同情况,对提高装箱效率是很重要的。

③装载时要使箱底上的负荷平衡,箱内负荷不得偏于一端或一侧,特别是要严格禁止负荷重心偏在一端的情况。

④要避免产生集中载荷,如装载机械设备等重货时,箱底应铺上木板等衬垫材料,尽量分散其负荷。标准集装箱底面平均单位面积的安全负荷大致如下:20 ft 集装箱为 $1\,330\times 9.8\ \text{N/m}^2$,40 ft 集装箱为 $980\times 9.8\ \text{N/m}^2$。

⑤用人力装货时要注意包装上有无"不可倒置""平放""竖放"等装卸指示标志。要正确使用装货工具,捆包货禁止使用手钩。箱内货物要装载整齐、紧密堆装。容易散捆和包装脆弱的货物,要使用衬垫或在货物间插入胶合板,防止货物在箱内移动。

⑥装载货板货时要确切掌握集装箱的内部尺寸和货物包装的外部尺寸,以便计算装载件数,达到尽量减少弃位、多装货物的目的。

⑦用叉式装卸车装箱时,将受到机械的自由提升高度和门架高度的限制。在条件允许的情况下,叉车装箱可一次装载两层,但上、下应留有一定的间隙。如条件不允许一次装载两层,则在箱内装第二层时,要考虑到叉式装卸车的自由提升高度和叉式装卸车门架可能起升的高度。这时门架起升高度应为第一层货高减去自由提升高度,这样第二层货物才能装在第一层货物上。

一般用普通起重量为 2 吨的叉式装卸车,其自由提升高度为 50 cm 左右,但还有一种是全自由提升高度的叉式装卸车,这种机械只要箱内高度允许,就不受门架起升高度的影响,能很方便地堆装两层货物。此外,还应注意货物下面应铺有垫木,以便货叉能顺利抽出。

(2)一般件杂货的装箱注意事项

①不同件杂货混装的,应根据货物的性质、重量和外包装的强度等特性,将货物区分开。一般包装牢固货物、重货装在箱子底部,包装不牢货物、轻货装在箱子的上部。

②货物在集装箱内的重量应分布均衡。如集装箱某部分过重,可能导致该部分集装箱底部结构发生弯曲或脱开,在装吊的时候会发生倾斜,致使作业不能进行。陆上运输

时,也可能因集装箱装箱失衡,导致运输工具失衡,发生事故。

③在箱内堆码时,应根据货物包装强度,决定货物的堆码层数。为使箱内下层货物不致压坏,应在货物堆码之间垫入缓冲材料。

④货物与货物之间也要加隔板或隔热材料,避免货物互相擦伤、沾湿、污损。

⑤货物在箱内堆积要严密整齐。货物间不要留有空隙,一方面是充分利用箱内容积,另一方面可以防止货物在运输过程中滑动、碰撞,导致货损。

⑥在装箱完毕,关箱前,应采取措施,防止箱门附近货物倒塌。在掏箱时,也要注意防止箱门附近货物倒塌,造成人员伤亡和货物损坏。

⑦应使用清洁、干燥的垫料(如胶合板、草席、缓冲器材、隔垫板)。使用潮湿的垫料容易发生货损、货差。

⑧应根据货物大小、数量、性质等情况,选用不同规格的集装箱,选用的集装箱应符合国际标准,经过严格的检查,并有检验合格证书。

⑨当同一个集装箱要装载多种货物时,应注意以下几点:

a.重货在下,轻货在上。

b.不同包装形式的货物分堆积载。

c.污染性货物与清洁货物同装时(原则上应避免),应设有完整的防水布或其他防水织物遮盖分隔。

d.某些货物有尖锐的棱角或突出物,应注意它们对其他货物的影响(应防止由此引起货损)。

e.配装危险货物时,应按《国际海运危险货物规则》的隔离要求处理。

(3)带特定包装的集装箱货物装箱要求

①纸箱货件的装箱操作。纸箱是集装箱货物中较常见的一种包装,一般用于包装比较精细的和质轻的货物。纸箱货件的装箱操作要求如下:

a.如集装箱内装的是统一尺寸的大型纸箱,会产生空隙。当空隙为 10 cm 左右时,一般不需要对货物进行固定,但当空隙很大时,就需要按货物具体情况加以固定。

b.如果不同尺寸的纸箱混装,应就纸箱大小合理搭配,做到紧密堆装。

c.拼箱的纸箱货件应进行隔票。隔票时可使用纸、网、胶合板、电货板等材料,也可以用粉笔、带子等做记号。

d.纸箱货件不足以装满一个集装箱时,应注意纸箱的堆垛高度,以满足使集装箱底面占满的要求。

②捆包货件的装箱操作。由于货种不同,捆包的外形尺寸有很大的差异。装箱的捆包单位体积一般不宜超过 0.566 m^3,否则装箱及由箱内取出都有一定困难。捆包的堆积不受方向限制,在箱内可做出纵向或横向堆积,也可竖向堆积,堆积方式的选定也可以最终出现的空隙最小为原则。一般而言,捆包在箱内堆装可以保持稳固,但"腹部"较大的捆包,在箱门处可能倒塌,所以对这种捆包在箱门内 0.3 m 处要利用环扣和绳索加以绑扎。

捆包货件装箱,应注意集装箱内可能有棱角、突出物(螺丝钉等)会损坏货件包装,所以这些部位应加以适当的衬垫。此外,大多数捆包利用金属钢带捆扎,应注意这些钢带相互摩擦会生热和产生火花,尤其是当捆包货件为易燃性纤维材料时,或集装箱内混装有其他易燃性货件时,就会构成着火燃烧等危险。所以,对于捆装货件而言,在装箱前仔细检查箱内清洁情况(是否残留易燃性、自燃性物质)以及选择合适的同箱货种都是十分重要的。

③袋装货件的装箱操作。袋装货件的货种繁多,如食品原料、化学药品、化工原料、化肥、水泥、树脂以及塑胶原料等。除某些袋装货物须使用通风集装箱等外,一般都使用杂货集装箱。在使用杂货集装箱时,尤其应注意根据货物性质选择混装对象,以防止发生货物质量上的事故。

袋装货件有利用麻袋、布袋、塑料袋或纸袋包装的,它们都比较容易滑动,所以通常都采用压缝方式堆积。现在袋装货件装箱常采用货板成组方式,作业十分简便,但货板占据一定的载货空间,使货物装箱数量有所减少。根据经验,将袋装货件装箱以使用两层货板组件为宜。因为较多的层次会使货板占据更多箱容,减少载货的数量。另外,由于集装箱箱容有限,货板的尺寸除应适合袋装货件的外形尺寸外,还应与集装箱的箱内尺寸相协调。这样既能充分利用箱容,又能直接运用小型叉车进行装、拆箱作业。

④桶装货件的装箱操作。桶装货件,除那些桶口在"腰部"的传统鼓形木桶以外,在集装箱内均以竖立方式(桶口向上)堆装。由于桶体呈圆柱形,在长方形箱体内堆装和加固均有一定困难。因此,在集装箱内堆装桶装货件时,在层与层之间应加设平整的铺垫木板。此外,堆装后的最上层会留出一些无法用来装载桶装货件的空间,但在此空间内可以配装一些适宜的小件包装货,以充分利用箱容。

运输中的桶包装有多种形式,运用广泛的是铁桶、塑料桶和胶合板桶,它们的容量大小也有多种规格。在桶装货件装箱时,应充分注意桶的外形尺寸,并根据具体尺寸决定堆装方法,以使之与箱子尺寸相协调。

⑤木箱货件的装箱操作。木箱的种类繁多,尺寸和重量各异。木箱装载和固定时应注意的问题有:

a.装载比较重的小型木箱时,可采用骑缝装载法,使上层的木箱压在下层两木箱的接缝上,最上一层必须加以固定或塞紧。

b.装载小型木箱时,如箱门端留有较大的空隙,则必须利用木板和木条加以固定或撑紧。

c.重心较低的重、大木箱只能装一层且不能充分利用箱底面积时,应装在集装箱的中央,底部横向必须用方形木条加以固定。

d.对于重心高的木箱,紧靠底部固定是不够的,还必须在上面用木条撑紧。

e.装载特别重的大型木箱时,经常会形成集中负荷或偏心负荷,故必须有专用的固定设施,不让货物与集装箱前、后端壁接触。

f.装载框箱时,通常是使用钢带拉紧,或用具有弹性的尼龙带或布带来代替钢带。

⑥货板货件的装箱操作。货板上通常装载纸箱货和袋装货。纸箱货在上、下层之间可用粘贴法固定。袋装货装板后要求袋子的尺寸与货板的尺寸一致,对于比较滑的袋装

货也要用粘贴法固定。货板货在装载和固定时应注意的问题有：

a.货板的尺寸如在集装箱内横向只能装一块时，则货物必须放在集装箱的中央，并用纵向垫木等加以固定。

b.装载两层以上的货物时，无论空隙在横向还是纵向，底部都应用挡木固定，而上层货板货还需要用跨挡木条塞紧。

c.如货板数为奇数，则应把最后一块货板放在中央，并用绳索通过系环拉紧。

d.货板货装载框架集装箱时，必须使集装箱前、后和左、右的重量平衡。装货后应用带子把货物拉紧，或在集装箱上加罩帆布或塑料薄膜。

e.袋装的货板货应根据袋包的尺寸，将不同尺寸的货板搭配起来，以充分利用集装箱的容积。

(4)特殊货物的装箱要求

对一些特殊货物和特种集装箱进行货物装载时，除上述一般要求与方法外，还有一些特殊的要求。

①超尺度和超重货物的装箱要求。超尺度货物是指单件长、宽、高的实际尺度超过国际标准集装箱规定尺度的货物；超重货物是指单件重量超过国际标准集装箱最大载货量的货物。国际标准集装箱是有统一标准的，特别在尺度、总重量方面都有严格的限制，集装箱运输系统中使用的装卸机械设备、运输工具(集装箱船、集卡等)也都是根据这一标准设计制造的。如果货物的尺寸、重量超出这些标准规定值，对装载和运输各环节来说，都会带来一些困难和问题。

a.超高货物的装载。一般干货集装箱箱门有效高度是有一定范围的，如货物高度超过这一范围，则为超高货物，超高货物必须选择开顶集装箱或板架集装箱装载。集装箱装载超高货物时，应充分考虑运输全程中给内陆运输车站、码头、装卸机械、船舶装载带来的问题。内陆运输线对通过高度都有一定的限制(各国规定不一致)，运输时集装箱连同运输车辆的总高度一般不能超过这一限制。集装箱船舶装载超高货箱时，只能装在舱内或甲板上的最上层。

b.超宽货物的装载。超宽货物一般应采用板架集装箱或平台集装箱运输。集装箱运输下允许货物横向突出(箱子)的尺寸要受到集装箱船舶结构(箱格)、陆上运输线路(特别是铁路)允许宽度以及使用机械种类的限制，因此，超宽货物在装载时应给予充分考虑。集装箱船舶装载超宽货箱时，如超宽量在 150 mm 以内则可以与普通集装箱一样装在舱内或甲板上；如超宽量在 150 mm 以上，只能在舱面上装载，且相邻列位必须留出。

c.超长货物的装载。超长货物一般应采用板架集装箱装载，装载时需将集装箱两端的插板取下，并铺在货物下部。超长货物的超长量有一定限制，最大不得超过 306 mm。集装箱船舶装载超长货箱时，一般装于甲板上(排与排之间间隔较大)；装在舱内时，相邻排位须留出。

d.超重货物的装载。集装箱标准对集装箱(包括货物)总重量是有明确限制的：20 ft 箱为 20.32 吨(20 长吨)或 24.00 吨，40 ft 箱为 30.48 吨(30 长吨)。所有的运输工具和装卸机械都是根据这一总重量设计的。货物装入集装箱后,总重量不能超过上述规定值,超重是绝对不允许的。

②冷藏(冻)集装箱的装箱要求。装载冷藏(冻)货的集装箱应具有供箱人提供的该集装箱的检验合格证书。货物装箱前,箱体应根据使用规定的温度进行预冷。货物装箱时的温度应达到规定的装箱温度。温度要求不同或气味不同的冷藏货物绝不能配入一箱。货物装载过程中,制冷装置应停止运转;货物不要堵塞冷气通道和泄水通道;装货高度不能超过箱中的货物积载线。装货完毕关门后,应立即使通风孔处于要求的位置,并按货主对温度的要求及操作要求控制好箱内温度。

③危险货物集装箱的装箱要求。集装箱内装载的每一票危险货物必须具备危险货物申报单。装箱前应对货物及应办的手续、单证进行审查,不符合《国际海运危险货物规则》的包装要求或未经商检等部门认可或已发生货损的危险货物一律不得装箱。危险货物一般应使用封闭集装箱运输,箱内装载的危险货物任何部分不得突出箱容。装箱完毕后应立即关门封锁。

不得将危险货物与其他性质与之不相容的货物拼装在同一集装箱内。当危险货物仅占箱内部分容积时,应把危险货物装载在箱门附近,以便于处理。

装载危险货物的集装箱上,至少应有规格不小于 250 mm×250 mm 的危险品类别标志牌,并至少有 4 幅,将其贴在箱体外部 4 个侧面的明显位置上。

装箱人在危险货物装箱后,除提供装箱单外,还应提供集装箱装箱证明书(Container Packing Certificate)以证明已正确装箱并符合有关规定。

装载危险货物的集装箱卸完后,应采取措施使集装箱不具备危险性并去掉危险品类别标志牌。

④干散货物集装箱的装箱要求。用散货集装箱运输干散货可节约劳动力、包装费、装卸费。散货集装箱的箱顶上一般都设 2~3 个装货口,装货时利用圆筒仓或仓库的漏斗或使用带有铲斗的起重机进行装载。散货集装箱一般采用将集装箱倾斜使散货产生自流的方法卸货。在选择装载散货的集装箱时,必须考虑装货地点和卸货地点的装载和卸载的设备条件。

运输散装的化学制品时,首先要判明其是否属于危险货物;在运输谷物、饲料等散货时,应注意该货物是否有熏蒸要求。因此,在装货前应查阅相关的动、植物检疫规则,对需要进行熏蒸的货物应选用有熏蒸设备的集装箱装运。在装运谷物和饲料等货物时,为了防止水湿而损坏货物,应选用有箱顶内衬板的集装箱装运。在装载容易飞扬的粉状散货时,应采取措施进行围圈作业。

⑤液体货物的装箱要求。液体货物采用集装箱运输有两种情况。一是装入其他容器(如桶)后再装入集装箱运输,在这种情况下货物装载应注意的事项与一般货物或危险货物(属危险品)类似。二是散装液体货物,一般需用罐式集装箱运输,在这种情况下,货物散装前应检查罐式集装箱本身的结构、性能和箱内能否满足货物运输要求;检查是否具备必要的排空设备、管道及阀门,其安全阀是否处于有效状态。装载时应注意货物的比重

（密度）要和集装箱允许载重量与容量比值一致或接近。在装卸时如需要加温，则应考虑装货、卸货地点要有必需的热源（蒸气源或电源）。

⑥动、植物及食品的装箱要求。

运输该类货物的集装箱一般有两类：密闭式和非密封式（通风）。装载这类货物时应注意，货物应根据相关要求经过检疫并得到许可。一般要求托运人（或其代理人）事先向商检、卫检、动植物检疫等管理部门申请检验并出具合格证明后方可装箱。需做动、植物检疫的货物不能同普通货物装在同一箱内，以免熏蒸时造成货损。

各类特殊货物装箱完毕后，应采取合适的方法进行固定并关闭箱门。如加固时使用木材，且对木材有熏蒸要求（如澳大利亚、新西兰等国规定），则必须经过熏蒸处理并在箱体外表明显处标上有关部门出具的证明。需要理货的集装箱在装箱全过程中，应由理货公司派员在场记载装入货物的名称、件数、包装标志等内容，做好理货单据，并施加理货封志。

国际运输的集装箱装载时，应请海关派员监装，装箱完毕后应施加海关封志。

装箱完毕后，装箱操作人员应制作装箱单（一箱一份），如实说明箱内装载货物的名称、件数、包装及标志等内容。在集装箱运输中，装箱单是唯一说明箱内货物情况的单据，必须准确、可靠。

三、集装箱货物汗湿的防治措施及处理

要防止集装箱箱内货物的汗湿，首先，要消除集装箱箱内湿气源；其次，要保持箱体温度的相对稳定，使之不发生较大、快速的变化；再者，要防止"结汗"产生的水滴对货物带来的危害。

（一）集装箱货物汗湿的防治措施

1.选择干燥和完好的集装箱

在货物装箱前应对集装箱进行全面检验，验看箱体是否完整，胶垫、通风孔和风雨密封状况是否良好；箱内是否清洁、干燥（集装箱箱底板的水分在15%以下就可认为是干燥）以及集装箱的类型是否适载该货物。

2.选用的包装材料必须干燥

对刚采伐或潮湿的木材，绝对不能用作货物的包装材料（如货物包装箱、垫板、支柱等），以免成为"结汗"的湿气源。装货时应严格检查所用包装材料的水分，如瓦楞纸箱的水分不得大于16%，木箱的水分不得大于20%，成型发泡塑料、编织袋不得受潮。

3.必须合理使用换气孔

某些货物对湿度、温度和水的反应是非常敏感的，要防止这些货物在箱内被汗湿，就应该使用好集装箱的换气孔。对箱内货物是否需要通风换气，应根据具体装载货物的种类、航线、季节而定；至于换气孔开闭的大小，也应根据箱内、外的压差、温差、空气的流动

方向而定。因海上运输气候潮湿,一般装载散杂货的通用集装箱,应停止通风为好;某些怕闷的货物,对其积载应注意通风效果。通用集装箱不适于装载如新鲜蔬菜之类需大量换气的货物,而适于装载原皮等特殊货物。

4.装箱时严禁混入湿气源

装载货物时,必须选择适合货物种类的集装箱类型,并保持货物在干燥状态下装箱,尽量避免在雨天或潮湿天气装箱,以免箱内封入湿气源。

5.防止水滴

对有可能出现汗湿的集装箱货物,需要在货物下方和箱壁垫上隔板;在货物上方用纸或类似的吸水材料加以遮盖,以防"结汗"的水滴危及货物而导致货损。

6.采用绝缘措施保护箱内货物

对遭汗湿后易生锈、损坏或降低其品质等级的机械设备、钢材、易潮解类货物,可采用真空包装,或用涂油的方法加以保护。

7.提高货物的填充率

集装箱填充率是指货物的实际装载容积与集装箱有效容积的比值。填充率越高,货物装载量越多、越经济,相应为"结汗"提供的箱内空间越小,产生的"结汗"也就越少。

8.箱内投入干燥剂

为了减少箱内的水蒸气,可以在装箱时投入干燥剂(干燥剂分固体、液体两类,都具有吸收和保持水分相对稳定的作用),通常在集装箱内放入的干燥剂是硅胶。由于水蒸气与干燥剂表面相互接触,干燥剂就会吸收空气中的水蒸气,干燥剂的吸水量与其表面积成正比。至于硅胶的需要量及箱内的安放位置,应视具体货类的含水率而定。

9.注意货物装箱后的保护

在密闭集装箱内不能用塑料布作为遮盖物,也不能将集装箱长时间置于高温、雨淋或气温变化很大的地方;装有怕水蒸气和水滴这类货物的集装箱,应当将其装载于舱内,避免装在舱面或甲板上,以便保持箱体温度的相对稳定,避免为箱内"结汗"造成外部条件。

10.加强板架式集装箱的护货措施

由于板架式集装箱不是密闭型的包装容器,而是四周敞开式的集装箱。当货物装入板架式集装箱时,必须加以严格遮盖,如可选用篷布、塑料布等防护物。为了使措施更有效,也可在遮盖布与货物之间加一层牛皮胶纸或柏油纸,以防止货物受潮。

(二)集装箱货物汗湿的处理

把握好集装箱货物汗湿的处理方法,可以防止货物损失的扩大。

1.对汗湿货物的检查必须全面、仔细、认真

对有汗湿迹象的集装箱货物,应及时拆箱卸货;卸下的货物应全面、仔细、认真地加以检查。有的汗湿货物仅损及它的包装,而内装货物却完好无损;有的货物其外表仅有湿痕,内装货物却严重水渍,这是由于外包装的水分容易蒸发的缘故。

2.及时处理并防止损失的进一步扩大

发现有汗湿的货物应予施救,及时打开包装,将水渍擦干、晾干,防止货物生锈、变质

而降低品质等级,影响使用效能。

3.汗湿货物应坚持先行使用的原则

对遭受汗湿的货物应先行使用,特别是对经过适当处理不易恢复原状、原等级以及将影响日后使用的,如粮油食品、饲料、化工产品以及水泥、纸等货物,这些货物一旦被发现有汗湿应及时予以加工处理或改作他用,以防货物发生变质、结块、霉烂、蜕变为废物,甚至污染环境。

学生实训项目

➤ **实训项目**:集装箱货物的装箱

➤ **情景设计**:

某年 11 月 2 日,某进出口公司委托外运公司出口保鲜大葱至日本,货物在外运公司某场站由外运公司负责装箱并设定温度为－1 ℃,货值为 8 250 美元。外运公司在接受委托并装箱后,使用船名为 RYOGA 的船舶承运,提单号为 JSRMJ327Q716R,货物运抵目的地后,经日方检测,发现箱内部分货物温度已达－6.2 ℃。外运公司接到通知后,对装箱现场抄表记录和堆场设定温度等情况进行核查,未发现任何问题,后经验箱发现,箱子冷气孔被所装货物堵塞,导致集装箱制冷效果受到影响。

➤ **任务要求**:

对学生进行分组,5 人一组,给学生充分的案例讨论时间并结合集装箱货物装载的基本知识,完成以下几个实训任务,并撰写实训报告书:

1.为上述集装箱货物设计一套合理的集装箱选择方案。

2.以货主和装箱人的身份,在集装箱货物装箱时,为上述集装箱货物设计一套合理的验箱方案。

3.为上述货物设计一套合理的装载方案。

➤ **任务考核标准**:

1.考核以过程考核形式进行。

2.考核以能力考核为核心,综合考核专业知识、专业技能、方法能力、职业素质、团队合作等方面。任务考核标准见表 6-1。

表 6-1　　　　　　　　　　　任务考核标准

任务名称			集装箱货物的装箱			
实训目标			通过案例熟悉和掌握集装箱货物的装载要求			
任务考核	考核点（所占比例）	建议考核方式	评价标准			
			优	良	中	及格
	团队合作占20%	自评、小组互评	任务分工明确，组长发挥带头作用，小组成员按要求进行讨论	任务分工明确，组长发挥带头作用，小组成员按要求进行讨论，完成任务有拖拉现象	任务分工一般，组长不能发挥带头作用，小组成员能按要求进行讨论，完成任务有拖拉现象	任务分工一般，组长不能发挥带头作用，小组成员积极性不高，完成任务不够认真
	任务一完成情况占30%	方案设计考核	集装箱选择思路清晰，箱子选用合理，验箱方案设计考虑周全，装载要求考虑齐全	集装箱选择思路清晰，箱子选用合理，验箱方案设计考虑不够周全，装载要求考虑齐全	项目完成完整性达70%以上	项目完成完整性达60%以上
	任务二完成情况占20%					
	任务三完成情况占30%					

模块七
液体货物的商品养护

案例引入

2010年7月16日18时02分,位于辽宁省大连市保税区的大连中石油国际储运有限公司原油罐区输油管道发生爆炸,造成原油大量泄漏并引发大火,火舌高达50 m左右。事故之后,原国家安全监管总局和公安部共同发布了《关于大连中石油国际储运有限公司"7·16"输油管道爆炸火灾事故情况的通报》,通报称此次事故的原因是,在"宇宙宝石"油轮已暂停卸油作业的情况下,天津辉盛达石化技术有限公司和上海祥诚商品检验技术服务有限公司大连分公司仍继续向输油管道中注入含有强氧化剂的原油脱硫剂,造成输油管道内发生化学爆炸。使用脱硫剂进行脱硫,主要借助剧烈的化学反应来完成,并且具有反应速率常数大、反应速度快、反应加温快等特点。原油在常温下,需要进行加温减黏处理,因此使用脱硫剂还可以有效提高输油管道和储油设备防硫(主要是指硫化氢,具有极强的腐蚀力)腐蚀能力。原油脱硫剂分为高温和低温两类,其中低温脱硫剂最低温度点也要求大于30 ℃,"宇宙宝石"邮轮在向中石油大连大孤山新港码头一储油罐区的罐体输送原油时,其输转油品必须升温至30 ℃以上,而经过脱硫剂的化学反应,原油进入储油罐或接近储油罐时的温度,至少也在50 ℃。

请结合商品养护的知识分析一下上述案例,并思考以下问题:
1.相关人员应该采取哪些商品养护措施才能避免爆炸的发生?
2.在货物的运输过程中,货物保管人应如何对油品进行商品养护?

必备的知识点

一、原油及油品的基本知识

原油即石油,也称"黑色金子",是一种黏稠的深褐色(有时有点绿色的)液体,是从油井中刚开采出来未经提炼或加工的物质。它由不同的碳氢化合物混合组成,其主要组成成分是烷烃,此外还含硫、氧、氮、磷、钒等元素。

石油产品又称成品油或油品,是原油经炼制加工,如经过分馏、裂解、重整等方法获得的各种产品。

(一)原油及油品的分类

1.原油的分类

(1)按所含烃类成分划分

①根据烃类成分的不同,原油可分为石蜡基原油、环烷基原油和中间基原油三类。石蜡基原油含烷烃较多;环烷基原油含环烷烃、芳香烃较多;中间基原油介于二者之间。目前我国已开采的原油以石蜡基原油居多。大庆等地原油均属此类。其中,较具代表性的大庆原油,硫含量低,蜡含量高,凝固点高,能生产出优质煤油、柴油、溶剂油、润滑油和商品石蜡。胜利原油胶质含量高(29%),比重较大(0.91左右),含蜡量高(15%~21%),属中间基原油。汽油馏分感铅性好,且富有环烷烃和芳香烃,故是重整的良好原料。

(2)按硫含量划分

按硫含量不同,原油可分为超低硫原油、低硫原油、含硫原油和高硫原油四类。

(3)按比重划分

按比重不同,原油可分为轻质原油、中质原油、重质原油三类。

2.油品的分类

油品通常按其主要用途分为两大类:一类为燃料类,如汽油、煤油、柴油、燃料油等;另一类可作为原材料,如润滑油、润滑脂、石油蜡、石油沥青、石油焦以及石油化工原料等。我国根据石油炼制工业的特点并参照国际标准化组织的国际标准将石油产品分为石油燃料、石油溶剂及化工原料、润滑剂、石蜡、石油沥青、石油焦六类。这里简要介绍燃料类油品。

(1)汽油

一般来说,汽油按马达法辛烷值分为70号和85号两个牌号,按研究法辛烷值分为90号、93号、95号和97号车用汽油四个牌号,目前日常生活中大家习惯的汽油牌号就是按研究法辛烷值分类的。汽油通常用作汽油汽车和汽油机的燃料。车用汽油根据发动机压缩比的高低选用不同牌号的汽油:压缩比较高的,可选用较高牌号的汽油;反之,则选用较低牌号的汽油。航空汽油则通常用作活塞式航空发动机燃料,按研究法辛烷值分为75号、95号、100号三个牌号,目前只在小型飞机尤其是军用飞机上使用。

(2)煤油

煤油旧称灯油,因为煤油一开始主要用于照明。煤油按质量分为优质品、一级品和合格品三个等级,主要用于点灯照明,以及各种喷灯、汽灯、汽化炉和煤油炉等的燃料;也可用作机械零部件的洗涤剂,橡胶和制药工业溶剂,油墨稀释剂,有机化工裂解原料,玻璃陶瓷工业、铝板辗轧、金属表面化学热处理等工艺用油。航空煤油则主要用作喷气式发动机燃料,目前大型客机均使用航空煤油。航空煤油分为1号、2号、3号三个等级,只有3号航空煤油被广泛使用。

(3) 柴油

柴油又称油渣,为柴油机燃料。柴油分为轻柴油(沸点范围为180 ℃～370 ℃)和重柴油(沸点范围为350℃～410℃)两大类。轻柴油是柴油汽车、拖拉机等柴油发动机的燃料。划分柴油的依据是凝点,目前国内应用的轻柴油按凝点分为:10号、0号、－10号、－20号、－35号和－50号6个牌号。重柴油是中、低速(1 000 r/min以下)柴油机的燃料,一般按凝点分为10号、20号和30号3个牌号,转速越低,选用的重柴油凝点越高。重柴油还用于农田排灌、渔轮、船舶等,也用作锅炉燃料。

(4) 燃料油

一般来说,在原油的加工过程中,较轻的组分总是最先被分离出来,燃料油作为成品油的一种,是石油加工过程中在汽油、煤油、柴油之后从原油中分离出来的较重的剩余产物。燃料油广泛用作船舶锅炉燃料、加热炉燃料、冶金炉和其他工业炉燃料。燃料油主要由石油的裂化残渣油和直馏残渣油制成,其特点是黏度大,含非烃类化合物、胶质、沥青质多。燃料油作为炼油工艺过程中的最后一种产品,产品质量控制有着较强的特殊性,最终燃料油产品形成受到原油品种、加工工艺、加工深度等许多因素的制约。

(二)原油及油品的特性

1. 易燃性和爆炸性

(1)易爆程度

原油和原油产品的易爆程度可以用闪点、燃点和自燃点来衡量。

①闪点,即在常压下和一定温度时,油品蒸发出来的油蒸气和空气混合后,与火焰接触闪出蓝色火花并立即熄灭时的最低温度。

②燃点,即在常压下和一定温度时,油品蒸发出来的油蒸气与空气混合后,与火焰接触而着火并继续燃烧不少于5秒时的最低温度。

③自燃点,即在常压下,将油品加热到某温度,不用引火也能自行燃烧时的最低温度。

(2)爆炸原理

一类是油气混合气因遇火而爆炸,这是一种化学性爆炸;另一类是密闭容器内的介质,在外界因素作用下,由于物理作用,发生剧烈膨胀超压而爆炸,如空油桶或空油轮等因高温或剧烈的碰撞使腔内气体剧烈膨胀而造成爆炸等。在油库中最易发生且破坏性较大的是第一类爆炸。

油蒸气与空气的混合气达到适当浓度时,遇到足够能量的火源就能发生爆炸。某种油蒸气在空气中能发生爆炸的最低浓度和最高浓度,称为某种油蒸气的爆炸浓度下限和爆炸浓度上限,其所对应的饱和蒸气压的油料温度称为这种油料的爆炸温度极限。

当空气中含油蒸气的量处于爆炸浓度上限和爆炸浓度下限之间,才有爆炸的危险,而且爆炸温度极限的幅度越大,危险性就越大。如果低于爆炸浓度下限,遇明火,既不会爆炸,又不会燃烧;当空气中含油蒸气的量超过爆炸浓度上限时,遇火只会燃烧而不会立刻爆炸,但在燃烧过程中可能突然转为爆炸。这是因为油蒸气在空气中所占的体积百分比在燃烧中逐渐降低而达到爆炸浓度上限的缘故。

(3)注意事项

①油码头要和其他码头分隔并设在下游或下风处。

②与临近的建筑物要有 300 m 以上的防护距离,并要和居民区分开。

③码头要设置合理的消防设施。

2.挥发性

不同的油料,其挥发性是不同的,一般轻质成分越多,挥发性越大,汽油大于煤油,煤油大于柴油,润滑油挥发较慢。同时油料在不同温度和压力下,挥发性也不同,温度越高,挥发越快;压力越低,挥发越快。从油料中挥发出来的油蒸气会迅速与空气混合,形成可燃混合气,一旦遇到足够大的点火能量,就会引起燃烧和爆炸。挥发性越大的油料的火灾危险性越大。

此外,原油的挥发会引起油量的减少和油质的降低,因为挥发成气体的大部分是石油及其产品中的轻质有效成分,而且这些挥发的气体会危害人体健康,一般情况下,当空气中油蒸气的含量达 8.3 g/L 时,还会危及人的生命。所以这就要求,油码头要加强通风开放,配备必要的防毒面具以在检修管道或油堆时用。

3.扩散性

油料的扩散性及其对火灾危险的影响主要表现在以下三个方面:

(1)油料的流动性

油料,特别是轻质油料,具有很强的流动性。油料的这种流动性使得油料的扩散能力大大增强,所以易发生溢油和漏油事故;同时也易沿着地面或设备流淌扩散,增大了火灾危险性;也易使火势范围扩大,增加了灭火难度和火灾损失。

(2)油料会沿水面漂浮扩散

油料比水轻且不溶于水这一特性决定了油料会沿水面漂浮扩散。一旦管道、储油设备或油轮把油料漏入江、河、湖、海等水域,油料就会浮于水面,随波漂流,造成严重的污染,甚至造成火灾。这一特性还使得不能用水直接覆盖扑救油料火灾,因为这样做反而可能扩大火势和范围。

(3)油蒸气的扩散性

油蒸气的扩散性是由于油蒸气的密度比空气略大,且很接近,有风时受风影响会随风飘散,即使无风时,它也能沿地面扩散出 50 m 以外,并易积聚在坑洼地。

4.纯洁性

不同品种的原油产品一旦混在一起就不易分离,这就要求原油产品在装卸、运输、贮存时要保持其纯洁性。

5.易产生静电性

原油沿管线流动时,与管道壁产生摩擦,原油在金属容器中晃动与容器壁摩擦均会产生静电荷,产生的静电荷就聚集在管道的容器壁上。当静电荷积聚到一定电位时,会产生静电放电,这种放电的火花对有大量的原油蒸气的作业场所来说,很容易引起燃烧和爆炸。

6.黏性和凝结性

油品的流动性能叫作黏性。各种原油产品及原油的黏性是不同的,有的黏性小,容易流动,如汽油;有的不仅在低温下有很大的黏性,甚至在夏季气温较高的情况下,仍是凝结的,如某些原油及不透明的原油产品。

任何液体都有黏度,油品的黏度是表示油品流动性的指标,一般轻质油的黏度小,流动快;重质油的黏度大,流动慢。油品的黏度与温度有关,温度升高,黏度下降,流动性好;反之,温度降低,黏度升高,油品易凝固。

7.膨胀性

物质具有的热胀冷缩的特性,称为膨胀性。膨胀性表现为物质的体积随着温度的升高或降低产生膨胀或缩小。原油及其产品受热时,体积会膨胀而增大,这就是原油的膨胀性。油品的膨胀性与体积、温度有关,一般来说,油品越轻,膨胀系数越大。

原油及其产品的膨胀性要求我们在输油和贮油的油罐容器中留出一定的剩余空间,以适应这种特性的要求。

8.毒害性

原油蒸气对人体健康有很大的危害,因原油中毒或吸入蒸气而引起中毒的情况时有发生,越是大量吸入蒸气就越会造成人体中毒甚至死亡。有的油品,如四乙基铅的汽油蒸气毒害性非常大,它可以通过皮肤接触使人中毒。

原油的毒性与其蒸发性有密切关系,易蒸发的原油制品比难蒸发的原油制品毒性大。

(三)原油及油品的危害性

原油及油品的危害性主要可归纳为安全危害和对海洋的污染。

1.安全危害

安全危害包括燃烧爆炸、易感静电和对人身健康的危害。

(1)燃烧爆炸

油类能够着火燃烧,但需在一定条件下发生。它与其他可燃物质一样,也需具备燃烧的三要素。

①可燃物,即原油挥发出的原油气或烃气。

②助燃物,即原油周围的空气。

③热源,足以点燃原油气的火焰、电火花、静电火花等。

缺少其中任何一个要素,就不可能引起燃烧,或燃烧的可能性不大。

如果可燃油气被点燃,火焰就会很快扩展到整个混合气体,将出现迅速膨胀,局部压力升高。在敞开的场所,膨胀的气体很容易消散,但是在封闭的空间里(如货油舱),膨胀的气体被限制住,会致使压力继续升高,直到油舱的围壁崩裂,导致爆炸。

除非空气中所含的烃气浓度在可燃范围内,否则烃气和空气的混合气体是不会引起爆炸的。对于各种不同的纯烃气和不同的原油产品挥发出来的混合气体来说,它们的爆炸范围略有不同,为1‰~10‰。我们只要把油气浓度控制在爆炸范围之外,就可以达到一般的防患目的。

(2)易感静电

两种物质相互接触时,在它们的界面会产生双电层,使得两种物质的接触面分别带上相反的电荷。如果这两种物质做相对运动和摩擦,电荷现象会更为明显。这种电荷称为静电。

物质要产生静电危害,必须同时具备以下三个条件:

①电荷分离。两种互相接触的物质分离后,才会带上相反的电荷。

②电荷积聚。重质原油因含有杂质,电导率较高,电荷容易流散,不能使电荷积聚。相反,轻质原油的绝缘性好,容易蓄积电荷。

③使静电放电。蓄积的电荷会有一定的电压,电压较低时,由于不具备足够的能量不会发生火花放电,当电场强度超过 3 000 kV/m 时,或者当静电火花高于可燃气体的最小着火能量值时,产生的静电火花就有可能使可燃气体着火燃烧。

在石油装卸、运输中,原油或含油污水在管道内流动与管壁做相对运动时;用压缩空气扫清管线内存油时;装货初期,原油与舱底水掺混时;用高容量洗舱机喷射舱壁时,都会使运动中的原油或含油污水等与相对静止物分离而带电。为防止静电造成火灾事故,在装货初期应控制流速(一般不大于 1 m/s),将管线通过主液货管或船壳进行接地,以疏导电荷。

(3)对人身健康的危害

原油及原油产品之所以会对人身健康造成危害,主要是因为原油及原油气中的有毒成分。人员中毒几乎是由于接触了各种原油和原油气而发生的,接触的主要途径有吞入、皮肤直接接触和吸入。

①吞入。一般情况下,吞入大量原油的情况是很少见的,吞入原油会引起剧烈恶心、呕吐。在呕吐中,就有可能将液态原油带入肺脏,从而引起严重后果,特别是吞入汽油和煤油这类高挥发性原油产品时,情况更为严重。

②皮肤直接接触。多种原油产品,尤其是挥发性较强的原油产品,对皮肤均有刺激性。它能脱去皮肤上必不可少的油脂,引起皮炎。长期、反复地与一些原油接触会导致严重的皮肤病。原油对眼睛的刺激也很大。为了避免或减少与原油直接接触,应配备手套和护目镜等防护用品。

③油气的吸入。人体对原油气的主要中毒反应是恶心,其症状包括头痛、眼睛发炎,并伴有反应迟钝、头晕目眩。高浓度的原油气还能导致人瘫痪,丧失知觉,甚至死亡。原油气的毒性大小,主要取决于原油气中的成分。某些微量元素、芳香烃(如苯)和硫化氢的存在,会大幅度地提高其毒性。

需要强调的是,很多原油气的中毒临界值远远低于可燃下限值,如苯、硫化氢的中毒临界值为 10 ppm,在进入货油舱之前,一定要彻底通风,要确保原油气的浓度低于中毒临界值,方可进入舱内工作。

2.对海洋的污染

原油及油品对海洋的污染包括对海洋生物资源的危害、对海滨和海岸自然环境的危害和其他影响。

(1)对海洋生物资源的危害

进入海洋的石油,在氧化和溶解过程中能导致海水溶解,氧含量急剧下降,二氧化碳和有机物含量增高,其他某些化学性质也产生一定的变化。大面积海洋污染将导致严重缺氧,会对海洋生物造成严重危害。

(2)对海滨和海岸自然环境的危害

气候宜人的海滨和海岸通常是娱乐和疗养的胜地,也是天然的浴场。然而发生油污染后,海洋上漂浮的油类在风、浪、潮的作用下,漂上海岸或海滩,令人产生厌恶感,或失去游玩的兴趣,从而降低海滨的使用价值,恶化海岸自然景观。如果海洋植物遭受油污染侵害,则会枯死,造成海岸带侵蚀。

(3)其他影响

其他影响包括对海洋气候的影响,对海水的利用及滩涂养殖的影响等。

二、散装液体化学品

散装液体化学品是指除了石油及石油制品,具有易燃易爆或其他危险性的液体货品,温度在 37.8℃时,其蒸气绝对压力不超过 0.28 Mpa 的液体危险化学品。其具体货名列在《国际散装运输危险化学品船舶构造和设备规则》(简称《IBC 规则》)的第十七章。

散装液体化学品中有的具有重大的火灾危险性,其危险程度超过原油及其制品;还有的除具有易燃性以外,还具有其他重大危险性,比如毒性、腐蚀性、反应性和污染性;还有的虽没有易燃的危险性,但具有上述所说的其他重大危险性。因此,散装液体化学品一般是由专门设计建造的船舶,即"散化船"来承运的。

(一)散装液体化学品的种类

散装液体化学品种类繁多且性质各异,无法对其统一分类,但当强调某一特殊危险性时,国际上或某些国家给出了相应的分类系统。

1.按运输方式分类

根据运输方式的不同,散装液体化学品可分为:

(1)大宗化工产品,如硫酸、硝酸、磷酸、盐酸和氢氧化钠。

(2)石化产品,如润滑油、溶剂、添加剂等。

(3)煤焦油产品,如苯、二甲苯等。

(4)糖类和醇类,如白酒、啤酒等。

(5)植物油和动物油脂。

2.按品种分类

根据品种不同,散装液体化学品可分为:

(1)石油化工产品:包括基本有机化工原料、有机溶剂、润滑油、添加剂、三大合成材料(塑料、合成纤维和合成橡胶)、染料中间体、农药和炸药等。

(2)非石油化工产品:包括无机酸、碱等重化工产品,动、植物油脂和糖浆等。

3.按污染性分类

散装液体化学品中有一大类具有污染性,《MARPOL 73/78 防污公约》附则Ⅱ"控制散装有毒液体物质污染规则"中,根据对海洋的污染性将其分为 4 类。

(1)A 类:这类物质如从洗舱或排放压载的作业中排放入海,将对海洋资源或人类健康产生重大危害,或对海上的休憩环境或其他合法利用造成严重损害,因此有必要对其采取严格的防污措施。

(2)B 类:这类物质如从洗舱或排放压载的作业中排放入海,将对海洋资源或人类健康产生危害,或对海上休憩环境或其他合法利用造成损害,因此有必要对其采取特殊的防污措施。

(3)C 类:这类物质如从洗舱或排放压载的作业中排放入海,将对海洋资源或人类健康产生较小的危害,或对海上休憩环境或其他合法利用造成轻微的损害,因此有必要对其采取特殊的操作条件。

(4)D 类:这类物质如从洗舱或排放压载的作业中排放入海,将对海洋资源或人类健康产生可察觉的危害,或对海上休憩环境或其他合法利用造成轻微的损害,因此要求对其操作条件给予适当的注意。

自 2007 年 2 月 1 日起,新修改的《MARPOL73/78 防污公约》附则Ⅱ已将上述名称更改为 X、Y、Z 及 OS 四类,基本对应于上述 A、B、C、D 四类。

4.按反应性分类

美国海岸警卫队(USCG)根据散装液体化学品的反应性,将其分为 5 类。

(1)0 类:几乎不发生反应的物质,但在某种条件下能与 4 类物质反应,如饱和烃。

(2)1 类:仅与 4 类物质反应的液体化学品,如芳香烃、稀烃、醚和酯。

(3)2 类:不能与 0 类和 1 类物质反应,或本类物质不能相互反应的液体化学品,但能与 3 类和 4 类物质反应,如醇、酮和聚合物。

(4)3 类:能与 2 类和 4 类物质反应且本类能相互反应的液体化学品,如有机酸、液氨和环氧衍生物。

(5)4 类:能相互反应并能与其所有类的液体化学品反应的物质,如浓无机酸、强碱、磷和硫。

这样粗略的分类不能满足安全运输中积载和隔离的要求,所以美国海岸警卫队又进一步制定了货物相容性表,将散装液体化学品分为 36 类,1~22 为反应类,30~43 为相容类。

按反应性分类的还有挪威船舶方面的法规,根据反应性的程度将散装液体化学品分为 25 类(共 38 小类)。反应性程度分为不反应、强烈反应和例外情况三种。

(二)液体化学品的特性

1.液体化学品的危险特性

(1)易燃烧,爆炸范围广

许多液体化学品燃烧的危险性甚至比原油及其制品还要大,闪点低,爆炸范围广;有的则自燃点低。例如,乙醚的闪点为 -40 ℃,爆炸范围为 1.85%~36.5%;二硫化碳的自燃点为 100 ℃。

（2）反应性

某些液体化学品的性质很活泼，能与水、空气、其他货品发生反应，甚至自身分解、结晶、发生氧化还原和聚合反应。

（3）毒性大

液体化学品及其蒸气一般都具有刺激性和毒性，有的还是剧毒品。例如，酚的中毒临界值为 5 mg/kg；苯的中毒临界值为 10 mg/kg。

（4）腐蚀性

液体化学品的腐蚀性不仅表现在对有机体即人的腐蚀特性，而且对货舱结构、船舶设备和结构材料也会造成腐蚀，如硫酸、氢氧化钠。

（5）污染性

液体化学品本身对生物有毒性，再加上在环境中的扩散特性，进入水体后对海洋环境、海洋资源会产生很大的危害。对于这类货品还应满足《MARPOL 73/78 防污公约》提出的防止海洋污染的操作要求。

2. 其他与运输管理有关的特性

（1）相对密度范围大

液体化学品的种类繁多，各自的相对密度差别很大。有的比水轻，如苯的相对密度为 0.88；有的却比水重得多，如甲基铅为 1.99。

（2）黏度大

液体化学品中的许多种类黏度大、流动性差，而且容易凝固。如对二甲苯的凝固点为 13 ℃。

（3）蒸气压高、沸点低

液体化学品中的许多种类有很强的挥发性，有的品种其沸点就在环境温度范围内，如乙醚的沸点是 34 ℃，在高温季节，乙醚就是"气体"物质。

（4）敏感性

某些液体化学品对光照、热、杂质等因素十分敏感，这除了会造成货损外，还会导致危险事故，如苯乙烯在光照条件下会发生聚合反应，生成固体的聚苯乙烯并放出大量的热，从而导致货损和其他危险事故。

（5）易发生聚合反应

对于液体化学品而言，聚合反应是指某些含有不饱和双键的乙烯类化合物和容易发生开链的环氧类化合物，它们可能发生自身结合在一起的反应，形成至少双分子的化合物，通常可连接成千上万个分子，即聚合物。这种反应即聚合反应，形成聚合物的简单分子称为单体。单体一般是可以自由流动的液体化学品，但发生聚合反应之后，其黏度明显增大，甚至变成固体，完全失去流动性，这是很危险的。这些固体物质会黏附在舱壁上、阻塞在管路中，导致货舱结构和设备的损坏，甚至发生重大事故。

聚合反应可能由于光照、受热、杂质或催化剂的影响而发生，也可能在没有外界影响的情况下自动发生。为防止在运输中发生聚合反应，应采取以下防范措施：

①密闭舱盖,避免日光照射。
②保持冷却状态,避免与能发热的货物或机舱相邻装载。
③控制温度,当温度超过标准时应采取措施。
④加入阻聚剂以抑制聚合反应的发生。其作用机理是靠自身的不断消耗达到抑制液体化学品发生聚合反应,而且温度越高消耗得越快。所以其作用是有一定期限的。托运人应在证书上写明阻聚剂的名称、加入量(浓度)、加入时间、有效期以及温度限制等内容。

(三)易燃液体化学品的安全防范措施

1. 防止易燃液体化学品发生火灾和爆炸的原理

防止易燃液体化学品发生火灾和爆炸的安全防范措施是依据以下5种技术和原理:
(1)排除火源。
(2)排除空气(氧气)。
(3)液体储存在封闭的容器或装置内。
(4)通风以防止易燃液体蒸气浓度达到燃烧浓度范围。
(5)用惰性气体环境代替空气。

后四种方法都是防止或降低易燃液体化学品(蒸气)与空气接触构成燃烧或爆炸。

2. 防止易燃液体化学品发生火灾和爆炸的具体做法

为了防止易燃液体化学品发生火灾和爆炸,以上5种技术可同时采用,具体的做法如下:

(1)生产、使用、储存易燃液体的厂房和仓库,应为一、二级耐火建筑,要求通风良好,周围严禁烟火、远离火种、热源、氧化剂及酸类等。夏季应有隔热降温措施,闪点低于23 ℃的易燃液体,其仓库温度一般不超过30 ℃;低沸点的品种,如乙醚、二硫化碳、石油醚等仓库,应采取降温冷藏措施。大量的苯、乙醇、汽油等,一般可用储罐存放。储罐可露天存放,但气温在30 ℃以上时应采用洒水降温措施。

(2)使用、储存易燃液体的场所,应根据有关规程标准选用防爆电器。在装卸和搬运中要轻拿轻放,严禁滚动、摩擦、拖拉等危及安全的操作。作业时严禁使用易产生火花的铁制工具及穿带铁钉的鞋。必须进入该场所的机动车辆最好采用防爆型,其排气管应安装可靠的火星灭火器和防止易燃物滴落在排气管上的防护挡板或隔热板等。

(3)易燃液体在灌装时,容器内应留5%以上的空隙,不可灌满,以防止易燃液体受热而发生膨胀或爆炸事故。

(4)不得与其他化学危险品混放。实验用及留作样品的少量瓶装易燃液体可设危险品柜,按性质分格储存,同一格内不得存放氧化剂等性质相抵触的物品。

(5)在确定易燃和可燃液体的危险程度、储存条件、使用设备、照明、保温和库内温度时,都要考虑到该液体的闪点。对于低闪点的液体储存时采用地下式或半地下式库房,必要时在储罐中充满氮气,以隔绝与空气的接触,使用时要在密封的器械中进行。

(6)夏季运输应遵守当地的具体规定,在早晚进出库和运输。在运输、泵送灌装时要有良好的接地装置,防止静电积聚。运输易燃液体的槽车应有接地线链,槽内可设有孔挡板以减少槽内因震荡而产生的静电。

(7) 由于易燃液体的仓库一般设在本单位或城市的边远地区,与周围其他建筑物保持一定的距离,这样就容易遭受雷击,所以必须安装有效的避雷装置,以防止因雷击而引起火灾事故。安装的避雷装置,可采用独立的避雷针,也可在每座库房的防火墙上安装避雷针,高度必须经过计算。

(8) 搬运时,配装位置应远离储罐区、电源、热源、火源等部位,所用电气设备应防爆,室内通风设备应有防火星装置,装卸时应安排在最后装、最先卸,严禁用塑料桶灌装、运输易燃液体,以防止因静电的积聚而发生火灾事故。

(9) 绝大多数易燃液体的蒸气具有一定的毒性,会从呼吸道进入人体造成危害,应特别注意易燃液体的包装必须完好,在作业中应加强通风措施。在夏季或发生火灾的情况下,空气中有毒气体的浓度增大,更应注意防止中毒。

(10) 要根据储存物品的性质,备足相应的灭火器材,并使其始终保持良好状态。要经常组织职工进行消防演练,熟练使用各种消防器材。

三、液化气体的种类及特性

(一)液化气体的种类

液化气体是常温常压下为气体的物质,经过加压、降温或降温加压,都可能转化为液态的物质。其分类如下:

(1) 按来源分类,可分为天然气、石油气和化学品气。自然界存在的称为天然气;石油炼制过程产生的气体称为石油气;化工厂生产出来的气体产品称为化学品气。

(2) 按化学组成分类,可分为烃类、烯烃类、卤代烷类以及含氧化合物类、胺类、无机物单质和无机化合物等。烃类包括C_4以下的烷烃和烯烃,即甲烷、乙烷、丙烷、丁烷、丙烯和丁烯;烯烃类即带双键的化合物,包括乙烯、丁二烯、异戊二烯、丙炔、氯乙烯、偏氯乙烯和乙烯基乙醚;卤代烷类主要有氯甲烷、溴甲烷、氯乙烷和制冷剂气体氟氯烷。

(二)液化气体的性质

1. 反应性

一些液化气体具有化学不稳定性,有些不但能溶于水,还可能与水生成水合物结晶体堵塞管道、喷嘴和仪表;有些能与空气中的氧发生反应生成不稳定的过氧化物,导致爆炸;还有些则因不饱和键的存在而可能发生聚合反应,反应发出的热量更加剧了自身聚合反应的进行,导致液化气体变质,甚至引起燃烧和爆炸。为防止聚合反应,应按要求添加抑制剂。

2. 可燃性

大多数液化气体在运输中发生泄漏可能与空气形成可燃性混合物,遇明火则可能燃烧,甚至爆炸。

3. 低沸点和高蒸气压

液化气体在常温时皆为气体,即其沸点都低于常温,并在常温时即具有较高的蒸气压。

4.低温效应

有些液化气体基于其物理特性,是在冷冻状态下呈液态进行运输的,与之实际接触的舱壁、管线、阀体和输送机械应是耐低温的。液化气体一旦与人体直接接触,即会因为其本身的低温,或在常温下迅速气化、膨胀而形成的低温造成人体皮肤或其他器官的冻伤、坏死。

5.有毒性

液化气体大多数是有毒的,有的甚至是剧毒,必须在装卸作业和应急行动前备有足够的、有效的防护服和自给式呼吸器。目前大宗运输的液化天然气、液化石油气、液化乙烯气、丙烯等是无毒的,而氯乙烯、氨则是有毒的。

(三)液化气体的危害性

液化气体大都是易蒸发和易燃、易爆物品,它的燃烧和爆炸会对人员、船舶及周围环境造成巨大的破坏。

1.引起火灾的危害性

(1)易燃烧爆炸

液化气体属易燃气体,易燃气体的主要危险特性就是易燃易爆。简单成分组成的气体比复杂成分组成的气体易燃、燃速快、火焰温度高、着火爆炸危险性大。

(2)扩散性

压缩气体和液化气体由于气体的分子间距大,相互作用力小,所以非常容易扩散,能自发地充满任何容器。气体的扩散性受到比重影响:比空气轻的气体在空气中可以无限制地扩散,易与空气形成爆炸性混合物;比空气重的气体扩散后,往往聚集在地表、沟渠、隧道、厂房死角等处,长时间不散,遇着火源会发生燃烧或爆炸。掌握气体的比重及其扩散性,对指导消防监督检查、评定火灾危险性大小、确定防火间距、选择通风口的位置都有实际意义。

(3)可缩性和膨胀性

压缩气体和液化气体的热胀冷缩比液体、固体大得多,其体积随温度升降而胀缩。因此容器(钢瓶)在储存、运输和使用过程中,要注意防火、防晒、隔热,在向容器(钢瓶)内充装气体时,要注意极限温度压力,严格控制充装,防止超装、超温、超压造成事故。

(4)静电性

压缩气体和液化气体从管口或破损处高速喷出时,由于强烈的摩擦作用,会产生静电。带电性也是评定压缩气体和液化气体火灾危险性的参数之一,掌握其带电性有助于在实际消防监督检查中指导检查设备接地、流速控制等防范措施是否落实。

(5)腐蚀毒害性

液化气体中的氢、氨、硫化氢等都能腐蚀设备,严重时可导致设备裂缝、漏气。对装液化气体的容器,要采取一定的防腐措施,要定期检验其耐压强度,以防万一。液化气体也具有一定的毒害性。

(6)窒息性

压缩气体和液化气体都有一定的窒息性(氧气和压缩空气除外)。易燃易爆性和腐蚀毒害性易引起人们的注意，而窒息性往往被忽视，尤其是那些不燃无毒气体，如二氧化碳、氮、氦、氩等惰性气体，一旦发生泄漏，均能使人窒息死亡。

(7) 氧化性

压缩气体和液化气体的氧化性主要有两种情况：一种是明确列为助燃气体的，如氧气、压缩空气、一氧化二氮；另一种是列为有毒气体，本身不燃，但氧化性很强，与可燃气体混合后能发生燃烧或爆炸的气体，如氯气与乙炔混合即可爆炸，氯气与氢气混合见光可爆炸，氟气遇氢气即爆炸，油脂接触氧气能自燃，铁在氧气、氯气中也能燃烧。因此，在消防监督中不能忽视气体的氧化性，尤其是列为有毒气体的氯气、氟气，除了注意其毒害性外，还应注意其氧化性，在储存、运输和使用中要与其他可燃气体分开。

2. 对人体健康的危害

液化气船载运的液化气体，大都具有以下几种或全部特性，即刺激性、腐蚀性、麻醉性、毒性、窒息性和可燃性等，对人体的危害有中毒、窒息、麻醉、冻伤、化学烧伤和燃烧爆炸，每种液化气体对人体都可能有以上六种危害中的几种或全部。

其中液化气体引起中毒的途径有三种，即通过呼吸道、皮肤和消化道进入人体。

3. 低温危害

低温液化气体泄漏出来时，不可避免地会对耐低温性差的船体金属片材料造成低温冷脆断裂的危害。同时货物系统中的水分，如潮湿的气体和露点温度较高的惰性气体中携带的水分以及溶解在液化气体中的水分，都会由于液化气体的低温而结冰。结冰的危害同水合物一样，都会对液货泵、阀门、传感器管路、喷淋管路和液位测量设备等造成损坏或堵塞。

4. 腐蚀性和软化溶解性的危害

(1) 液化气体的腐蚀性

有些液化气体，在有水分存在的情况下，会大大增加它的腐蚀性和反应性。

货物系统的金属材料会与硫、金属盐和水分等杂质起腐蚀氧化反应，从而降低材料性能，破坏结构强度。特别像硫和水分，在缺氧状态下会与铁质材料生成氧化铁、硫化亚铁等物质，使铁质材料发生腐蚀，并且当货物系统修理需要开舱通风时，硫化亚铁等会与空气中的氧发生剧烈的氧化反应，产生自燃，并可能会导致爆炸等危险。

为防止液化气体发生聚合反应、生成水合物或结冰，往往需往液化气体内添加抑制剂或防冻剂，而这些抑制剂或防冻剂是可能有腐蚀性的，需小心对待。

(2) 液化气体的软化溶解性

液化气体除对金属材料有腐蚀性外，对橡胶材料和垫片材料等也有软化性或腐蚀溶化性。

液化石油气对于橡胶、生橡胶、加硫橡胶等材料，虽不能溶解却能溶胀，会使橡胶管、橡胶垫片等材料软化，所以在液化石油气货物系统中必须使用合成橡胶和聚四氟乙烯等耐油材料。

某些烃类液化气体还能溶于润滑油中，使润滑油稀释而引起货物压缩机等货物机械润滑不足。有些液化气体如液化石油气等，对油脂的溶解作用会使机件脱脂，阀门失去润滑,并能使油漆和脂膏溶解,在实际中应注意避免受到这些影响。

5.液货舱负压的危害

液化气体可能会渗入空气、破坏货舱结构。对于压力式容器货舱,设计上是可以承受一定负压的,但对于屏壁材料很薄的薄膜式和半薄膜式货舱则要特别小心,因为较小的负压或压力差就极易损坏它的结构。在进行预冷、复温、装货、卸货等作业时,或者由于气候变化和日夜温差等影响,都可能改变货舱内和屏壁间的压力。

相关知识的实际应用

相关案例

2013年11月22日凌晨2时许,青岛经济技术开发区中石化黄潍输油管线东黄输油管道发生原油泄漏。10时30分左右,在准备抢修过程中发生爆炸,爆炸波及青岛市丽东化工厂部分设施。截至11月23日零时,事故已造成35人死亡,166人受伤,其中65人受重伤。

现场初步调查显示,东黄输油管道腐蚀严重,当天造成大量原油泄漏,进入排水沟。而排水沟暗渠为密闭空间,油气和空气混合形成爆炸条件。调查组专家初步讨论认为,在应急作业时,相关企业违规使用非防爆电器,并且很可能也没有对施工环境进行油气指标检测,因此没有实行有效防范措施。事故和当地的管线布局也有关系。事故发生地段管线布局不合理,造成管线腐蚀严重,胶州湾潮汐的运动可能将原油逆向漂移至斋堂岛街区段。

阅读以上案例,回答以下问题:

1.结合案例分析,石油及油品的储存要求有哪些。

2.结合原油及油品装卸过程中的商品养护,谈谈该案例在应急作业时违反了哪些操作规程。油品贮存安全规程有哪些?

一、原油和油品的养护

(一)原油和油品的储存要求

不管采用哪种储存方式,原油特别是油品的储存都应满足以下基本要求:

1.防变质

在油品储存过程中,要保证油品的质量,必须注意:降低温度、空气、水分、阳光、金属对油品的影响。

2.降损耗

为降低损耗,目前油库通常的做法包括:选用浮顶式油罐、内浮顶式油罐;油罐呼吸阀下选用呼吸阀挡板;淋水降温。

商品养护

3.提高油品储存的安全性

由于油品火灾危险性和爆炸危险性较大,故必须降低油品的爆炸敏感性,并应用阻燃性能好的材料。

4.制定油库防火和防爆措施

由于油库失火爆炸的基本条件是有浓度合适的油气混合气,且有足够能量的火源,因此,油库防火防爆的基本方法有:一是控制油气混合气浓度;二是消除火源或把火源能量控制在油气混合气的最小着火能量之下;三是避免二者相遇。此外,还要尽量减少火灾和爆炸的损失,主要措施有:严格要求油库中建筑物之间的防火间距;油库区中的建筑物应达到规定的耐火等级要求;严格控制引燃引爆源等。

油库引燃引爆源主要有:外来火源,金属撞击火花,电焊、气焊等作业明火,电气设备火花,电化学腐蚀等引起的杂散电流火花,雷电、静电放电等。因此,要严禁外来火源进入防火禁区,防止金属撞击产生火花,严格管理明火作业,防止静电、雷电和杂散电流引燃引爆,安装阻火器,防止火源进入。

(二)原油和油品的储存方式

原油和油品储存的主要方式有散装储存和整装储存,整装储存是指以标准桶的形式储存(图7-1),散装储存是指以储油罐的形式储存(图7-2)。储油罐可分为金属油罐和非金属油罐,金属油罐又可分为立式圆筒形和卧式圆筒形。按照油库的建造方式,散装原油或油品还可采用地上储油、半地下储油、地下储油、水封石洞储油、水下储油等几种方式。

图 7-1 整装储存 　　图 7-2 散装储存

1.油库概述

油库是储存、转运和供应石油及石油产品的专业性仓库,是协调原油生产和加工、成品油运输及供应的纽带。

根据油库的管理体制和业务性质,油库可以分为独立油库和附属油库两大类。独立油库是指专门接收、储存和发放油品的独立企业或单位,包括民用油库和军用油库两种。其中,民用油库又分成储备油库、中转油库和分配油库;军用油库分为储备油库、供应油库和转运油库。附属油库是指企业或其他单位为了满足本部门需要而设置的油库,包括民用油库和军用油库两种。其中民用油库又分成油田原油库、炼油厂油库、机场及港口油库、农机站油库和其他企业油库;军用油库分为机场油库和地面部队油库。

储备油库平时主要担负战略后方和战役后方的油料、油料器材的储备,日常油料供应任务较少。储备油库的容量一般都较大,多为隐蔽性好、防护能力强的山洞库或地下库。转运油库承担油料的中转任务,一般设在口岸或交通枢纽地区,将经由水路或铁路运来的油料卸下,再经由铁路、水路或公路转运给用油单位。供应油库在储存一定数量油料的前提下,主要任务是保障一定区域内各单位的用油,其库容量一般较储备油库小,油料品种比较齐全,收发作业频繁。

2.油罐储油方式

油料按照储运方式的不同分为散装和整装两种:凡是用油罐、车(铁路油罐车或汽运油罐车)、船(油轮、油驳)、管道等储存或运输的油料称为散装油料;凡是用油桶及其他专用容器整储整运的油料称为整装油料。在油库中,油罐是储存散装油料的主要容器,也是油库的主要储油手段;油桶是储存整装油料的主要容器。

(1)油罐的基本要求

油罐应由不燃材料制成,易于防火,与油品接触不发生化学变化,不影响油品质量;油罐应严密性好,不发生油品及其蒸气渗漏;油罐的结构及附件应简单,坚固耐用。此外,油罐还应便于施工和管理。

(2)油罐的类型

从建筑形式分,储存原油及其产品的油罐(以及储存桶装油品的油库)可建造在地面、半地下或地下。地面油罐的罐底和地平面在同一水平或高于地面;半地下油罐的罐底在地面下的深度应至少为油罐高度的一半,同时罐内油品的最高液面应不超出地面 2 m;地下油罐内储存油品时,油品液面应至少低于地面 0.2 m。利用地下油罐储存油品,油品的挥发远较地面和半地下油罐储存时少。我国常用的是地面油罐形式。

储存原油及其产品的油罐,须有专门的装备,如使空气进入和罐内混合气排出的自动调节阀,完整有效的灭火装置,为减轻油品挥发而装备的可浮式或不透气顶盖。较先进的油罐还装有挥发油气收集器,以及设置在钢制油罐外壳上的用以防止静电集聚的接地装置等。

从油罐的结构形式分,拱顶式油罐是较常用的一种钢制油罐的形式;浮顶式油罐的顶是浮动的,即它可随罐内油及油蒸气的多少而上下浮动;呼吸顶式油罐具有柔性的罐顶。

按油罐使用的不同材料可分为金属油罐和非金属油罐。

3.其他储油方式

散装油料除了采用各种油罐储存外,还有水封储油和地下盐岩库储油。

(1)水封储油

水封储油有地下水封油库、人工水封石洞油罐和软土水封油罐三种。

地下水封油库,即利用地下水密封库壁的无衬砌石洞油库,它是在有稳定地下水的地区(在地下水水位以下至少 5 m)开挖石洞,用水冲洗洞穴后直接在洞内储油;洞壁不做混凝土被覆,也不贴衬里,这种方式储油的原理是利用水的密度比油大,同一高度上岩洞周围地下水的静压力比油的静压力大,且油水不相容的特性,靠周围岩体裂隙中稳定的地下水的压力把油封在石洞中。水封油库可用来储存原油、重油、柴油、汽油、航空油料等各类油料。

人工水封石洞油罐是一种基于水封原理又不受建库地区、地下水位限制的油罐。它是在岩体中挖好洞罐后,进行罐体混凝土离壁被覆,利用被覆层和岩体之间的预留空隙充水而成水套层,并在罐顶做水封层、罐底做水垫层,从而使混凝土罐处于水的包围之中。由于水面高于罐内油面,罐体上每一点的水压力都大于该点的储油静压力,从而实现了水封储油。

软土水封油罐是在稳定地下水位以下的软土中建造混凝土油罐,利用地下水的压力来封存罐内油品。

(2)地下盐岩库储油

地下盐岩库储油,即利用在盐岩中打井并冲刷出来的洞穴储油的方法。

盐岩分布很广,埋藏很深的盐岩,孔隙率和渗透性几乎等于零,具有很好的气密性和液密性。盐岩与各种油品或液化气接触时,不发生化学变化,不溶解,不影响油品或液化气的质量。因此,在盐岩中构筑地下油库是一种理想的储油方法。

(三)油品贮存安全技术规程

(1)罐区、泵房操作人员必须熟悉管线流程和各阀门的用途及油品性质,明确安全防火要求。

(2)罐区、泵房内要保持清洁,不得存放易燃物品,禁止穿带钉子鞋的人员进入,不准用铁制器具敲打。在罐区使用手电照明,必须使用防爆手电筒。

(3)罐区、泵房内的电气设备及照明,应符合防爆要求。

(4)罐区、泵房的管线阀门必须有流程图,所有阀门必须保持灵活好用。

(5)油罐及其附件(阀门、检尺孔、呼吸阀、阻火器、泡沫发生器、防雷防静电设施、入孔、切水阀、重油罐的加热盘管)必须保持完好,符合要求。定期检查,发现问题要及时处理。

(6)罐区的防火墙必须符合要求。管线穿过防火墙处必须用土封好。

(7)各类油罐都要按规定的安全高度控制液面,不得超高收油。

(8)油罐上的检尺孔、采样口、上入孔应包好铅皮,并盖好。上入孔带两个螺丝且不要拧紧,附近上空打雷时禁止人员上罐。罐顶不得同时上三人以上。

(9)油罐收付前后,必须详细检查阀门开关、管线流程是否正确,防止跑串。切换油罐时要遵守"先开后关"的原则,不得造成装置憋压。

(10)油罐脱水不准离人,应遵守"三脱水"制度,即收油前脱水、收油后沉降脱水、移动前脱水。

(11)油品计量要及时准确,油罐储油量要班班盘点,收付油前要先检尺,收付油时要检查,收付油后要计量。

(12)闪点温度低于60 ℃的油品,禁止用压缩空气扫线。闪点温度高于60 ℃的油品可用压缩空气扫线,但扫线时该油品的温度必须低于其闪点温度20 ℃。另外,夏季不扫线管线应采取措施,防止管线受热升压。

(13)重油罐加温不得超过90 ℃,要根据油品种类规定温度指标。加温操作要先脱净罐内积水和蒸气管路内冷凝水,然后缓缓地开加热器蒸气阀门,防止水击。升温每两小时至少检查一次,严防超温突沸。油罐内液面高于加热盘管 500 mm 以上时才能加温。如罐内液体凝固,必须先用蒸气把上部液体溶化后,方能逐步加温。夏季昼夜温差大,管线内的油品会因温度升高体积膨胀,或在伴热线的作用下,管内的油品升温膨胀,所以夏季对停用的管线要及时泄压。

(14)油罐、油管线检修动火必须办理用火手续,抽净存油进行彻底吹扫、蒸罐、清洗。与油罐、油管线相连管线加好盲板,封好下水井、脱水口,经化验分析可燃气体总量小于0.5%,并经全面检查后,方可动火。当温度高于 28 ℃时,拱顶式汽油罐开喷淋;当液化气罐内压力大于 1.0 MPa,丙烯罐内的压力大于 1.4 MPa 时,开喷淋。

(15)清洗含硫油罐时取出硫化铁,应保持潮湿状态,及时移到安全地带埋入地下。

(16)未经批准和采取安全措施,机动车辆和马车不得进入罐区和在轻油罐区周围马路上通过。

(17)清洗后的油罐或新投用的油罐,收油前必须全面检查,着重检查脱水阀是否能关严,入孔、排污孔是否渗漏,安全消防设施是否完好。新油罐投产前还必须做充水试验,检查其牢固性及基础下沉情况。

(18)酸、碱罐区和泵房除执行以上规程外,还要根据它的特点,遵守以下防护规定:

①酸、碱管线严禁用蒸气扫线,防止汽化爆炸或将水带入产生高热,造成事故。

②用风扫线或利用风压方法卸车以及进行倒酸操作必须先放掉风线内存的水分。

③设备、容器、管线在存有酸、碱和带压的情况下,严禁进行拆卸螺栓等工作。在检修工作中要戴好防护面具,身穿防护服,脚穿耐酸胶靴及戴好手套等,防止烧伤。

④人体皮肤接触酸、碱应先用干布擦净,然后再用大量的水冲洗,防止接触水时吸水放热、加重烧伤。

(四)原油及油品装卸过程中的商品养护

1. 原油及油品的装卸设备

原油及油品的装卸专用设施主要有铁路专用线和油罐车、油码头或靠泊点、油轮、栈桥、操作平台等;专用设备主要有装卸油鹤管、集油管、输油管和输油泵、发油灌装设备、油加热设备、流量计等。下面主要介绍输油泵、管线及附加设备、车船装卸的连接设备。

(1)输油泵

油品装卸要用输油泵。输油泵的作用是产生压能,使油品在压差的作用下流动。输油泵一般要求排量大,扬程较低。扬程高时采用多级离心泵,扬程低时采用单级离心泵。输油泵主要有离心泵、往复泵、齿轮泵和螺杆泵等几种。油港输油实际中通常采用的是离心泵。

输油泵的型号应根据原油性质和输油参数进行选择,一般宜选用离心泵。同一泵房内,泵型应尽量一致;配用电机应优先考虑防爆型。电压力求一致,输油泵的流量,应根据装船、装车管道输送等不同情况分别确定。

(2)管线及附加设备

油港内的管线有油管线、气管线(如压缩空气管线、真空管线)、水管线(冷水、热水管线)几种,一般都用无缝钢管和有缝钢管。

油管线是联系泵房、油艘、油码头及铁路装卸车台的主要设备。油管线的种类有:钢管、耐油胶管、软质输油管等。固定物油管多用钢管,耐油胶管主要用于机动装、卸、输油设备连接的活动部位;软质输油管是一种新产品,由于其收卷方便,在野外作业时得到广泛应用。

(3)车船装卸的连接设备

油罐车的装卸都设置装车台(栈桥)及鹤管,装车台根据油品性质和操作条件不同而分台设置。输油臂是一种新型的油港装卸设备,具有俯仰和旋转的功能,臂上油管为有活动接头的钢管。输油臂的特点是生产安全可靠、省力、使用年限长、效率高、维修费用低、有利于油港装卸自动化。

2.原油及油品的装卸要求

(1)必须通过专用设施设备来完成。

(2)必须在专用作业区域内完成。原油及油品的装卸都有专用作业区,这些专用作业区通常设有隔离设施与周围环境相隔离,且必须满足严格的防火、防爆、防雷、防静电要求。

(3)必须由受过专门培训的专业技术人员来完成。

(4)装卸的时间和速度有较严格的要求。

3.原油及油品的装卸安全技术规程

(1)各类油品装车台、装油管线、装油鹤管、铁管,必须按规定装有静电接地设施,并且在每年春天进行一次检查测定,不合格的要及时处理。

(2)装车台的梯子要保持完整无缺,装车台的所有电气设施要符合防爆要求。装车前要认真检查槽车,防止跑漏。轻质油装车后,要按规定铅封。

(3)不得在槽车卸车口处开关手电筒,上车前打开,下车后关闭。装车完毕,应慢慢放下车盖,防止碰撞产生火花。上岗需用防爆手电筒。

(4)装车后的检尺计量工作,应在装车完毕十分钟后进行,防止静电事故的发生。

(5)调车作业时,不准机车头进入装车台。槽车与机车头间需有隔离车;严禁酒后,穿钉子鞋或拖鞋及携带火柴、打火机上装车台;禁止打手机。进行装车作业时,严禁在装车台进行检修动火作业。

(6)汽车装卸油品时,要求汽车应有防火罩、接地链、灭火机等安全设施。汽车装车时,应将发动机熄火。未装完毕禁止发动车辆。

(7)原油卸车需用蒸气加热时,应仔细检查槽车上的夹套和安全附件,通入的蒸气压力必须低于规定的压力,以免夹套损坏。安装槽车卸车口接头时,不得用铁器猛砸,而应用套管将丝扣上紧,避免打出火花,造成事故。

(8)厂区铁路装车台和编组线禁止溜放作业;油桶装油时,应用专用手扳旋开桶盖,不得用铁器硬敲硬砸。移动桶装油品时,应轻搬轻放,不得采取野蛮装卸手段。

(9)洗槽作业时,不得在无人监护的情况下单独进入槽车内作业;车辆装卸时,卸油工不准离开操作平台,应在现场认真看护。

(10)盛装酸、碱的铁路槽车在卸车时,槽车停放位置要合适;与酸或碱的卸车管线连接要牢靠严密;使用风压酸、碱前应先脱净风线中存水;卸车完毕应将卸车管线扫净,拆除卸车管线与风线并将活动梯提起后,方能通知调度将酸、碱车拖走。

二、液化气体的养护

(一)液化气体危害的防治措施

液化气体的商品养护主要是为了有效地防止商品在存储中出现的危害性,具体防治措施分别如下:

1.防止液化气体中毒的措施

(1)在货物作业或其他可能接触有毒液化气体或蒸气的作业中,应正确穿着防护服和其他人体保护用品。

(2)在进入有毒蒸气的危险处所时,必须佩戴好适当的呼吸器具。

(3)船上的毒性气体检测装置必须按规定配置并妥善维护,保证随时可用。

2.防止液化气体窒息伤害的措施

(1)正确维护保养货物系统及相关的设备,防止液化气体泄漏。发生液化气体泄漏后应及时采取有效措施堵漏,并用水雾驱散货物蒸气和加强通风。

(2)进入可能存在液化气体泄漏的危险处所时,应提前15分钟通风,并且在工作期间保持有效通风。

(3)进入通风不良处所、很久未开启过的舱室或其他有理由认为可能会缺氧的封闭处所,必须经过可燃气体、毒性气体和氧气的含量检测,证明合格后方能进入。

(4)需要进入缺氧处所或进入液化气体大规模泄漏所产生的气雾中抢险时,必须得到许可并正确配备呼吸器。

3.防止液化气体冻伤的措施

(1)货物作业期间,按规定穿着防护服和戴防护目镜,避免液化气体喷溅到人体和眼睛造成冻伤。

(2)穿戴手套等防护用具,避免与低温的货物管线设备等直接接触。

(3)留意甲板上的液货承滴盘内是否有液货,避免受到伤害。

4.防止低温液化气体危害的措施

(1)与低温液化气体直接接触的货舱等地方,应选用在低温下仍能保持较好韧性和强度的材料,如铝、铜、铝或铜的各种合金钢、奥氏体钢、镍钢等。

(2)低温液化气体舱都应设置次屏壁,以便主屏壁破损时可以临时容纳低温液化气体,使之不与船体、船壳相接触,从而避免灾难性的脆性断裂。在非常紧急情况下,次屏壁必须能容纳货物至少15天,以便船舶能驶往合适的码头将货物卸下。

(3)低温液化气体的货物围护系统装设有保温绝热材料,以防止相邻的船体钢材受到低温损害。

(4)要防止低温液化气体突然充注造成过大的温差,而引起金属材料骤冷产生过大热应力。同时对货物系统的预冷也应逐渐地进行,降温太快也会产生过大的热应力而使材料冷脆断裂。

(5)防止液化气体溢漏,以免其对人体造成伤害和引起金属材料低温冷脆断裂。装货时必须按照《国际散装运输液化气体船舶构造和设备规则》规定的充装极限装货。

5.防止结冰的措施

(1)加入防冻剂,如甲醇(木精)、甘醇(乙二醇)、二甘醇、乙醇、丙醇等。要注意防冻剂的有效温度,甲醇仅用作温度为－48 ℃以上的货物防冻剂,而丙醇可用作温度低达－108 ℃的货物防冻剂。

(2)使用低露点的惰性气体对货舱空气除湿干燥,并尽量确保液化气体无水分。

6.防负压的措施

(1)在操作时,如在打开阀门、盲板等设备前,应利用仪表等来检查判断系统内是否存在高压的蒸气或液体,压力释放阀应保持良好的维护与校正,定期将积聚在出口影响压力释放阀工作的液体排放掉,使之处于有效工作状态。

(2)在贮运过程中,应注意避免货物系统中的任何部位出现不相容的液体和蒸气混合的现象;当同时装载不相同货品时应注意货物的绝对分隔;在换装货品时应注意充分地扫舱和净化。

为了防止货舱内出现负压,可以利用以下办法来维持货舱内的正压力:接通装载相同货物的货舱气相管线;对装载相同液化气体的货舱内的液化气体或蒸气进行循环;用液货泵对货舱内液化气体进行循环。

7.防火的措施

(1)严禁超量灌装,防止钢瓶受热。

(2)压缩气体和液化气体不允许泄漏,其原因除有剧毒、易燃外,还因有些气体相互接触后会发生化学反应引起爆炸。因此,内容物性质相互抵触的气瓶应分库储存。例如,氢气钢瓶与液氯钢瓶、氢气钢瓶与氧气钢瓶、液氯钢瓶与液氨钢瓶等,均不得同室混放。易燃气体不得与其他种类化学危险物品共同储存。此外,气瓶应直立放置整齐,最好用框架或栅栏围护固定,并留出通道。

(3)油脂等可燃物在高压纯氧的冲击下极易起火燃烧,甚至爆炸。因此,应严禁氧气钢瓶与油脂等可燃物接触,如果瓶体沾到油脂,应立即用四氯化碳擦净。

(4)仓库应阴凉通风、远离热源、火种,防止日光曝晒,严禁受热。库内照明应采用防爆照明灯。库房周围不得堆放任何可燃材料。

(5)气瓶入库验收要注意包装无明显外伤;附件齐全;封闭紧密,无漏气现象;超过使用期限不准使用。

(6)装卸时必须轻装轻卸,严禁碰撞、抛掷、溜坡或横倒在地上滚动等。搬运时不可把钢瓶阀对准人身,注意防止钢瓶安全帽跌落。搬运氧气瓶时,工作服和装卸工具不得沾有油污。

(二)液化气体的装运及注意事项

此类物品是气体经压缩成液体后而贮存于耐压容器中的。它具有因受热、撞击或气体膨胀使容器受损引起爆炸的危险。下面以常见的海运为例,介绍液化气体的装运及注意事项。

1.液化气体的装运

(1)装货

装货前应获得货主提供的托运货物的完整资料,制订装载计划,对货舱进行气体环境控制,如干燥处理、惰性化、除气和预冷等;大副亲自指挥,按预定装货计划执行;装货刚开始时,流速控制在不超过 1 m/s,并巡视检查,检查正常后可通知岸方提高装货速度;在基准温度下,任何货舱的装货量不得超过液货舱容积的 98% 且应考虑管系内的残液。

(2)卸货

液化气船卸货方法取决于船舶类型、货物种类和岸上储罐要求等,常见的有以下三种方法:

①用货物压缩机卸货(仅适用于压力式货舱)。

②用货舱内的深井泵或潜水泵卸货(现代大型液化气船普遍采用此种方法)。

③用货物压缩机与甲板上的增压泵联合卸货。

刚开始卸货时,岸方应请求船舶用低速卸货,一切正常后再提高卸货速度。在卸货结束阶段,应注意关小货泵排出阀,减少货泵排量,从而最大限度地卸完货舱内的液化气体。对于压力式液化气船,卸货时一般是将所有的液化气体全部卸完,货物系统内只剩货物蒸气。对于全冷式液化气船,如果下航次装载同类货物,通常在卸货后保留部分液化气体在液货舱内以维持货舱在适装的低温状态。

卸货完毕后,必须进行扫线作业,即将甲板管路、岸上管路和装卸软管或装卸臂中的液化气体用货物蒸气吹入岸罐。

(3)航行中

在航行中,应对船舱空间的气体进行不断的检测,若货舱发生微泄漏,应利用排气装置,使气体的浓度控制在爆炸下限以下。冷冻式液化气船应使液化装置并处于运行之中,以便保持一定的压力和温度。必须按规定记录货物的温度、压力和液面,如发现异常情况,应立即调查原因,妥善处理。

(4)压载

液化气船的液货舱是不准做压载水舱的,船舶设有专用的压载水舱。

2.液化气体装运的注意事项

液化气体有很多危险特性,从安全运输的角度考虑,除了遵守有关的国际规则外,还应主要注意以下三个方面的安全:

(1)防火、防爆

严格控制船上火源,对预防火灾、爆炸是非常重要的。常见的船舶火源有明火、电火花、静电放电火花、雷电、机械撞击火花等。

(2)防止对人体健康的危害

如前所述,液化气船载运的液化气体大都具有刺激性、腐蚀性、麻醉性、毒性和窒息性。它们可对人体造成各种不同的危害,轻则危害人体健康,重则使人丧失生命。液化气体主要通过与皮肤接触和被人吸入的途径对人体造成危害。液化气体对人体健康的危害可以分为化学烧伤、冻伤和中毒。

(3)防止对环境的污染

液化气船在操作排放或意外泄漏时,对环境造成的污染主要是大气污染和海洋污染,在载运有毒货物时尤其严重。船舶应设置气体回收处理装置。

学生实训项目

> **实训项目:液化气体的养护措施**

> **情景设计:**

某年9月4日8时07分,山东籍驾驶员驾驶装载液化气的重型罐式半挂车沿银华线由北向南行驶时,在雨天情况下未降低行驶速度,又因道路转弯、操作不当发生侧滑,车辆被甩入西侧边沟内,造成车头受损、无人员伤亡的道路交通事故。

在整个事故处置过程中,考虑到该液化气车罐体变形,随时有可能泄漏,且事故路段为弯道,车流量大,为避免再次发生事故或造成交通堵塞,相关人员一方面组织警力对事故路段进行临时封闭,对液化气渗漏情况进行现场勘查和监控;另一方面会同相关部门及技术人员详细研究制订了现场施救方案,并从邻近县区协调、调配四辆吊车开展工作。经过两个小时紧张有序的拆解、吊移、拖离,侧翻的液化气车于中午13时许成功吊装、拖离现场。经过5个多小时的紧张救援,事故得到了妥善处理,交通恢复畅通。

> **任务要求:**

对学生进行分组,5人一组,给学生充分的案例讨论时间,结合液化气体养护的知识,完成以下实训任务,并撰写实训报告书:

1.结合案例发生情况和装运过程中商品养护的基本知识,学生分组讨论在装运过程中,应如何对液化气体进行养护。

2.结合商品养护知识,分析在该案例中驾驶员应采取什么措施才能防止液化气体的危害。

3.假设你是事故处理的负责人,请你为该现场施救制订一个方案。

> **任务考核标准:**

1.考核以过程考核形式进行。

2.考核以能力考核为核心,综合考核专业知识、专业技能、方法能力、职业素质、团队合作等方面。任务考核标准见表7-1。

表 7-1　　　　　　　　　　　　　　任务考核标准

任务名称			液化气体的养护措施			
实训目标			通过案例熟悉和掌握液化气体的养护技巧			
任务考核	考核点（所占比例）	建议考核方式	评价标准			
			优	良	中	及格
	团队合作占20%	自评、小组互评	任务分工明确，组长发挥带头作用，小组成员按要求进行讨论	任务分工明确，组长发挥带头作用，小组成员按要求进行讨论，完成任务有拖拉现象	任务分工一般，组长不能发挥带头作用，小组成员能按要求进行讨论，完成任务有拖拉现象	任务分工一般，组长不能发挥带头作用，小组成员积极性不高，完成任务不够认真
	任务一完成情况占30%	操作考核	能结合案例并根据液化气体的性质、危害性全面分析液化气体装运时的注意事项，并针对不同的危害性制定相应的防护措施、提出相应的转运要求	能结合案例全面分析液化气体装运时的注意事项，并针对不同的危害性制定相应的防护措施	能结合液化气体的不同性质制定相应的防护措施，并提出相应的转运要求	能按照要求分析出液化气体在运输中应注意的安全事项
	任务二完成情况占20%	操作考核	能够全面分析液化气体的危害性，并针对不同的危害性制定相应的防护措施。分析内容透彻、具体，知识点有一定的拓展性	能够全面分析液化气体的危害性，并制定相应的防护措施，制订的方案具有一定的可操作性	能够按要求制定相应的防护措施，但制订的方案有一定的缺陷，需进一步完善	制订的方案基本符合要求，但分析的内容不够透彻，理论依据不足，需进一步整理和完善
	任务三完成情况占30%	操作考核	能够根据液化气体的特性、危害性以及装运时的要求、运输车辆的实际情况合理设计施救方案，方案设计思路清晰，具有一定的可行性	能够搜集资料，深入分析该类商品的特征，合理设计出相应的施救方案	能够按要求制订相应的施救方案，但制订的方案有一定的缺陷，需进一步完善	方案设计基本符合要求，但理论依据不足，需进一步整理和完善

模块八

三大散装货物的商品养护

案例引入

原告深粮公司与被告美景公司就海上货物运输合同货损纠纷一案向青岛海事法院提起诉讼,原告深粮公司诉称:深粮公司于某年9月8日在巴西桑托斯港把货物装上美景公司所属的"美景"("ALPHA FUTURE")轮,美景公司签发了清洁提单,租约(航次期租)提单项下记载的装货大豆数量为60 500吨。该轮于12月8日抵达青岛港卸货。卸货过程中,深粮公司称大豆货物霉变严重。深粮公司认为,美景公司在本案中签发清洁提单,对于货物在目的港被发现的严重损坏,应依法承担赔偿责任。美景公司认为"美景"轮在驶往中国的航程中,货舱按要求进行了自然通风。9月29日,深粮公司告知船长卸货港由原来的厦门港改为青岛港,并要求在船舶开往卸货港的途中在新加坡加油以满足还船时要求的燃油数量。

美景公司认为在期租船中,船方提供了适航船舶,已妥善、谨慎地做好船舶的装货准备,并恰当和谨慎地监督货物的装载和积载,且妥善、谨慎地履行了运输和货物保管义务。货损是因为装船时部分大豆含水量较高,货物的自身质量、航程过长和卸货迟延造成的。货物的自身质量问题是发生货损的客观因素,航程过长和卸货迟延是大豆货损的直接原因。法院判决:美景公司及深粮公司作为提单运输的承运人和提单持有人(收货人),对造成本案货损均有过错。

此案例涉及散装货物的商品养护问题,请结合散货类商品的装运特点,分析一下上述案例,并思考以下问题:

1.引起大豆霉变的原因有哪些?

2.相关责任人应该采取哪些商品养护措施才能避免大豆在运输过程中发生霉变?

必备的知识点

一、三大散装货物的种类及基本特征

（一）粮谷的种类、成分及性质

1. 粮谷的种类及成分

（1）粮谷的种类

粮谷是水上运输的大宗货物之一，粮谷的水上运输有些采用袋装形式，有些采用集装箱形式，但大量的还是采用散装运输的形式。粮谷种类繁多，但基本上可分为谷类、豆类和油料类。谷类的主要品种有：稻谷、小麦、大麦、元麦、黑麦、荞麦、玉米、高粱和粟米等。豆类的主要品种有：大豆、绿豆、豌豆和赤豆等。油料类的主要品种有：芝麻、花生、油菜籽、棉籽和向日葵等。水运中运量较大的有稻谷、小麦、玉米以及成品粮中的大米等。

（2）粮谷的成分

粮谷是有机体，其化学成分十分复杂，主要有碳水化合物、蛋白质、脂类、维生素、矿物质、酶、色素和水分等。由于粮谷品种不同，其化学成分存在着很大的差异。一般来讲，谷类以淀粉为主，豆类含有较多的蛋白质，大豆中蛋白质和脂肪的含量都较高。其所含成分不同，用途也各异。

2. 粮谷的性质

（1）吸湿性

粮谷具有吸湿性，是由于粮谷是多孔性胶体物质，从内到外分布着许多毛细管，联结谷物颗粒内的细胞及组织。另外，粮食成分中的糖类和蛋白质等亲水物质与水有很强的亲和力。粮谷吸湿增加其含水量后，在一定温、湿度条件下，会增强呼吸强度，利于霉菌与害虫的繁殖，引起发热、发芽、霉变、虫害。粮谷在外界湿度小时，会散发水分。

（2）呼吸作用

粮谷是处于休眠状态的有机体，靠呼吸作用获得能量以维持生命。呼吸强度受粮谷的水分、温度、空气成分、籽粒状态等因素影响，其中水分是最重要的因素。在一定范围内，粮谷水分增大，能促使呼吸加强。干燥谷物呼吸作用极为微弱，当水分超过安全水分时，呼吸强度骤然增大。温度为 0 ℃～50 ℃时，呼吸强度随温度上升而增大，适宜温度为 20 ℃～40 ℃。空气中氧含量充足则呼吸强度大。适当增加二氧化碳（或氮气）的比例，则可减弱呼吸作用。新粮、瘪粒、破碎粒、虫蚀粒及生过芽、受过冻伤、表面粗糙、带菌量高的籽粒呼吸作用较强。粮谷呼吸作用愈强，营养物质的消耗愈多，会使其质量降低，粮温升高，不利于保持粮谷的食用品质。

（3）吸附性

粮谷有呼吸与解吸各种气体的性能，能吸附异味和有害气体。粮谷吸附了异味、气体后散失很慢，甚至不能散失。如受香料、煤油、咸鱼和某些农药、熏舱药物等异味感染后，都不易散失,会影响食用或不能食用。

(4) 易霉变

粮谷是微生物良好的营养基质,粮谷本身及杂质、害虫都带有大量的微生物,微生物大量活动的结果是导致粮谷出现变色、变味、发热、生霉以及霉烂等霉变现象。微生物一般以粮谷超过安全水分、温度为25 ℃～35 ℃时生长较快,低温、干燥环境对微生物有抑制作用。

(5) 易受虫害作用

粮谷很容易感染害虫。害虫不仅蛀食粮谷,引起粮食的重量损失和品质降低,而且害虫在取食、呼吸、排泄等生命活动中,散发热量和水分促使结露、生芽、霉变现象发生,所产生的分泌物、粪便、尸体、皮屑等还会污染粮谷。粮谷的主要害虫是米象、谷象等,其还常遭鼠咬、鸟食。

(6) 发热性

粮谷在储运中,粮堆温度不正常上升的现象,称为粮谷发热。粮谷发热是粮谷内生物体(包括粮谷、微生物、害虫)进行呼吸作用产生热量积聚的结果。如果粮堆内热量产生比散失快,粮温就会升高。同时,粮温的升高又为生物体的旺盛呼吸创造了条件,这样就会产生粮堆自身促进发热的现象。粮谷发热主要分为两类:一是干燥粮谷发热,由粮谷及昆虫引起。粮谷因本身呼吸引起的发热一般在30 ℃左右,发热明显的是由混入粮谷中的昆虫所引起,粮温一般可升至42 ℃左右。二是潮湿粮谷发热,由微生物促成,粮温可达50 ℃～55 ℃,最高可达65 ℃。粮谷的发热常以第二类为多。

(7) 陈化性

粮谷随着储存期的延长,由于酶的活性减弱,呼吸降低,原生质胶体结构松弛,物理化学性状改变,种用和食用品质变劣,这种由新到陈、由旺盛到衰老的现象,称为粮谷的陈化。粮谷陈化,既是粮谷本身的生理变化,又是其本身生化变化的自然现象。粮谷陈化的深度与保管时间成正比。高温高湿,杂质多,虫、霉滋生,易加速粮谷陈化。

(8) 散落性和下沉性

粮谷是一种散粒体,相互间的内聚力很小,由高处下落时很容易向四面流散,这种特性称为散落性。粮谷散落性的大小与谷粒的大小、形状、表面的状态、含水率、杂质以及外力等因素有关。粮谷散落性大小通常以静止角(或称自然坡度角)表示。静止角是货物由高处自然散落到平面上所形成的锥体斜面与水平面的夹角。装在船舱内的散粮,由于船舶摇摆,其静止角显著减小,约为原静止角的一半。粮谷的散落性有利于散粮装卸作业,但对船舶稳性也会产生极为不利的影响,当船舶受外力作用发生颠簸摇摆时,舱内的散粮也会随之发生移动,与自由液面的性质相似,使船舶稳性变差,严重时会造成翻船。

粮谷间因有空隙,受外力作用后会产生表面下沉,这种特性称为下沉性。粮谷的下沉性与孔隙度(孔隙体积与粮堆体积的百分比)直接有关。谷物的下沉性不但影响舱内谷物的实际重心位置,而且会使已经装满的舱室出现空隙,使谷物出现自由流动的表面。粮谷的散落性会直接影响船舶稳性和航行安全。

(二)矿石的种类及性质

1.矿石的种类

(1)金属矿石

金属矿石是指经济上可合算地提取金属的矿石。绝大多数金属矿石都不是纯品,而是含有多少不等的杂质。金属矿石按其含纯金属的比例(品位)分成富矿和贫矿,其标准必须按具体矿石来定。如铁矿石含铁量大于50%的叫富矿,小于此标准的叫贫矿;而铜矿石含铜达20%的就是富矿了。为了提高品位,将贫矿磨碎后过筛,用水洗、重选、浮选、烧结、电选、磁选等方法降低杂质含量,可生产出品位较高的精选矿粉(砂)。常见的金属矿石有:铁矿石、铜矿石、铝矿石、钨矿石、锑矿石、锰矿石、锡矿石、铝矿石等及其精选矿粉(砂),其中铁矿石的运量最大。金属矿石大部分是散装运输,只有少数贵重矿石的精选矿粉或砂(如钨矿、锡矿等)采用包装运输。

下面重点介绍几种金属矿石的主要成分、产地及用途等。

①铁矿石。它是生产钢铁的原材料,主要品种有:

a.赤铁矿石,主要成分是三氧化二铁(Fe_2O_3),含铁量达70%,呈暗红色,质软而脆,含磷极少,适于炼铁。我国龙关、宣化铁矿的矿石属于此类。

b.磁铁矿石,主要成分是四氧化三铁(Fe_3O_4),含铁量为72.4%,色黑,有金属光泽,磁性强,能吸铁,又名吸铁石,不含硫和铜等杂质,但含磷较多。我国大冶铁矿的矿石即属此类。

c.黄铁矿石,又称硫化亚铁(FeS_2),是铁的硫化物,含铁量为47%,含硫量为30%,质酥脆,易自燃。

d.褐铁矿石,是铁的含水氧化矿石,主要成分是三氧化二铁的水化物($Fe_2O_3 \cdot 3H_2O$)。其含铁量为28%~45%,含水分达14.5%,一般属于贫矿,质软而脆,低温下会冻结。

e.菱铁矿石,是铁的碳酸盐,主要成分是碳酸亚铁($FeCO_3$)。其含铁量为25%~48%,一般属于贫矿,因带有泥土,久存会变硬。

②钨矿石。钨矿石分为白钨矿石和黑钨矿石。白钨矿石的主要成分为$CaWO_4$,粉状及晶质块状,颜色为白色、棕色、浅红色;黑钨矿石的主要成分为$(Fe \cdot Mn)WO_4$,颜色呈深黑色或棕黑色,结晶成板状或柱状,具弱磁性。钨矿石可用来冶炼金属钨,制造特种钢及灯丝等。

③锑矿石。含锑矿物以辉锑矿为主,此外还有方锑矿、锑华、锑赭石、黄锑华等。锑矿石可制火柴、枪弹、轴承、电极、颜料等。我国锑矿存量占世界总存量的70%以上,以湖南省为最多,约占全国存量的60%,广东、广西、贵州、四川及东北亦有蕴存。

④锡矿石。它的主要矿物是锡石,主要成分为二氧化锡(SnO_2)。纯锡石为无色透明状,常见锡石为褐色、深棕黑色,少数呈红色、黄色,形状多样,主要是四方矩柱单锥体或双锥体,或不成晶形的块体。锡矿石可制焊锡、合金、马口铁、染料、颜料等。我国锡矿石以

云南个旧较著名,其次为广西、湖南、广东、江西等地。

⑤铝矿石。其主要矿物为铝土矿石(铝矾土),含氧化铝(Al_2O_3)40%～80%,是含铝的水化物,外表像一种坚硬的石头,有时呈多孔的黏土状,根据杂质含量的不同,其颜色也不同,有灰白色、褐色。开采出的铝土矿常为富矿,一般不需选矿。铝矿石可制金属铝及铝合金、铝粉、油漆、焰火、炸药等。我国铝矿资源丰富,蕴藏量约为3.6亿吨,主要分布地为广西、山东、贵州等地。

⑥铜矿石。铜矿物以黄铜矿石为主,还有辉铜矿石、赤铜矿石、孔雀石等。铜矿石可用来冶炼金属及制成各种合金,应用于电气工业、机器制造、交通运输、建筑业及化学工业等方面。我国铜矿资源丰富,主要产地在云南、安徽、江西、湖北。此外,辽宁、甘肃、四川、湖南、广东、福建等地也有蕴存。

⑦钼矿石。钼矿物以辉钼矿石为主,还有钼酸钙、钼酸铁、钼酸铅等。钼矿石可制特种钢、合金,可用以生产微量元素肥料、固体润滑剂等。我国东北盛产钼矿,我国钼矿的存量占世界第二位,出口量大。

⑧锰矿石。锰矿石分为硬锰矿石和软锰矿石。硬锰矿石的主要成分为$MnO_2 \cdot nH_2O$,颜色为黑色至浅褐色、暗灰色,形状呈肾状或细粒结晶质块体,性脆。软锰矿石的主要成分为MnO_2,呈黑色土状,杂有薄片状晶体,性软,由硬锰矿石等变化而成。锰矿石可用来制造特种钢、火柴、颜料、干电池、玻璃消色剂等,主要产地为广西、湖南、贵州、辽宁等地。

(2)非金属矿石

非金属矿石是指金属矿石以外的矿石。非金属矿石主要是用其化合物,而不是用以提炼单质。非金属矿石主要有:磷灰石、石灰石、萤石(氟石)、白云石、硅砂、石膏、镁砂等。部分非金属矿石的主要成分、用途等介绍如下:

①磷灰石。磷灰石又叫磷灰土,有氟磷灰石及氯磷灰石,常呈各式绿色、褐绿色及褐色的石块或土状,主要用于制造磷肥、磷酸,也可提取黄磷、赤磷。

②石灰石。石灰石的主要成分为碳酸钙,是较普通的岩石,深灰间有白纹,用于制造水泥、石灰、电石、玻璃、炼铁熔剂等以及做建筑石料。

③萤石。萤石又称氟石,其主要成分为氟化钙,由于所含杂质不同,五光十色。它与酸发生作用会生成有毒的氟化氢气体。萤石可用作炼铁的熔剂,是杀虫剂、玻璃、搪瓷、水泥的原料,优质者可做透光镜等。

④白云石。白云石的主要成分为碳酸钙和碳酸镁($CaCO_3 \cdot MgCO_3$),其外观和性质上跟石灰石很相似,大部分为白色及灰色;可用作建筑石材、冶金的耐火材料,并可制造水泥、炼铁熔剂等。

⑤硅砂。硅砂又称玻璃砂、石英砂,为透明或不透明砂状,主要成分是二氧化硅(SiO_2),可用来制造玻璃、陶瓷等。

⑥石膏。石膏的主要成分是硫酸钙的水化物($CaSO_4 \cdot 2H_2O$),呈白色的直纹块状,可用作肥料,加热脱水成熟石膏可制模型、塑像,还可应用于医药行业以及用于焊接金属、

封闭瓶口等。

⑦镁砂。镁砂的主要成分是氧化镁（MgO），一般是用菱镁砂（$MgCO_4$）经高温煅烧而得。镁砂是高级耐火材料，按镁含量和杂质成分的不同可分为制砖镁砂、冶金镁砂。此外，还有电熔镁砂、海水镁砂等。镁砂的主要产地在辽宁。

2.矿石的性质

（1）比重大

所有矿石的比重都大于1.0，尤其是金矿石，比重更大，因而其积载因数较小。由于矿石比重较大，因此宜用专用矿石船运输。如用普通杂货船装运，容易破坏船体强度，对航行不利。若是少量运输，在积载时常用作压舱货。

（2）易散发水分和有害气体

开采出来的矿石含有不同程度的水分，经露天堆存也会附带泥沙水分，精选的矿粉含水分更多，所以，矿石多为散湿性货物，宜单独装舱运输。金属矿石杂质含量高，有些能散发它所吸附的或与水作用生成的气体，如磷化氢、氢气、硅烷、砷化氢、一氧化碳和二氧化碳等气体。这些气体有些具有毒性和易燃性，在货舱中积聚这些有害气体危害很大，容易引起危险事故。

（3）易扬尘、污秽

矿石常保存着开采时带有的泥土杂质，随着水分的蒸发、泥土和杂质的脱落，以及本身的破裂，在装卸过程中极易飞扬灰尘，且矿石（砂）属污染性的粗劣货物。因此，矿石不能与怕尘的清洁货物同装一舱。矿石粉尘中含有硅、硫、铅、砷等有害元素，对人体健康也是有害的。

（4）具有渗水性

经浮选的散装矿粉在航行中，由于船舶摇摆作用，含有的水分会渗出在上层形成泥水浆，使舱中产生自由液面，给船舶的航行安全带来威胁，严重时可造成翻船事故。矿粉含水率在9%时有移动的危险，达到12%时就会造成大量的泥水浆移动，危及船舶安全。矿粉含水量的简易判别法：用手抓一把矿粉，从1.5 m高度处扔下，使之掉落在甲板上，着地后如矿粉崩散，则含水率在10%以上，如仍为一团、不崩散，含水率在8%以下。

（5）易冻结

含水量较大的矿粉，在低温条件下极易冻结，会造成装卸困难。

（6）具有自热、自燃性

开采后的矿石氧化条件充分，易引起自热。自燃是在自热基础上因聚热不散而引起的。一般含硫量大且潮湿的矿石，如含水率为6%~8%的黄铁矿粉、精选铜矿粉、锑矿粉、锌矿粉、钼矿粉等较易发热及引起自燃。含硫量高的湿矿石对船舶的钢铁部位还有较大的腐蚀作用。

（7）怕混杂

矿石的种类繁多，用途各异，多为散运，外观不易区分，如发生混杂会严重影响生产及产品质量，并且增加生产成本。如铁矿含硫、磷、砷、锡、铜量高，会使冶炼出的钢铁脆性增大,含锌、铅量高会缩短高炉寿命;镁砂混入其他矿石、砂石、木屑等,生产出的耐火砖耐高温性能会降低,使用时易出现孔洞、产生损耗。因此,各种矿石应按不同品种、规格分别堆存,并留有一定的间距,防止混杂。

(8)瓦斯危害

金属矿石能散发出它所吸附的挥发性气体(较常见的是甲烷、乙烷、一氧化碳、二氧化碳和二氧化硫的混合物,具有毒性,并可燃烧)。运输中,货舱内积聚这些气体危害性很大。

(9)具有放射性

有些矿物,如铀矿石、钍矿石等具有放射性,因而对人体有害。运输时,要按规定做危险货物处理或必要防护。

(三)煤的种类、成分及物理性质

1.煤的种类

煤是重要的能源之一,主要用作工业或民用燃料及供给动力,也是冶金、化工等部门的重要原料。煤的分类方法很多,包括按煤的作用、成煤过程、岩相组成等划分的多种分类方法。与运输有关的分类方法主要有以下几种:

(1)按加工程度分类

①毛煤,矿井生产的未经拣选矸石(煤中夹杂的石块)的煤的统称。

②原煤,将毛煤用筛子筛选拣除大于 50 mm 的矸石而得,是运输量最大的煤炭,常以产地命名。

③洗、选煤,由原煤经洗选或筛选清除大部分或部分杂质与矸石而得。

④精煤,由原煤经水洗、精选而得,分为冶炼用炼焦精煤和其他用炼焦精煤。

(2)按碳化程度分类

按碳化程度分类,可分为无烟煤、烟煤、褐煤、泥煤等。四种煤炭特性对比见表 8-1。

表 8-1　　　　　　　　　　　四种煤炭特性对比

特点	类别			
	无烟煤	烟煤	褐煤	泥煤
外观	有金属光泽	色黑并有光泽	呈褐黑色	像稀泥,呈浅棕色、棕或褐色
碳化程度	高变质煤,碳化程度最高	碳化程度比无烟煤差	碳化程度较烟煤差	碳化程度最低
燃烧特点	不易点燃,燃烧后火焰短、无烟,火力强,燃烧时间久	燃烧时发出较强的黄色火焰,并有浓烟	容易点燃,燃烧时有浓烟,发热量较低	干燥后像木炭一样易点燃,发热量低
用途	大部分用作制氮肥以及小高炉炼铁、发电、锅炉和民用燃料	适用于气化和动力用煤或者炼焦用煤	常用于火力发电和一般锅炉燃烧,或用于提炼化工原料	一般做当地燃料和肥料,经加工后也可制成焦炭和多种化工原料
产地	山西阳泉、河南焦作等	以开滦、大同、赤峰、抚顺等地较为著名	主要产于东北、西北、西南各地	产于河北平原、黄河河套一带及其他低沼泽地区

(3)按粒度不同分类

煤按照不同的粒度可分为特大块煤、大块煤、中块煤、小块煤、粒煤、粉煤、混中块煤、混块煤、混小块煤、混煤、混末煤、末煤共12个品种。

(4)按用途分类

按用途不同,煤可分为以下几种:

①动力用煤,如发电以及工业燃料、民用燃料等,一般为发热较大的烟煤或无烟煤。

②制煤气用煤,主要是含挥发成分较多的褐煤。

③炼焦用煤,一种具有较好的黏结性,且固定碳与挥发物具有一定比例的烟煤。

2.煤的成分

煤大体上由两部分物质构成,一部分能够燃烧,一部分不能燃烧。能够燃烧的部分主要是煤的有机成分,是由植物变化而成的;不能燃烧的部分是矿物质成分和水分。所以,煤是由多种有机物和少量无机矿物质组成的复杂混合物。其主要成分有:

(1)固定碳

固定碳的主要成分是碳素,是煤中主要的可燃物质。煤的发热量主要是由固定碳产生的。煤中含碳量的多少,一般可从煤的光泽程度上看出,通常含碳量高的煤,光泽强,煤质也紧密、坚硬。

(2)挥发物

挥发物是指煤中容易挥发的物质。它的主要成分是氢、硫化氢、一氧化碳、二氧化碳、甲烷(沼气)、乙烯和其他一些碳氢化合物,当煤受到高热作用时,煤的内部就会分解而生成挥发物。挥发物的多少与煤的碳化程度有着密切关系,碳化程度越高的煤,含挥发物越少,碳化程度越低的煤,含挥发物越多,含挥发物多的煤容易燃烧。

(3)水分

煤中有三种水分,即外在水分、内在水分和化合水分。外在水分存在于煤的表面,主要是在采煤、运输和保管过程中,附着于煤粒表面的外来水分。这种水分在空气干燥时易失去。内在水分是吸附在煤粒内部的水分,内在水分的含量和煤的组织结构有关,煤的结构越紧密,所含内在水分越少;结构越松,内在水分越多。内在水分一般不易失去。化合水分是煤中矿物质的结晶水,这种水分含量很少,不易测定。水分对煤的质量有一定的影响。

(4)灰分

煤燃烧以后,剩下的不能燃烧的残渣(无机物质)就是灰分。灰分有内在灰分和外在灰分。内在灰分是由变成煤的植物的固有矿物杂质,以及煤层形成时混入的泥沙等细粒杂质所组成;外在灰分是煤生成时混入的岩石、开采时落入的杂质以及运输和储存中混进的泥沙等。内在灰分在选煤时很难除去,外在灰分可以部分或全部除去。灰分的主要成分是二氧化硅、氧化铝、氧化铁、氧化钙、氧化镁等矿物质以及微量的锗、镓、钒、铀、砷、铅、汞等元素。灰分多少是煤质好坏的重要标志。

3.煤的物理性质

煤的物理性质是煤的一定化学组成和分子结构的外部表现,由成煤的原始物质及其聚积条件、转化过程、煤化程度、风化程度、氧化程度等因素所决定,包括颜色、光泽、粉色、比重和容重、硬度、脆度、断口及导电性等。其中,除了比重和导电性需要在实验室测定外,其他根据肉眼观察就可以确定。煤的物理性质可以作为初步评价煤质的依据,并用以研究煤的成因、变质机理和解决煤层对比等地质问题。

(1) 颜色

煤的颜色是指新鲜煤表面的自然色彩,是煤对不同波长的光波吸收的结果,呈褐色并逐渐加黑,一般随煤化程度的提高而逐渐加深。

(2) 光泽

煤的光泽是指煤的表面在普通光下的反光能力,一般呈沥青、玻璃和金刚光泽。煤化程度越大,光泽越强;矿物质含量越多,光泽越暗;氧化程度越大,光泽越暗,直到光泽完全消失。

(3) 粉色

煤的粉色是指将煤研成粉末的颜色或煤在抹上釉的瓷板上刻画时留下的痕迹,所以又称为条痕色,呈浅棕色。一般煤化程度越大,粉色越深。

(4) 比重和容重

煤的比重又称煤的密度,它是不包括孔隙在内的一定体积的煤的重量与同温度、同体积的水的重量之比。煤的容重又称煤的体重或假比重,它是包括孔隙在内的一定体积的煤的重量与同温度、同体积的水的重量之比。煤的容重是计算煤层储量的重要指标。褐煤的容重一般为 1.05~1.2;烟煤为 1.2~1.4;无烟煤变化范围较大,为 1.35~1.8。煤岩组成、煤化程度、煤中矿物质的成分和含量是影响比重和容重的主要因素。在矿物质含量相同的情况下,煤的比重随煤化程度的增大而增大。

(5) 硬度

煤的硬度是指煤抵抗外来机械力作用的能力。根据外来机械力作用方式的不同,可进一步将煤的硬度分为刻画硬度、压痕硬度和抗磨硬度三类。煤的硬度与煤化程度有关,褐煤和焦煤的硬度最小,一般为 2~2.5;无烟煤的硬度最大,接近 4。

(6) 脆度

煤的脆度是煤受外力作用而破碎的程度。成煤的原始物质、煤岩成分、煤化程度等都对煤的脆度有影响。在不同变质程度的煤中,长焰煤和气煤的脆度较小,肥煤、焦煤和瘦煤的脆度最大,无烟煤的脆度最小。

(7) 断口

煤的断口是指煤受外力打击后形成的断面的形状。煤常见的断口有贝壳状断口、参差状断口等。煤的原始物质组成和煤化程度不同,断口也会形状各异。

(8) 导电性

煤的导电性是指煤传导电流的能力,通常用电阻率来表示。褐煤电阻率低;褐煤向烟煤过渡时,电阻率剧增;烟煤是不良导体,随着煤化程度增加,电阻率减小,至无烟煤时急剧下降,而具良好的导电性。

二、三大散装货物的质量变化与保管

(一)粮谷在存储过程中的质量变化与保管要求

1.粮谷的呼吸作用

粮谷在保管过程中最重要的生理活动或主要的生理生化变化就是呼吸作用。就粮谷本身而言,其保持生命活力所需要的能量必须依靠呼吸作用来提供,呼吸停止,就意味着生命的死亡;就安全储藏而言,呼吸作用是造成储粮不稳定的重要根源。因此,采取适宜的措施,抑制粮谷的呼吸作用,使呼吸处于微弱状态,既可防止粮谷质量变劣,又能保持粮谷所固有的天然耐储性。粮谷呼吸作用的强弱与粮谷的水分、粮谷的温度、粮堆的通风状况及粮谷质量等因素有密切关系。

(1)粮谷的水分

水分是一切生物体的重要组成部分,又是生物体生理活动不可缺少的介质。粮谷含水量的高低,对粮谷呼吸作用的强弱有极重要的影响,干燥的粮谷(含水量在12%以内)呼吸很微弱,随含水量的增高,呼吸逐渐增强,当含水量超过一定界限时,呼吸作用急剧增强,形成一个明显的转折点。粮谷含水量如果超过这个转折点,则不安全且易变质,故粮谷转折点的含水量又称为"安全水分"或"临界水分"。粮谷的"安全水分",因粮谷种类和环境条件的不同而有差异,在一般情况下,粮谷的"安全水分"标准是谷类为12%~14%,豆类为10%~13%。因此,我国出口粮谷含水量一般规定不超过15%。

(2)粮谷的温度

粮谷的呼吸作用在一定温度范围(粮温为15 ℃~50 ℃)内,随粮温的升高而增强。在这一温度范围内,粮谷的水分越高,温度对呼吸作用的影响越大。干燥的粮谷即使在较高温度下,呼吸强度也比较低;而潮湿的粮谷即使在较低温度下,呼吸强度也比较高。因此,为了保证粮谷安全,必须使其充分干燥,并应尽可能使其处于低温环境。

(3)粮堆的通风状况

粮堆通风良好,氧气应充足,有氧呼吸作用较强;粮堆通风不良,造成缺氧状态,有氧呼吸受到抑制,转为缺氧呼吸。降低空气中含氧量能减缓粮谷的呼吸作用。因而可在密闭环境中,采用增加空气中氮气和二氧化碳、减少氧气的办法保管粮谷,以消灭害虫和抑制微生物的繁殖。

(4)粮谷质量

粮谷本身的质量状况对呼吸作用也有一定影响。粮谷中的未成熟粒、冻伤粒和发芽粒等不完善粒较之完善粒有较强的呼吸作用,其含量多能增强粮谷的呼吸作用,故含量以少为佳;草籽等有机性杂质亦能促进粮谷呼吸作用,故应清除。因此,在粮谷入仓之前,清除杂质和不完善粒可以提高贮藏稳定性;对于呼吸作用强的大胚粮谷,贮藏期间要特别注意干燥和通风。

2.粮谷的自热

粮谷的自热(或称发热)是在不良保管的条件下,由于粮粒本身的呼吸作用和粮堆中微生物、害虫等生命过程产生大量的热而造成的粮粒变质现象。

粮谷由于强烈呼吸作用产生的水和热如果得不到散发而积存在粮堆内部,将使粮谷含水量增加,粮温升高,从而又促进粮谷的呼吸作用。粮谷呼吸作用的加剧,使粮温进一步升高,含水量进一步增高,如此反复循环,将使粮温不断上升而形成自热。

粮堆中微生物的繁殖对粮谷自热起着不良的作用。当粮谷的含水量和温度由于呼吸作用而上升到一定程度(一般粮温为20 ℃~25 ℃,相对湿度为80%以上)时,附在粮粒表面的微生物就迅速繁殖,尤其是霉菌的活动大大加强,从而又促进粮谷的自热过程。所以粮谷的自热和霉变是密切相连而又相互促进的两个方面。粮谷由于自热和霉变会迅速变质。

粮谷发生自热时,各种酶的活动加强,于是粮谷中碳水化合物、脂肪、蛋白质等成分发生不同程度的分解,导致粮谷变色、变味、酸度提高,严重的会使粮谷完全失去使用价值。

综上所述,控制粮谷的呼吸作用,抑制微生物的生长繁殖是防止粮谷发热的必要条件。为此,应从提高粮谷入库质量着手,严格控制粮粒含水量,清除杂质,降低不完善粒含量。一旦发现粮粒发热、粮温升高、湿度增大,应及时采取晾干或通风等措施,以达到降低粮温、降低湿度、保护粮谷质量安全的目的。

3.吸湿性

粮粒为多孔性毛细管结构体,并含有大量的亲水性胶体成分,如淀粉、蛋白质等,因而具有较强的吸湿性。

由于粮谷具有吸湿性,因此干燥的粮谷在湿度大的空气中能吸收水汽,使其含水量增高;相反,由于粮谷还具有解湿的能力,因此当湿粮在干燥的空气中时,也会散湿变干。某一时刻,当进入粮谷和跑出粮谷的水汽分子相等时,即粮谷对水汽的吸附和解吸处于动态平衡,水分含量不再变动,这时粮谷的含水量就叫作当时温度、当时湿度下的平衡水分。粮谷的平衡水分随温度的升高而降低,随环境湿度的增大而提高。因而在粮谷水分高、周围空气湿度低的情况下,可以利用日晒、通风或烘干等办法降低粮谷含水量;反之,在外界空气湿度高、粮谷含水量低的情况下,应密闭储粮场所,防止粮谷吸湿提高含水量。此外,水分含量不同的粮谷混合堆放,湿粮水分会向干燥粮谷转移,从而提高干燥粮谷的含水量。因此,水分含量相差较大的粮谷应分别储存。

4.吸附性

粮谷吸附各种气体和气味的性能称为吸附性。各种气体从粮堆的孔隙渗入后,会吸附在粮谷表面或通过粮粒的毛细管进入粮谷的内部。如果把粮谷和其他有特殊气味的东西混存在一起,粮谷就会沾染各种气味。

因此,当粮谷吸附异味气体后,可以通过晾晒、通风解吸以除去异味,或解湿以降低水分。

吸附性对粮谷品质有很大的影响。粮谷及其制品在加工贮藏、运输及销售的过程中，不可避免地会与某些气体接触而发生吸附作用。很多物质具有异味或有毒，如汽油、煤油、农药、桐油等，它们的气体被粮谷吸附后，轻则使粮谷及其制品产生异味，降低品质，重则沾染毒素，影响人体健康。因此，粮谷及其加工品必须固定专门的仓库、装具及运输车辆，不能和其他有异味或有毒的物质混存混运，防止污染。

5. 导热性

粮谷传递热量的性能，称为导热性。粮堆的导热性包括粮粒的导热和粮粒间空气的导热。由于这两者的导热系数都很小，因此，粮堆也是不良导热体，粮堆内经常保持着原来的温度。只是由于粮粒过于旺盛的呼吸或虫霉的生理活动以及外界温度变化较大时，粮温才会发生变化。

粮堆的不良导热性与保管工作有密切的关系。夏末或秋季入库的粮谷常常由于粮堆内保持高温，而在冬季发生发热现象。特别是当粮粒水分大，因呼吸旺盛而产生大量的热而不能及时导出时，则会出现粮温突然上升，使粮谷发热变质。

粮堆的不良导热性在一定条件下，也可用来保管粮谷。例如，在冬季摊晾高水分的粮食，使粮温下降到0℃以下后，再将粮谷堆积密封，由于粮堆中保持了低温，不仅粮粒生理活动缓慢，而且虫霉的活动也大受抑制，从而可以安全地保管高水分粮食。又如，把干燥粮谷趁热入仓密闭贮藏，也可利用粮堆的不良导热性，而达到高温杀虫和安全储存的效果。由于粮谷的不良导热性，当粮谷发生自热时，热量很难自行发散，必须采取散热措施才能使粮温降低，故在粮谷保管中应经常检查粮温，发现粮温异常，应及时采取相应措施。

（二）矿石在海运过程中的质量保持方法

矿石作为一种散装货，根据这种货物的性质，它的质量保持主要体现在运输环节。下面重点介绍一下在运输过程中有关矿石的质量保持方法，以使商品完好无损。

1. 注意货物的装载方法

（1）矿石应与怕潮货、怕扬尘货分舱装运，其他一切能够混合或掺杂到矿石货堆中去的散装货物，都不可与矿石同装一舱。

（2）不同种类的矿石不可同装一舱，甚至不许用衬垫物隔离装载，而应分舱装运。混杂会产生不良后果，如铁矿石中含杂质增加1%，则熔炼燃料要增加2%，高炉生产率会降低3%。所以运输时应防止矿石之间的混杂。

（3）装运易自热的矿石时，在运送过程中要定时测量温度。当舱内发热且温度较高时，应及时采取措施。装运的精选铜矿粉的含水量在5%以下时，易自热。自热的矿石应与其他易燃货物、怕热货物分舱装载。

（4）装载散发蒸气和有害气体的矿石时，在航行中需经常进行通风（表面通风）换气工作，以疏散气体。

2. 注意运输工具的选择与使用

在国际货运中装运矿石除有专门的船舶外，一般也经常使用普通杂货船。通常准许运输矿石的船舶,要有特别坚固的结构,有足够的双层底空间,有保证安全运输的技术设备。

(1)普通杂货船装运矿石的要求

矿石比重较大,如果积载不当,对船体及航行会有较大的影响,如影响船舶稳性、影响船体强度以及影响航行抗浪能力等,因此矿石必须在船上妥善积载。

①矿石整船装运。使用普通杂货船整船装运矿石时,凡有两层舱的船舶,为使其有正常适宜的稳性,应在二层舱内装载 1/5～1/4 的航次载货量,底舱的舱口盖上最好不装或少装,以防止舱盖受压下塌和卸货时卸货机损伤舱盖。装载时,应尽量将矿石堆向两舷和前后舱壁,其中堆向两舷能减小摇摆强度。

凡无二层舱的单甲板船,应在舱内设置一个锥形架或铺加内底,以提高矿石货堆重心。这样做虽然装卸时费工较多,但对远航船舶来说仍然是必要的。

各舱装载数量应按舱容大小比例分配,不能过于集中于某个部位。由于矿石积载因数小,杂货船舱容较大,对装入各舱的货物重量较难准确掌握,所以,杂货船整船装载矿石时,除了严密注意各舱均衡装载外,通常规定整船减载 20% 左右,以减轻船体负荷。

装卸矿石时,必须注意船体受力情况,各舱应基本上同时开始作业(一般先从中舱开始,其他各舱相继开始作业),使各舱均衡地同时加载或卸载,逐步装载或卸毕,绝不允许单一地进行某一货舱的作业。若受装卸机械限制,应采用各舱轮流作业的方式;逐渐紧接着装满或卸毕。

②矿石部分装载。在杂货船部分装载矿石时,应考虑其他货在中途港卸下或矿石在中途港卸下时船体的受力情况是否会使其出现严重变形。当舱内矿石上面须配装其他货物时,矿石应平堆(扒平)以适合其上堆装货物的要求,并用垫板、防水布或席子等妥善隔离。同时应考虑平堆的重心较低时对船舶稳性的影响。

(2)矿石专用船装运矿石的要求

矿石专用船充分考虑了矿石装运上的特性,所以具有较高的技术和经济性能,在积载处理上非常简便。此类船舶运输货物时,要求在装运以前,仔细检查和清扫船舶的污水沟、排水系统,把污水沟盖堵严,以防止矿砂落入沟内。同时注意转运货物的特征,注意货物的适载条件,如装运含量在 8% 以上的精选矿粉时,船方应申请公证机构做监装等检验,以使运输工具适载,保证承运货物的质量。

(三)煤在存储过程中易发生的质量变化形式及存储要求

1.煤在存储过程中易发生的质量变化形式

(1)风化与氧化

开采出来的煤由于长期受到空气、水分、阳光、温度、雨雪和冰冻等多种化学反应和物理作用的复杂影响,致使煤的物理、化学性质和工艺特性发生显著的变化,如煤的表面会渐渐地失去光泽并生出赤色或白色锈迹、块煤变成末煤、发热量显著降低、黏结性减弱、氧含量增加等,这种现象就叫煤的风化。

在煤的化学变化中最重要的是煤的氧化。煤在运输、保管中会和空气中的氧发生缓慢的氧化作用,使煤堆发热,如果通风不良,就会促使煤的风化和煤堆温度不断升高。影响煤氧化的因素很多,主要有:

①黄铁矿的含量。黄铁矿是硫化亚铁(FeS)。硫化亚铁在潮湿的条件下容易氧化而产生热量。因此,煤中含黄铁矿多,则煤的氧化作用强。

②煤的粒度。块煤与空气的接触面积小,容易通风散热;末煤与空气的接触面积较大,则容易氧化并且不易通风散热。

③煤的水分。水分多的煤容易填塞空隙,使热量积累起来,而且在煤堆存时,块煤往往溜到下面,较潮湿的末煤容易留在煤堆顶上,这样煤堆中的热量也不容易从顶部散出。水分含量多的煤(特别是褐煤、烟煤),经过水分散失和重新吸收,会因反复的膨胀和收缩而发生碎裂,从而扩大了与空气的接触面,增加了氧化的机会。

④煤的碳化程度。碳化程度高的煤,挥发物和水分含量低,煤的结构紧密,不易氧化;碳化程度低的煤,挥发物和水分含量高,且结构松散,容易氧化。

⑤气候影响。气候干燥,煤中的水分容易蒸发,积热也容易散出,煤堆不易氧化。天气闷热潮湿,煤中水分不易蒸发,积热也很难散出,就会加速煤的氧化。冬、春季节因地气上升,煤堆内热量增加,易加速煤堆的氧化。在雷雨时空气中常有臭氧,臭氧有强烈的氧化作用,也易加剧煤堆的氧化。

(2)自燃

煤在储存时,由于与氧接触而发生氧化作用产生了热量,当周围条件不易使热量散发出去时,就会加剧氧化,使煤堆的温度升高,当温度升高到煤的燃点时,煤就会发生自燃的现象。煤堆自燃的过程,一般要经过三个阶段:

①潜伏阶段。煤的氧化进程很慢,放出来的热量能够向堆外散发出去,这个阶段的特征是温度稳定。潜伏期的长短,依据煤的性质,温、湿度,空气流通状态以及成堆前客观条件的影响等而有所不同。

②升温阶段。这个阶段煤的氧化进程因其本身结构的变化而开始变快,产生的热量增多,当产生的热量大于向外散出的热量时,就发生了热量的积累,当热量积累到一定程度时(一般为60 ℃左右),氧化反应迅速加快,温度急剧上升。

③自燃阶段。煤由缓慢氧化到剧烈氧化,直至发生自燃。

(3)冻结

含水量超过5%的湿煤,在冬季远距离运输或储存时会冻结在一起,难以装卸。多孔的煤和小块的煤最易冻结。

2.煤的存储要求

煤炭在存储保管中易产生风化、氧化和自燃等变质现象。加强煤炭的存储保管可保证煤炭供应,有效降低损耗,提高效益。

(1)防变质

煤变质主要是指煤炭在保管过程中出现的表面污渍、粒度变化、发热量降低、黏结性减弱、重量减轻的自然氧化现象。保管中应先进先出,尽量防止冲撞,减少破碎。

(2)防高温自燃

煤炭自燃是因煤炭氧化放出的热量没有及时排散引起局部区域温度升高所致。如在堆场上存放的煤炭,时间久了或在外界气温高时,煤堆内就会发热,当煤堆内温度上升到一定温度时,煤温的上升速度加快,此时如不降温散热,煤炭就会发生自燃。通常的解决方法有:一是将物料及时转堆、翻垛,避免煤堆温度达到自燃点。因此,选用的堆场机械要便于频繁的堆取作业;在煤堆布置时要注意在煤炭的堆垛之间留出 2 m 以上的间隙,煤堆的端面间距不小于 6 m,以做消防通道用。二是应尽量阻止空气与煤炭的接触,抑制其氧化。三是使空气流通,把煤炭氧化产生的热量排散以免产生自燃。实际中常采取灌水法、压实法、垛表面封闭法、水下贮煤法、打眼法、煤堆降温和加强煤堆内部温度监测等方法防止其自燃。

(3)防雨汛

在多雨季节和多雨地区,应降低雨水冲泻速度,或设置排水沟、沉煤池,以减少雨水冲袭煤堆所造成的损失。

(4)防风耗

防风耗的有效办法是经常往煤堆表面洒水并拍实,使煤粒相互黏结,不易被风刮走。装卸煤炭时也应使用带盖溜槽或在皮带运输机出口处设置遮挡铁板。

(5)防丢失

煤炭露天存放应特别注意防盗,加强煤场警卫,严格执行出门证管理制度,认真做好防火、防破坏、防偷盗工作。

(6)防冻结

通常,煤炭的含水量较大,如煤炭未脱水时,含水率可达 20%。而含水量大的煤炭在冬季易结冰,造成卸货困难。所以在煤炭装卸工艺中要考虑煤炭的解冻方法,如增加破冰机械或设置加温设备。我国运输部门常采用在煤炭上撒生石灰,利用生石灰的吸水性,降低煤炭中的含水量,来减轻货物冻结程度;也可使用其他防冻剂,如食盐、氯化钙、石墨等分层撒在煤的中间或与煤混在一起,或以锯末、碎谷壳等材料铺垫在煤的底层,或以重油等喷射在煤上以防煤冻结。但是采用上述这些防冻剂时,不但会产生额外的费用,增加煤的成本,而且会增加煤的灰分和降低煤的质量,有机物的混入在一定条件下还会促使煤发生自热和自燃。国外通常采用煤炭在矿山脱水的方法,或在物料和车辆里加防冻剂氯化钠以降低煤炭冻结的温度;另外也有采用红外线或蒸气加热的方法,在煤炭卸车前解冻。为了避免煤冻结,装运的煤水分不宜超过 5%,或采取夏季多运、冬季少运或不运的方法。

相关知识的实际应用

相关案例

某年 5 月 26 日,原曹妃甸海事处(现曹妃甸海事局)海警成功化解"中洋海"轮煤炭自燃险情。当日,国投煤码头 203 泊位"中洋海"轮在装载煤炭过程中发生煤炭自燃现象。原曹妃甸海事处接到救助险情报告后,执法人员第一时间赶到了事发现场,发现"中洋海"轮 3 号货舱内冒出大量白色烟雾,煤炭自燃现象严重,4 号货舱也有少许白烟。原曹妃甸海事处现场指挥领导果断要求"中洋海"轮采取封舱措施,并紧急启动应急响应预案,迅速联系协调国投煤码头、通用码头,建议将船舶紧急移泊至空闲的通用码头,防止煤码头堆场煤炭发生连带险情,并协调通用码头做好卸货准备。与此同时,紧急调用了具有消防能力的"曹港 8"轮全程守护,进行应急协助。

请结合上述案例,分析作为运输公司,在运输和装卸过程中如何对煤炭等散装货物进行商品养护。

一、港口装卸煤炭时的商品养护

(一)船舶装运煤炭的安全要求

(1)装运前应弄清所运煤炭的情况,若煤温达 35 ℃ 及以上或含水量过高应拒装。

(2)装船前应保证货舱适货,包括做好清洁货舱、疏通污水沟、遮盖好盖板等工作,舱内电气设备应能防爆,备妥消防器材等。

(3)远距离运送煤炭,船舶要严格防止煤炭自燃,其主要措施有:

①在舱内煤堆中间处或角落处,通以硬质塑料管,既可散热又可测温,并对装卸作业影响较小。

②装运煤炭须进行表面通风,但货舱的通风装置和其他透气场所均须有严密的盖子,以防止新鲜空气不断流入,加速煤炭的氧化。当煤温接近 45 ℃ 时应立即停止通风,封闭货舱及通风孔。必要时应使用二氧化碳灭火,禁止用水冷却或灭火。

③定时测定煤温。船员在每一岗都要测量舱内煤的温度和易燃气体的浓度(每天 3 次,每舱 3 点,每点 3 m)。其方法是把标度为 20 ℃～150 ℃ 的实验型水银温度计放入测温管中。船员应把测量结果记入航海日志。当煤温达到 40 ℃ 时,必须增加每日测温观察的次数,当温度升高到 60 ℃ 或更高时,船长必须设法控制温度进一步上升。控制发热的措施有:翻舱,阻止空气进入舱内,注入二氧化碳等。如控制发热的措施无效,煤炭已经开始自燃(温度非常高,还有硫黄和松脂的气味,或者有烟),此时应利用冷水灌舱,并不停地从舱内抽水带出热量,制止自燃,降低温度。

(4)装载后应进行合理平舱。

(5)货舱及毗邻舱室应禁止一切明火作业,并注意防火。

(6)应对货煤产生的易燃气体可能进入的舱室进行通风并禁止吸烟和明火作业。

(7)防止煤炭发生燃烧和爆炸事故,其措施包括:

①35 ℃以上为热煤,应禁止装船,该温度应在煤堆 1 m 深处测得。

②防止空气通过钢椊孔板进入装煤货舱。

③木块、麻屑、布条、纸条(片)、麻袋、谷草及其他易燃物必须加以监视,防止这类易燃物落入舱内与煤混在一起。

④在任何情况下,装煤船的通风筒口附近,以及可能聚积爆炸性气体的舱间,均不得有任何火种。无论在船舶航行或停泊时均须遵守。此外,非指定的地方绝对禁止吸烟。为防止装煤场所发生混合气体爆炸,进入这些场所应使用矿工用的安全灯或不会引起爆炸的干电池灯,或光源严闭于灯内而插头在舱外的电灯,绝对禁止使用其他任何灯火。

⑤凡通过煤舱的蒸气管道均须加以绝热隔离。装煤货舱与机舱、锅炉舱或其他发热场所的隔舱壁必须用石棉或其他绝热材料予以阻隔。

⑥绝对禁止将易燃物、爆炸物与煤同装在一舱内运输。在必须同时运输这些货物时,它们只能装在有绝热隔堵的金属舱壁与煤舱隔开的另外舱间。

(8)装煤时应尽量防止煤块破碎,以保证其质量。可以使用一些能减少冲击和缩短投下距离的装备,防止煤块破碎。

(9)进入煤舱作业,必须保证安全,应有必要的预防措施。如应遵章报告船长,在经批准后方可进行作业,同时应将有关事项记入航海日志,进入煤舱作业的人员应当戴上防毒面具等。

(10)应避免在热源附近装载煤炭。

(二)港口堆存煤炭的安全要求

设置堆存煤炭的安全要求主要是为了防止煤炭发生严重的风化损失和自燃。

1. 堆场的要求

港口一般利用露天场地堆存煤炭,但堆场要符合下列条件:场地必须有一定的排水坡度,且较高而干燥,不会积水;场地应不受地下热源(电缆、油管、蒸气管等)的影响;应另有相当于煤堆所占面积 1/6 的场地,以供捣堆处理时使用;应有足够的消防设备;电气照明应有安全设备;煤堆之间以及煤堆与周围建筑物之间应有足够的安全距离。

2. 煤堆高度控制

为防止煤炭发生严重的风化损失和自燃,应根据不同的煤种和堆存期决定安全的煤堆高度。通常煤炭在港口的堆存期不会太长,但也有较长期堆存的情况,不应忽视。

3. 防止煤堆自燃的措施

一方面要使空气与煤隔绝,抑制其氧化;另一方面要使空气流通,利用空气流通带走热量。具体方法有以下几种。

(1)人工打眼法。人工打眼是用空心铁管(光滑竹竿也可)一根(口径6 cm,长3~4 m),且有两个把手,从煤堆顶面垂直打到底部,边打孔边向孔眼中灌水。铁管抽出后,孔周围用黏土敷上,并稍高出煤面,防止落煤、泥土阻塞孔眼,每孔间隔50 cm。

(2)压实法。用200 kg或100 kg的石滚分层压实,每层煤厚50 cm,压到42 cm左右,最上面最好撒一层10 cm厚的煤粉再压实,有条件的可用推土机或汽车压。

(3)灌水法。此方法可使煤堆空隙中经常保持一定水分,借以隔绝和减少空气,抑制氧化发热。具体做法:建堆后在顶面上挖出若干个小方坑(面积可大可小,深40 cm),向坑内灌水,徐徐放入,直到底部有水渗出为止。灌水量约占煤堆重的20%,灌水要快速均匀。此法适合煤末占70%的煤堆,否则水不易保持,煤末太多又不易渗水。

(4)化学覆盖法。此方法主要是使用表面活性剂覆盖在煤表面,防止煤的水分蒸发,例如使用浸透型活性剂,加大煤对水的亲和力,防止水分蒸发;使用涂料型表面活性剂,在煤的表面形成弹性膜,进而起到隔绝空气的作用。

(5)物理覆盖法。用黄土、塑料布等覆盖,特别是在压实的煤堆面上撒上石灰,既可隔绝空气,又对阳光有反射作用。

(6)定期测温法。数量大、长期储存的煤堆可以用外部状态和定时测温来判断自燃程度。由于凭外部状态难于早期发现,因此实践中主要采用测温方法来掌握变化情况。一般用热电偶测温计测温;有的用电子测温器测温;普通情况下用带螺旋的空心铁钎钻入煤堆(铁钎上有一定密度的孔眼),再用线绳拴上温度计放入钎内测温;有的打上孔在孔内测温;有的将直径为5 cm的直立式金属检测管下端插入煤堆测温。测温时要注意以下几点:

①温度计在煤堆中至少停留10分钟,最好30分钟,取出后马上读数。

②要分别测煤堆的上、中、下层和不同部位。

③测温次数除无烟煤可定期测试外,烟煤、褐煤原则上每个煤堆每天测一次,温度稳定的可每两天测一次,每当温度有上升趋势,测温次数要增加。

④根据测温制度的一般规定,温度达50 ℃为危险界限,达60 ℃一定要采取措施。

⑤测温登记表要记录建堆日期、煤种、数量、性质,堆的长、宽、高,建堆时的温度,以及以后采取的一切措施,且均要随时登记。

4.煤堆的降温措施

当温度达到40 ℃时,无论属于何种煤,每昼夜测温次数都不得少于两次。当煤温度达到或超过60 ℃时,或每昼夜温度上升5 ℃时,应采取以下措施:

(1)挖沟。在煤堆高温区,挖出几道纵横的沟渠,达到散热降温的目的。

(2)松堆。降低煤堆高度,分成若干小堆,使温度下降。

(3)倒堆。对煤堆全部或部分转移,搬移中使之散热。

(4)灌水。在高温部位的堆顶,挖出若干个浅坑,然后大量灌水,水渗出后带出热量。

5.防风化损失的措施

防风化损失的措施主要有:缩短堆存时间;减少碰击,用洒水压实来防风蚀;防雨风,挖排水沟,防流失。

二、运输过程中粮谷的商品养护

（一）海运过程中粮谷的保管

（1）装货前应全面检查运输工具及设备并使之处于适用状态。运输工具和衬垫必须保证清洁、干燥、无虫害、无异味、严密，若运输工具装运过有毒、有害、有异味和扬尘性货物或被虫害感染的谷物，必须清扫干净或经药剂熏蒸，向相关部门申请验舱，只有当检验合格并取得相关证书后，才允许装运。疏通舱内污水沟，以保持其畅通，对货舱污水泵和通风设施做全面检查并试运行，保证其运行状况良好。

（2）海运中合理编制积载计划，备妥止移装置（如必要时），填写散装谷物稳性计算表，只有满足稳性要求后，才准许装货。

（3）与其他货物混装运输谷物时，严禁与易散发水分货物、易散发热量货物、有异味货物、污秽货物、有毒货物以及影响谷物质量的其他货物混装。

（4）承运前，加强对谷物质量的检查，防止接受含水量超标、发热、霉变、有虫害的谷物，以免扩大损失。

（5）运输途中应定时测量谷物的温度，并根据外界条件进行正确通风以散发热量和防止出汗。

（6）谷物原则上应堆放在仓库内，仓库的条件与货舱基本相同，做好垫垛。港口短期存放可利用仓库或露天堆场，露天堆放应有较高的底部垫板和良好的铺盖，防止雨湿。

（二）运输过程中粮谷害虫的防治

粮谷因富含多种营养成分，易受害虫的侵袭。虫害对粮谷的危害是非常严重的，害虫不仅会吃掉粮粒，降低粮粒的质量和发芽率，而且会促成粮堆的发热和霉变；同时，某些害虫能分泌毒物，食用这种虫粮，还会影响人体健康。表8-2介绍了几种危害性比较大的粮谷害虫的特点和防治措施。

表8-2　几种危害性比较大的粮谷害虫的特点和防治措施

粮谷害虫	危害特点	防治措施
玉米象	玉米象为初期性害虫，成虫、幼虫均有危害。成虫咬破籽粒蛀食淀粉，幼虫一生都在籽粒内蛀食，造成大量的碎块、粉屑及粪便，增加粮食的吸湿性，容易引起粮食的发热现象，同时为次生性害虫创造了大发生的条件，并可传播霉菌，使粮食发霉变质	①越冬防治：在秋末冬初，当粮堆内成虫大批爬出越冬时，可先在粮面或粮堆四周铺麻袋引诱成虫在袋下潜伏，再收集消灭。仓外消除杂草等物，春季转暖时，在仓外四周喷农药带以阻隔仓外越冬成虫再进入仓内 ②诱杀成虫：利用成虫有向上爬的习性，可在粮面上扒许多小尖堆，每堆顶上插一草把或竹筒，当扒动粮食时，成虫即纷纷爬到堆顶草把或竹筒中躲藏，可收集加以消灭 ③曝晒及过筛粮食 ④粮内可拌入重量比为十万分之一的马拉硫磷 ⑤药剂熏蒸：当粮仓发生玉米象危害比较严重而一般方法又不适合的情况下，可使用溴甲烷或磷化铝等药剂进行封仓熏蒸

(续表)

粮谷害虫	危害特点	防治措施
谷斑皮蠹	谷斑皮蠹是最重要的储粮害虫之一,原产于印度,是一种热带性、适应力很强的仓库害虫,以印度、非洲、地中海沿岸诸国发生危害最重,现已传遍全世界	该虫一旦大面积爆发,防治起来是很困难的,因此应注意严格检疫。发现疫情后,应采取熏蒸的办法及时扑灭,常用熏蒸剂有磷化氢、溴甲烷等。国外利用斑皮蠹裂簇虫等寄生虫、谷斑皮蠹性外激素等进行生物防治
麦蛾	麦蛾属鳞翅目,麦蛾科,分布全世界。我国各地均有分布,尤以长江以南各地发生最普遍,危害亦较重。它以幼虫蛀入粮粒,危害对象几乎包括所有大型谷类作物的种子和原粮,如稻谷、大米、小麦、大麦、荞麦、玉米及野生禾本科植物的种子,为我国三大仓库害虫之一	①入仓前加强检验,将有虫、无虫粮分别储存,或在晴天日光下曝晒趁热入库,既可杀死麦蛾,又可降低粮粒含水量 ②入仓后严加管理,仓房门窗要严密,并要装有防虫纱窗、纱门,以防外来麦蛾 ③盖顶。用无虫粮盖顶 25~30 cm,能使下面粮中麦蛾羽化后不能穿过遮盖层交尾而死在层下 ④揭面。将麦蛾危害的粮堆表层 50 cm 取出另外处理。揭面后要防止麦蛾再滋生 ⑤在成虫羽化前用百万分之十的防虫磷(99%以上的马拉硫磷)超低微量喷雾喷于粮堆表面或将移出的粮食用防虫磷制剂拌和后恢复原位 ⑥当虫口密度较大时,应及时用熏蒸杀虫法
谷蠹	谷蠹属鞘翅目,长蠹科,分布全世界。我国除新疆、西藏外,均有发生,南方诸省普遍发生,华南地区更为突出。它对储粮所造成的损失,不亚于玉米象。谷蠹食性很复杂,成虫、幼虫均有危害,不仅能危害禾谷类、面粉类、豆类、干果、豆饼、药材植物种子等,还能危害竹木制品、皮革、图书,其中以稻谷、小麦受害最严重。谷蠹飞行力强,并有一定抗药性,是传播能力较强的主要仓库害虫	①粮仓清洁卫生工作很重要,由于此虫在越冬时能蛀入仓底和四周木板内,清除时需采用刮除的方法 ②若已蛀入仓板而不易清除,可用 80% 敌敌畏乳油每立方米 0.2~0.3 g 喷在木板上,然后密闭仓库进行熏蒸或用磷化铝熏蒸 ③利用此虫不耐低温的特点,采用冷冻杀虫效果较好,或用低温储藏能控制谷蠹生长发育
绿豆象	绿豆象属鞘翅目,豆象科,分布全世界,我国各地均有发生。绿豆象幼虫危害各种豆类,尤以绿豆、小豆受害最严重,还能危害莲子。仓内及田间均能繁殖危害。成虫善飞,行动迅速,常向上聚集于粮面,具假死性和趋光性	①一般不需田间防治,仓内最好采用 15 cm 厚的草木灰压盖,防止成虫在豆粒上产卵 ②冷冻杀虫或烘干杀虫,但不宜用日光曝晒杀虫,因绿豆象飞行能力强,易造成传播扩散

(续表)

粮谷害虫	危害特点	防治措施
蚕豆象	蚕豆象属鞘翅目,豆象科,分布世界各地,我国除甘肃、青海、黄河流域蚕豆种植区尚未发现外,其他各地均有发生。蚕豆象食性单一,主要危害蚕豆,我国将其列为对内检疫对象。幼虫蛀食豆粒,被害豆粒内部蛀成空洞,易引起霉菌侵入,颜色由绿变暗,豆粒变质并有苦味	①根据蚕豆象活动规律,应把握时机首先消灭越冬虫源 ②进行田间防治,在蚕豆开花之际,用80%敌敌畏乳油1∶1 500液喷雾 ③在晒场脱粒以后,用日光曝晒结合干燥杀虫;或用氯化苯在场头熏蒸 ④在入库前或储存后,用缺氧方法储藏,或磷化铝熏蒸,杀死豆粒中的幼虫和蛹
豌豆象	豌豆象属鞘翅目,豆象科,分布全世界,我国大部分省区均有分布。此虫主要危害豌豆,食性单一。成虫不蛀食豌豆粒,略食豌豆的嫩叶、花粉、花汁;幼虫专门蛀食豌豆粒,被害豌豆会被蛀一个空洞,不但重量减少,发芽率下降,而且出粉率与品质降低	①根据豌豆象成虫在田间产卵繁殖,幼虫在田间和仓内危害的特点,首先应掌握成虫在田间的发生盛期并用80%敌敌畏乳油1∶1 000液喷雾 ②及早采摘食用,可减少虫源及豆粒内幼虫的危害。对成熟期豌豆及早收割,快脱粒储藏,以防成虫早期羽化 ③用开水烫豆:豌豆象的幼虫在65 ℃高温下即开始死亡,温度越高,死亡越快。可先将水烧开,将豌豆盛入竹筐,放入开水内,竹筐内水需高出豆面1.5～3 cm,这时水温保持在84 ℃～89 ℃,经25～30 s,迅速取出放在凉水内冷却,晒干保存,不影响发芽率。豌豆收后10天内浸烫,可防止幼虫老熟化蛹 ④储存后,用缺氧储藏,或磷化铝熏蒸,杀死豆粒中的幼虫和蛹

除了表8-2中列举的危害性比较严重的病虫害的防治办法之外,以下还有其他在我国常见的害虫及其防治措施,例如:

①印度谷蛾,属螟蛾科,为世界性害虫,我国各地均有分布。幼虫食性很杂,危害大米、小米、玉米、麦类、花生米、大豆及其各种加工产品;其他如干果、党参、沙参、人参等中药材均可被害。印度谷蛾是粮库、商店、药铺、家庭中食品的重要害虫。

②粉斑螟,属螟蛾科,是粮仓内常发生的蛾类,常与印度谷蛾混合发生,在我国除新疆外,各地均有发生。幼虫危害面粉、大米、玉米、豆类、油料、干果等。

③紫斑螟,属螟蛾科,世界性害虫,在我国普遍发生。它危害谷类粮食及其加工品,花生、干果、牲畜饲料,尤以潮湿的粉屑、谷糠、麦皮、麸饼内发生较多。

④一点谷螟,属蜡蛾科,我国各地均有分布,尤以稻区发生较重。它危害大米、小麦、谷子及其加工品和干果等。幼虫吐丝将米粒缀联成团,在内危害。

其防治措施包括:做好仓库、厂房、食品柜的清洁卫生,彻底消灭虫茧,根除隐患。要进行空仓消毒和安装防虫网。压盖粮面,防止成虫产卵繁殖。不失时机地消灭越冬幼虫,根除虫源。堆垛出现虫网初期,应及时熏蒸杀虫,减少虫蚀损失。发现成虫时,应及早用敌敌畏滞效熏蒸,或在粮堆表面喷防护剂。

三、装运过程中散装精选矿粉的商品养护

1. 精选矿粉的含义

精选矿粉是指利用物理或化学的选矿方法从原矿中分离出不需要的成分后所得到的品质和纯度较高的粉末状物质。

精选矿粉可分为两类:含水量在8%以上者为湿精选矿粉;含水量在8%以下者为干精选矿粉。精选矿粉等易流态化货物的积载因数为 $0.33 \sim 0.57$ m^3/t。

2. 散装精选矿粉的主要危险性

(1)散落性,尤其是休止角在35°以下的精选矿粉更突出。

(2)湿精选矿粉易流态化。

(3)干精选矿粉受潮后易自热、自燃。

(4)可能产生氢气等易燃易爆气体或有毒气体。

(5)受潮后可能呈强酸性,对船体和设备有腐蚀危险。

3. 海运装船前的注意事项

(1)向货方索要货物的含水量、休止角等有关证明文件。

(2)应及时初步检验货物的含水量并取样封存。

(3)保证船舱适货,应注意木质舱底板船不宜装载精选矿粉。

(4)注意判断精选矿粉的生产日期,不宜装载选矿后15天内的精选矿粉(场地堆放15天)。

我国规定,一般货船装运精选矿粉时,其含水量不得超过8%。否则,船方有权拒载。

4. 装卸过程中的注意事项

(1)装卸作业时有关人员应佩戴气体防护口罩等防护用品。

(2)雨雪天气禁止装卸。

(3)对休止角小于35°的干精选矿粉,应采取措施防止散落性影响。

(4)为便于散热,舱内货堆面积要大,货堆高度宜为 $1.2 \sim 1.5$ m。

(5)装妥后应平舱。

5. 航行中的注意事项

每天至少测量货温两次,如发现货温升高可开舱翻动散热和通风。

学生实训项目

➢ **实训项目**:精选矿粉在运输过程中的养护措施

➢ **情景设计**:

原告上海某船务有限公司是××轮的船舶所有人,原告与被告一宁波某船务有限公司签有运输合同,约定由被告一负责该轮船的日常经营和管理。3月7日,被告一安排×

商品养护

×轮在宁波某港埠分公司码头装载被告二武汉某经济贸易总公司托运的 5 868 吨精选铁矿粉。××轮载货后由宁波北仑港驶往江苏泰州港,于 3 月 8 日晚 7 时在浙江沿海洋面倾覆并沉没。原告认为,由于该批精选铁矿粉含水率超过交通运输部水运局规定的 8% 的标准,在航行过程中发生流态化,并在货物表面形成自由液面,影响船舶稳定性,致使××轮船沉没。被告一的行为致原告的船舶装载、运输了不符合安全运输标准的精选铁矿粉,直接导致事故发生,致使原告遭受重大财产损失。原告遂于 5 月向法院提起诉讼,要求被告赔偿原告的巨大损失,并承担本案一切诉讼费用。

▶ **任务要求:**

对学生进行分组,5 人一组,给学生充分的案例讨论时间,结合散装货物商品养护的知识,完成以下实训任务,并撰写实训报告书:

1. 分析精选矿粉在运输中应注意的安全事项。
2. 结合案例发生情况,请学生设计精选矿粉含水率分别为 8% 以上及 8% 以下两种场景,并分析在这两种情况下精选矿粉的损失最终应该由谁进行赔偿。
3. 为案例中的货物设计合理的运输过程中的养护方法。

▶ **任务考核标准:**

1. 考核以过程考核形式进行。
2. 考核以能力考核为核心,综合考核专业知识、专业技能、方法能力、职业素质、团队合作等方面。任务考核标准见表 8-3。

表 8-3 任务考核标准

任务名称			精选矿粉在运输过程中的养护措施			
实训目标			通过案例熟悉和掌握精选矿粉的养护技巧			
任务考核	考核点（所占比例）	建议考核方式	评价标准			
			优	良	中	及格
	团队合作占 20%	自评、小组互评	任务分工明确,组长发挥带头作用,小组成员按要求进行讨论	任务分工明确,组长发挥带头作用,小组成员按要求进行讨论,完成任务有拖拉现象	任务分工一般,组长不能发挥带头作用,小组成员能按要求进行讨论,完成任务有拖拉现象	任务分工一般,组长不能发挥带头作用,小组成员积极性不高,完成任务不够认真
	任务一完成情况占 20%	操作考核	结合案例以及精选矿粉商品的性质,全面分析精选矿粉在运输中应注意的安全事项,并有一定的知识拓展,问题分析透彻、清楚	能够结合案例全面分析精选矿粉商品的性质全面分析精选矿粉在运输中应注意的安全事项,有一定的知识拓展,分析得比较透彻	能够结合精选矿粉商品的性质全面分析精选矿粉在运输中应注意的安全事项	能够按照要求分析出精选矿粉在运输中应注意的安全事项

（续表）

考核点 （所占比例）	建议考核方式	评价标准			
		优	良	中	及格
任务考核 — 任务二完成情况占30%	操作考核	能够合理设计出精选矿粉的含水率，并结合该货品的特性全面分析出精选矿粉损失是由哪一方的原因所致，并最终分析出应由谁进行赔偿	能够合理设计出精选矿粉的含水率，并分析出精选矿粉损失是由哪一方的原因所致，并最终分析出应由谁进行赔偿	能够结合该货品的特性全面分析出精选矿粉损失是由哪一方的原因所致，并最终分析出应由谁进行赔偿	能够合理设计出精选矿粉的含水率，并分析出应由谁进行赔偿
任务考核 — 任务三完成情况占30%	操作考核	对精选矿粉的危害性及性质分析得较清楚，并能结合不同性质的货品选择相应的保养方法，方案设计时运输途中的注意事项及装卸过程中的注意事项考虑周全，知识点有一定的扩展	对精选矿粉的危害性及性质分析得较清楚，货品在运输中商品养护方法设计较合理，但方案设计考虑不够周全	项目完成完整性达70%以上	项目完成完整性达60%以上

参考文献

1. 谢瑞玲.商品学基础.北京:高等教育出版社,2013
2. 贺顺保.货物学.大连:大连海事大学出版社,1997
3. 朱强.货物学.北京:机械工业出版社,2020
4. 中国港口协会.国际海运危险货物规则培训教材.上海:上海人民出版社,2010
5. 邓传红,胡惟璇.国际货运代理实务.大连:大连理工大学出版社,2019
6. 吴百福,徐小薇,聂清.进出口贸易实务教程.上海:格致出版社,2020
7. 汪永太,李萍.商品学概论.大连:东北财经大学出版社,2018
8. 郭洪仙.商品学.上海:复旦大学出版社,2005
9. 霍红.货物学基础.北京:中国物资出版社,2006
10. 刘北林,白世贞.商品学.北京:中国人民大学出版社,2006
11. 姚大伟.商品养护综论.上海:同济大学出版社,1992
12. 万融.商品学概论.北京:首都经济贸易大学出版社,2020
13. 周昌洁,周在青.货物学.北京:电子工业出版社,2007
14. 窦志铭.物流商品养护技术.北京:人民交通出版社,2007
15. 王学锋.水运货物学.上海:百家出版社,1994